多媒体信息处理技术

主　编　高广春

副主编　张　翠　熊　凯　尚丽娜

赵胜颖　向　坚

ZHEJIANG UNIVERSITY PRESS
浙江大学出版社

内容简介

本书内容分为6章，分别是绪论、数字声音及编码、颜色科学、静态数字图像基础、静态图像编码标准、视频及视频处理技术。本书较全面地介绍与多媒体相关的技术和应用，可有效地帮助读者理解和掌握相关知识和技能。

本书可作为通信、信息工程、电子信息、自动化、计算机等专业高年级本科生的教材或教学参考书，也可作为工程技术人员的参考资料或培训教材。

图书在版编目（CIP）数据

多媒体信息处理技术／高广春主编．—杭州：浙江大学出版社，2013.8(2019.7 重印)

ISBN 978-7-308-11907-8

Ⅰ.①多… Ⅱ.①高… Ⅲ.①多媒体技术—应用—信息处理 Ⅳ.①G202

中国版本图书馆CIP数据核字（2013）第170824号

多媒体信息处理技术

主　编　高广春

副主编　张　翠　熊　凯　尚丽娜　赵胜颖　向　坚

责任编辑　吴昌雷
封面设计　刘依群
出版发行　浙江大学出版社
（杭州市天目山路148号　邮政编码310007）
（网址：http://www.zjupress.com）
排　　版　杭州中大图文设计有限公司
印　　刷　浙江新华数码印务有限公司
开　　本　787mm×1092mm　1/16
印　　张　13.75
字　　数　326千
版 印 次　2013年8月第1版　2019年7月第6次印刷
书　　号　ISBN 978-7-308-11907-8
定　　价　29.00元

高等院校计算机技术“十二五”规划教材编委会

序　言

在人类进入信息社会的 21 世纪，信息作为重要的开发性资源，与材料、能源共同构成了社会物质生活的三大资源。信息产业的发展水平已成为衡量一个国家现代化水平与综合国力的重要标志。随着各行各业信息化进程的不断加速，计算机应用技术作为信息产业基石的地位和作用得到普遍重视。一方面，高等教育中，以计算机技术为核心的信息技术已成为很多专业课教学内容的有机组成部分，计算机应用能力成为衡量大学生业务素质与能力的标志之一；另一方面，初等教育中信息技术课程的普及，使高校新生的计算机基本知识起点有所提高。因此，高校中的计算机基础教学课程如何有别于计算机专业课程，体现分层、分类的特点，突出不同专业对计算机应用需求的多样性，已成为高校计算机基础教学改革的重要内容。

浙江大学出版社及时把握时机，根据 2005 年教育部“非计算机专业计算机基础课程指导分委员会”发布的“关于进一步加强高等学校计算机基础教学的几点意见”以及“高等学校非计算机专业计算机基础课程教学基本要求”，针对“大学计算机基础”、“计算机程序设计基础”、“计算机硬件技术基础”、“数据库技术及应用”、“多媒体技术及应用”、“网络技术与应用”六门核心课程，组织编写了大学计算机基础教学的系列教材。

该系列教材编委会由国内计算机领域的院士与知名专家、教授组成，并且邀请了部分全国知名的计算机教育领域专家担任主审。浙江大学计算机学院各专业课程负责人、知名教授与博导牵头，组织有丰富教学经验和教材编写经验的教师参与了对教材大纲以及教材的编写工作。

该系列教材注重基本概念的介绍，在教材的整体框架设计上强调针对不同专业群体，体现不同专业类别的需求，突出计算机基础教学的应用性。同时，充分考虑了不同层次学校在人才培养目标上的差异，针对各门课程设计了面向不同对象的教材。除主教材外，还配有必要的配套实验教材、问题解答。教材内容丰富，体例新颖，通俗易懂，反映了作者们对大学计算机基础教学的最新探索与研究成果。

希望该系列教材的出版能有力地推动高校计算机基础教学课程内容的改革与发展，推动大学计算机基础教学的探索和创新，为计算机基础教学带来新的活力。

中国工程院院士
中国科学院计算技术研究所所长
浙江大学计算机学院院长

前　言

多媒体技术是信息技术的重要发展方向之一，并以惊人的速度进入社会各个领域，推动着各行各业发生深刻变革。为适应信息化社会对人才的需求，我们总结多年的教学经验和研究心得编写了此教材。

本书主要从多媒体技术的层面出发，将理论知识与实践技术紧密结合，由浅入深地引导读者步入多媒体技术应用领域。本书内容分为六章。

第1章，绪论，介绍多媒体技术的基本概念、研究内容、特点、应用和发展。

第2章，数字声音及编码，介绍声音的原理、数字化原理、性能指标、数字声音文件和话音编码。

第3章，颜色科学，介绍颜色视觉、颜色感知、颜色的混合与度量、颜色空间。

第4章，静态数字图像基础，介绍数字图像的种类、图像的基本性能指标、图像数字化方法、图像文件格式和无损数据压缩方法。

第5章，静态图像编码标准，主要介绍JPEG的编码原理和JPEG 2000标准

第6章，视频及视频处理技术，介绍视频的基本概念、特点和应用、电视基础、视频的数字化和视频编码标准。

本书内容详尽，重点突出，注重理论与实践的结合，每章后有习题供读者练习。本书可作为通信、信息工程、电子信息、自动化、计算机等专业高年级本科生的教材或教学参考书，也可作为工程技术人员的参考资料或培训教材。

本书由高广春主编，撰写了第1章和第5章第3节，张翠撰写了第2章，熊凯撰写了第3章，赵胜颖撰写了第4章，尚丽娜撰写了第5章前2节和第6章第4节，浙江科技学院的向坚撰写了第6章前3节。全书由高广春组织编写并统稿，尚丽娜校对。

由于时间仓促及水平有限，书中难免出现不当之处，恳请广大读者批评指正，以便再版时进一步修正。

编者

2013年6月20日

目　录

第1章 绪论

多媒体技术是一门综合技术，是计算机技术、广播电视技术、通信技术等各种技术相互渗透、相互融合的产物。从早期的岩洞绘画、陶瓷图纹、手抄文稿，到现代的印刷出版、无线通信、电影电视，这些进展都反映了人类为获取信息的自由存取能力而展现的充分想象力和所做的不懈努力。多媒体技术与系统的产生和发展，促进了计算机网络、通信网络和广播电视网络的渗透和融合，成为了推动信息化社会发展的重要动力。

本章先引入多媒体技术的有关基本概念，然后介绍多媒体技术的主要内容与相关领域，最后讨论介绍多媒体技术的意义与发展简史。

1.1 多媒体的基本概念

1.1.1 媒体的含义

媒体(Medium，复数形式为 Media)指信息的载体。在计算机领域中，媒体有两种含义：其一是指传递信息的载体，如图形、文字、图像、视频、音频等(多媒体中的媒体形式如图 1-1 所示)，常译为媒介；其二是指存储信息的实体，如磁带、磁盘、光盘以及半导体存储器等，常译为媒质(常用的实体如图 1-2 所示)。从本质上讲，媒体是指承载信息的载体。

(a) 文字　　(b) 图像　　(c) 音频

图 1-1　多媒体中的媒体形式

(a) 光盘　　(b) 报纸　　(c) 硬盘

图 1-2　媒体存储信息的载体

1.1.2　媒体的分类

国际电报电话咨询委员会(CCITT,目前已被国际电信联盟(ITU)取代)曾对媒体做出如下定义和分类。

1. 感觉媒体

感觉媒体(perception medium)是指能直接作用于人的感官,使人直接产生感觉的一类媒体。如语言、音乐、自然界中的各种声音、各种图形、图像、动画、文本等。人类感觉器官能够感知到的所有形式都是感觉媒体。对应人的五种感觉是视觉、听觉、触觉、嗅觉和味觉。感觉媒体存在于人类能够感觉到的整个世界,目前多媒体技术研究的感觉媒体主要是听觉媒体和视觉媒体。

2. 显示媒体

显示媒体(presentation medium)是指用于通信中电信号和感觉媒体之间转换所用的媒体。显示媒体通常为表达和接收媒体信息的物理设备,因而显示媒体有两种:输入显示媒体(包括键盘、鼠标器、摄像机、扫描器、光笔、话筒等)和输出显示媒体(包括显示器、喇叭、打印机、音箱、绘图机等)。

3. 表示媒体

表示媒体(representation medium)是指为了加工、处理和传输感觉媒体而人为研究、构造出来的一种媒体。目的是为了能够更有效地加工、处理和研究感觉媒体。表示媒体代表媒体信息在计算机中以什么样的形式存在,即信息的数据编码。利用这种媒体,能更有效地存储感觉媒体或将感觉媒体从一个地方传送到另一个地方。表示媒体包括各种语音编码、音频编码、图像编码、文本编码、视频编码等。

4. 存储媒体

存储媒体(storage medium) 用于存放表示媒体的物理实体,以便计算机随时调用或供其他终端远程调用。存储介质有硬盘、软盘、胶片、CD-ROM、DVD、磁带和存储器等。

5. 传输媒体

传输媒体(transmission medium)是用于将表示媒体从一地传输到另一地的物理介质。传输媒体是通信的信息载体，包括双绞线、同轴电缆、无线电、光纤、微波和红外线等。例如，计算机网络是传输媒体，3G网络是移动多媒体数据传输媒体。

在人类分析和处理信息的活动中，承载信息的常用载体就是以上5种媒体。在这5种媒体中，核心是表示媒体，亦即信息的存在形式和表现形式，如上述的文字、声音、图形、图像、动画、视频等，均为目前计算机用于处理和应用信息的常用形式。各种媒体之间的关系如图1-3所示。

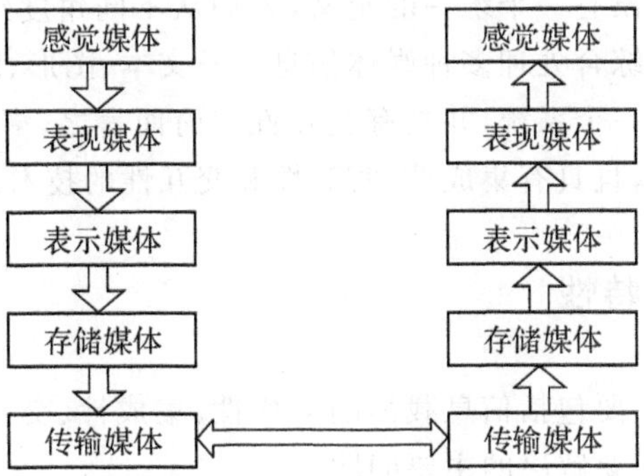

图 1-3 各媒体关系示意

1.1.3 多媒体的定义

多媒体一词来源于英文的Multimedia，它由Multiple和media复合而成。从字面上理解，多媒体是由多种媒体复合而成，但不等同于多种媒体。多媒体是融合两种以上媒体的人机交互式信息交流和传播媒体。如计算机游戏、交互电视和基于计算机的训练系统等(如图1-4所示)。在这个定义中要明确几点：(1)多媒体是信息交流和传播媒体，从这个意义上说，多媒体和电视、报纸、杂志等媒体的功能一样。(2)多媒体是人机交互式媒体，这里所指的"机"，主要是指计算机。人机交互是人和计算机之间的交互，从这个意义

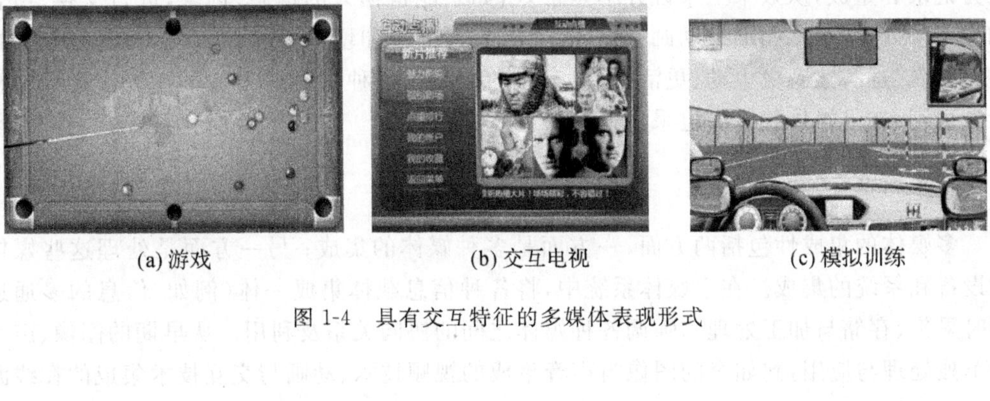

(a) 游戏　　(b) 交互电视　　(c) 模拟训练

图 1-4 具有交互特征的多媒体表现形式

上说，多媒体又和传统电视、报纸、杂志等媒体大不相同。(3) 多媒体信息都是以数字形式，而非模拟信号形式进行存储和传输。(4)传播信息的媒体种类很多，如文字、声音、电视、图形、图像、动画等。由此可知，多媒体是指把多种不同的，但相互关联的媒体综合集成在一起而产生的一种存储、传播和表现信息的全新载体。

由于计算机的数字化及交互式处理能力极大地推动了多媒体技术的发展，通常可以把多媒体看作先进的计算机技术与视频、音频和通信等技术融合而形成的新技术和新产品。现在当人们在说"多媒体"的时候，常常不完全是在说多媒体信息本身，而主要是指处理和应用它的一套技术，特别是指利用计算机技术处理和应用多媒体信息的技术。从这种意义中可以看到，"多媒体"最终被归结为一种"技术"，即多媒体技术。

目前，多媒体技术并没有一个统一的定义，人们从不同角度给出了不同的定义，比较公认的定义为：用计算机综合处理多种媒体信息——文本、图形、图像和声音等，使多种信息建立逻辑连接，集成为一个系统，并具有交互性。简而言之，多媒体技术就是计算机综合处理声、文、图形、图像，且具有集成性、实时性和交互性的技术。

1.1.4 多媒体的特性

多媒体的关键特性主要包括信息载体的多样性、集成性、交互性和实时性四个方面，这也是多媒体研究中必须要解决的主要问题。

1. 多样性

媒体种类的多样性是指计算机所能够处理的媒体种类，不仅包括视觉和听觉信息，还包括目前尚不能处理的嗅、味与触觉等。多样性的信息使信息载体也随之多样化。多样化的信息载体包括：磁盘介质、磁光盘介质和光盘介质等物理介质载体，以及人类可以感受的语音、图形、图像、视频、动画等媒体。媒体的多样化或多维化，把计算机所能处理的信息媒体的种类或范围扩大了，不仅仅局限于原来的数据、文本或单一的语音、图像。

信息的复合化或多样化不仅是指输入信息的多样化(称为信息的获取(capture))，而且还指信息输出的多样化(称为表现(presentation))。多媒体计算机在处理输入的信息时，不仅仅是简单获取和再现信息，如声像信号的输入与输出，若两者完全一样，那只能称之为记录和重放，从效果上来说并不是很好，如果能根据人的构思、创意，进行交换、组合和加工来处理文字、图形及动画等媒体，就能大大丰富和增强信息的表现力，具有充分自由的发展空间，达到更生动、更活泼、更自然的效果。这种形式过去在影视制作过程中被大量采用，在多媒体技术中也采用这种形式。

2. 集成性

多媒体的集成性包括两方面，一方面是多种媒体的集成；另一方面是处理这些媒体的设备和系统的集成。在多媒体系统中，将各种信息载体集成一体(例如，信息的多通道同时采集、存储与加工处理)，强调各种媒体之间的协同关系及利用。从早期的图像、声音的单独处理与应用，到如今的图像与声音集成的视频技术、动画与交互技术集成的在线游戏等,体现了多媒体的集成性。这些媒体在多任务系统下能够很好地协同工作,有较好的同步关系。

多媒体信息的集成处理把信息看成一个有机的整体,采用多种途径获取信息,统一格式存储信息,组织与合成信息等手段,对信息进行集成化处理;多媒体设备的集成包括软件、硬件两个方面。

3. 交互性

多媒体的交互性指人机之间的信息交换关系。这里的“机”指的是电子计算机,也包含其他的机器。交互性是指用户和计算机应用系统能进行交互式操作,可以按照用户的需求处理和提供数据,从而有效地控制和使用信息。

交互性是多媒体技术的关键特征。它可以更有效地控制和使用信息,增加用户对信息的理解。一般的电视机是声像一体化、把多种媒体集成在一起的设备。但它不具备交互性,因为用户只能使用信息,而不能自由地控制和处理信息。通过交互,可以实现人对信息的主动选择和控制,而交互性是多媒体作品与一般影视作品的主要区别,如传统电视系统的媒体信息是单向流通的,电视台播放什么内容,用户就只能接收什么内容。而多媒体技术的交互性为用户选择和获取信息提供了灵活的手段和方式,如交互电视的出现大大增加了用户的主动性,用户不仅可以坐在家里通过遥控器、机顶盒和屏幕上的菜单来收看自己点播的节目,而且还能利用它来购物、学习、经商和享受各种信息服务,进一步引导我们走向“足不出户可做天下事”的更为理想的境界。

4. 实时性

实时性又称动态性,是指媒体随时间的变化而变化的特性,例如,音频和视频信息具有很强的时间特性,它们要求连续处理和播放才有意义。多媒体的动态特性是其具有巨大魅力的原因,这种特性不仅赋予其丰富的内涵,也是其得以繁荣的关键。

从信息处理的角度看,由于多媒体系统需要处理各种复合的信息媒体,因此多媒体技术必然要具有实时处理能力。实时多媒体分布系统是把计算机的交互性、通信的分布性和电视的真实性有机地结合在一起。

1.2 多媒体技术的研究对象

多媒体技术研究的媒体对象主要有文本、声音、图形、图像、动画和视频等。

1.2.1 文本

文本(Text)是文字的集合,是书面语言的表现形式。文本是计算机文字处理程序的基础,文本数据可以在文本编辑软件里操作。在计算机中扩展名为.txt的文件,是非格式化文本文件或纯文本文件，该类文档主要用于记载和存储文字信息。如果文件中包含了文本格式或加入了排版命令的特殊文本文件，则称为格式化文本文件，如扩展名为.doc、.docx、.wps等文件。

1.2.2　声音

声音(Sound)是物体振动产生的波。在计算机领域，通常以数字音频为研究对象。数字音频可分为波形声音、语音和音乐。对声音的处理，主要是编辑声音和声音不同存储格式之间的转换。计算机中常用的存储声音的文件有如下几种。

(1)WAV：WAV文件又称为波形文件，是PC常用的一种声音文件。

(2)MP3：MP3是一种经过压缩转换后的声音文件。

(3)MIDI：数字音频文件称为MIDI(Musical Instrument Digital Interface，音乐设备数字接口)音乐数据文件，它是MIDI协会制定的音乐文件标准。

与声音有关的内容请参考本书的第2章。

1.2.3　图形与图像

1. 图形

图形(Graphics)一般是指由计算机绘制的画面，如直线、圆、矩形、曲线、图表、景物等。如机械结构图、建筑结构图和电路图等，都是典型的组合图形。图形的格式是一组描述点、线、面等几何图形的大小、形状及其位置、维数的指令集合。在图形文件只记录生成图的算法和图上的某些特点，因此图形又称为矢量图。图形的最大优点就是容易进行移动、旋转、放大、缩小、扭曲等变换，而且不产生失真。图形的这些特点使得它适用于工程制图领域，常用的矢量图形文件有WMF、SVG、DXF等。

2. 图像

图像(Image)是指由观测系统以不同形式和手段观测客观世界而获得的影像数据，是由像素点构成的位图。图像直接作用于人眼，进而产生视觉感知的实体。例如，照片、雷达图像、红外图像、CT片等都是典型的图像。

图像需用数字任意描述像素点、强度和颜色。描述信息文件存储量较大，所描述对象在缩放过程中会损失细节或产生锯齿。数字图像的基本单元称为像素(pixel)。一幅数字图像由许多紧密排列的像素点组成的矩阵描述，这种图像称为位图(bitmap)。位图中的位用来定义图中每个像素点的颜色和亮度。计算机中常用的图像文件格式有BMP、JPG、TIFF、PNG等。早期的英文书籍中一般用Picture代表图像，随着数字技术的发展，现在用Image代表数字图像。本书重点讨论的就是数字图像，将在第4章详细叙述。

1.2.4 动画与视频

1. 动画

动画(animation)是指动态的图画,其实质是连续播放的一幅幅静态图像或图形,一幅静态图像称为一帧(frame)。动画是通过连续播放的静态图形或图像使人产生动态幻觉,这种幻觉源于两个方面:一是人类生理上的"视觉残留",也就是在亮度信号消失之后,人眼仍然能够保持这种亮度感觉1/20～1/10秒的时间;二是心理上的"感官经验",也就是人们趋向将连续类似的图像在大脑中组织起来的心理作用。根据这两个特性,人们就可以进行动画设计。动画与视频图像不同的是,视频图像一般是指现实生活中所发生的事件的记录,而动画通常是指人工或计算机绘制出来的连续图形所组合成的动态影像。常用的动画文件格式有GIF、FLC和SWF等。

2. 视频

视频(video)是一种动态影像,是若干幅相互关联的静止图像的连续播放。视频中的每一幅静态图像称为一帧,每秒出现的帧数称为帧速率,单位为每秒帧数(fps)。当帧速率达到24帧/秒或以上时,人眼就会产生图像"动"的效果。帧速率越高,每秒用来显示系列图像的帧数就越多,从而使得运动更加流畅,视频品质也就越高。计算机中的视频是数字化的,主要来自摄像机、录像机或电视机等视频设备,视频数据量大,必须进行压缩处理后,才能进行网络传输,目前主要的视频压缩标准有MPEG-1、MPEG-2、MPEG-4、H.261、H.263和H.264等标准。计算机处理的视频文件主要是数字视频,主要视频文件格式有AVI、MPG和RM等。与视频有关的具体内容将在第6章中详细介绍。

1.3 多媒体技术研究的内容和应用

多媒体技术的内容十分广泛,涉及多种学科和应用领域。不同学科专业所研究的具体内容和应用也各不相同。

1.3.1 多媒体技术研究的内容

多媒体技术是一门综合技术,其研究一般分为两个主要的方面:一是多媒体技术,主要关心基本技术层面的内容;二是多媒体系统,主要侧重于多媒体系统的构成和实现。两个方面紧密联系,只是研究的重点内容不同,本书主要研究多媒体技术基础。多媒体主要研究的内容如下:

(1) 输入和输出:媒体变换技术、媒体识别技术、媒体处理技术和媒体综合技术等。

(2) 数据压缩技术：音频编码技术、静态图像编码技术和视频编码技术等。

(3) 数据存储技术：光存储技术、磁盘存储技术、半导体存储技术和分布式网络存储技术等。

(4) 多媒体数据库技术：数据存储管理、数据共享、并发控制和事物处理等技术。

(5) 多媒体检索技术：图像检索和视频检索等技术。

(6) 多媒体网络：音频点播、视频点播、IP 电话和视频会议等。

(7) 多媒体通信：通信技术、计算机技术和电视技术的融合和渗透。

(8) 虚拟现实技术：利用计算机生成一种模拟环境，通过各种传感设备，使使用者获得置身于现实情境和场景的幻觉，实现用户与该环境进行自然交互的技术。

(9) 交互技术：各种媒体信息的时空合成以及人机之间灵活的交互方法。

(10) 软、硬件平台：与多媒体相关的各种应用离不开软件和硬件，需要相应的环境支持。

1.3.2 多媒体技术的应用

多媒体技术的发展使计算机的信息处理在规范化和标准化的基础上更加多样化和人性化，特别是多媒体技术与网络通信技术的结合，使得远距离多媒体应用成为可能，同时加速了多媒体技术在经济、科技、教育、医疗、文化、传媒、娱乐等各个领域的广泛应用。多媒体技术已成为信息社会的主导技术之一，其典型的应用主要有以下几方面。

(1)教育培训：计算机辅助教学(Computer-Aided Instruction，CAI)、计算机辅助学习、计算机化教学、计算机化学习和计算机辅助训练等都是多媒体技术在教育和教学中的广泛应用。

(2)医疗卫生：远程诊断和远程医疗系统。

(3)文化娱乐：影视作品、3D 电影和 MTV 等。

(4)传媒广告：招贴广告、公益广告和商业广告等。

(5)广播通信：3G 和 4G 移动通信，广播电视。

(6)电子出版：电子书、网络出版物。

(7)现实模拟：驾校培训、飞机模拟训练等。

1.4 多媒体技术的意义与发展

多媒体技术目前已经深入到我们生活的各个领域，为了了解多媒体技术的重要意义，我们可从人类使用的三大资源、信息技术的四次飞跃和多媒体在现代信息环境中的地位、计算机技术的发展方向等方面进行分析。多媒体技术具有的多样性、集成性、交互性和实时性的特点，为计算机应用开拓了广阔的前景。而多媒体技术的广泛应用也促进了多媒体技术的发展。本节的第 2 小节将简单介绍这些方面的发展历史。

1.4.1 多媒体技术的意义

多媒体技术目前已经得到了迅速普及和广泛应用，与人们生活密切相关，其重要性和使用价值已被人们所认可。以下几个方面可让我们深刻理解多媒体技术的意义：

(1) 人类使用最重要的三大资源——材料(物质)、能源(动力)、信息(数据)。

(2) 信息技术的四次飞跃——印刷术、广播电视、计算机、多媒体。

(3) 多媒体与信息环境——信息质能公式 $E=mc^2$：

$$信息环境\ E=多媒体\ m\times 计算机\ c\times 通信\ c$$

(Information Enviroment＝multimedia×computer×comunication)

(4) 计算机的发展方向：智能＋多媒体＋网络。

(5) 微软亚洲研究院的三个主要研究方向：人机界面、自然语言理解、多媒体技术。

1.4.2 多媒体技术的发展历史

多媒体技术的概念源于20世纪80年代初期，真正蓬勃发展于20世纪90年代。最早研究和制造多媒体产品的分别是计算机工业的代表Apple、Intel、IBM及Commodore，以及家电工业的代表Philips、SONY公司等。随着互联网的使用，多媒体技术获得了飞速发展，下面介绍其间几个具有代表性的时刻。

(1)1984年，美国苹果(Apple)公司首先在自行研制和开发的“苹果计算机”(Apple)，(操作系统名为Macintosh，也叫Macintosh计算机)使用位图(Bitmap)概念对图像进行描述，从而实现了对图像进行简单地处理、存储以及传送，并提出了全新的Window(窗口)概念和Icon(图板)程序设计理念，建立了新型的图形化人机接口标准。

(2)1985年，计算机硬件技术有了较大的突破，激光只读存储器CD-ROM问世，解决了大容量存储问题，对计算机多媒体技术的发展起到了决定性的推动作用。在这个时期CDDA(Compact Disk Digital Audio)技术也已经趋于成熟，使计算机具备了处理和播放高质量数字音响的能力。同年，美国Commodore公司推出了世界上第一台多媒体计算机Amiga系统。

(3)1986年3月，荷兰Philips(飞利浦)公司和日本SONY(索尼)公司共同制定了CD-I(Compact Disc Interactive)交互式紧凑激光盘系统标准，使多媒体信息的存储规范化和标准化。CD-I标准允许在一片直径为5英寸的激光光盘上存储650MB的数字信息量，用户可以通过读取光盘上的数字化内容来进行播放。

(4)1986年CCITT与ISO成立JPEG(Joint Photographic Experts Group，联合图像专家小组)，1991年公布静态图像压缩标准JPEG(ISO/IEC 10918)。

(5)1987年3月，RCA公司制定和公布了交互式数字视频系统的技术标准(Digital Video Interactive，DVI)。该标准基于计算机技术，能够利用激光盘以DVI标准存储静止图像和活动图像，并能够存储声音等多种信息模式。1988年，Intel公司购买其技术，并于1989年与IBM公司合作，在国际市场上推出第一代DVI的技术产品。

(6)1989 年 Tim Berners-Lee 提出 HTML/HTTP,创立万维网;1994 年他又牵头成立万维网协会 W3C。

(7)1990 年 11 月,包括美国 Microsoft(微软)公司、荷兰 Philips 和日本 SONY 等公司在内的一些计算机技术公司与产商成立了"多媒体个人计算机市场协会(Multimedia PC Marketing Council)",并制定了多媒体个人计算机的第一个标准 MPC-1。从此,全球计算机业界共同遵守该标准所规定的各项内容,促进了 MPC 的标准化和生产销售,使多媒体个人计算机成为一种新的流行趋势。"多媒体个人计算机市场协会"的主要任务是对计算机的多媒体技术进行规范化管理和制定相应的标准。

(8)1992 年,由运动图像专家组(MPEG,Motion Picture Experts Group)开发制定的 MPEG-1 视频标准正式颁布,推进了视频产品应用的发展。目前,由 MPEG 组织定义的标准还有 MPEG-2、MPEG-4、MPEG-7 和 MPEG-21。

(9)1993 年 5 月,多媒体个人计算机市场协会公布了 MPC-2 标准。该标准根据硬件和软件的发展状况做了较大的调整和修改,对声音、图像、视频和动画的播放、Photo CD 做了新的规定,将音频信号数字化的采集量化位数提高到 16 位。此后,多媒体个人计算机市场协会演变成多媒体个人计算机工作组(Multimedia PC Working Group)。

(10)1995 年 6 月,多媒体个人计算机工作组公布了 MPC-3 标准,进一步提高了软件和硬件的技术指标。MPC-3 标准制定了视频压缩技术 MPEG 的技术指标,使视频播放技术更加成熟和规范化,增加了全屏幕播放、使用软件进行视频数据解压缩等技术标准。

(11)1995 年 12 月,数字多功能光盘(DVD:Digital Versatile Disk)标准诞生。光盘可保存的数据容量为 4.7~17 GB。

(12)1995 年,美国 Microsoft(微软)公司开发了功能强大的 Windows 95 操作系统,使多媒体计算机的用户界面更容易操作,功能更为强大。随着视频音频压缩技术的日趋成熟,高速的奔腾系列 CPU 开始武装个人计算机,多媒体功能已成为新型个人计算机的基本功能,MPC 的新标准也没有继续发布的必要性。

(13)1998 年 2 月 W3C 推出 XML,接着 W3C 又推出基于 XML 的系列应用标准,如 SMIL(多媒体集成,1998 年 6 月)、XHTML(网页描述,2000 年 1 月)、SVG(二维矢量图与动画,2000 年 9 月)等等。

(14)1999 年 10 月中国开始研制高密度激光视盘系统 EVD,2005 年 2 月 23 日 EVD 成为中国电子行业推荐性标准,EVD 采用 DVD-9 介质和新压缩算法,实现了高清晰度达 1920×1080i 的视频编码与重放。

1.4.3 多媒体技术的发展趋势

多媒体不仅是多学科交汇的技术,也是顺应信息时代需要的产物,它能促进和带动新产业的形成和发展,能在多领域应用。多媒体技术的发展趋势可以归纳为以下几个方向:

(1)高分辨化,提高显示质量。

(2)高速度化,缩短处理时间。

(3)简单化,便于操作。

(4)高维化,三维、四维或更高维。

(5)智能化,提高信息识别能力。

(6)标准化,便于信息交换和资源共享。

习题1

1. 简述媒体和多媒体的概念以及它们的区别。
2. 什么是多媒体技术?
3. 多媒体定义说明了什么?
4. 媒体文件有哪些类型?
5. 感觉媒体有哪些?
6. 多媒体技术研究的对象是什么?
7. 多媒体的主要特征是什么?

第 2 章

数字声音及编码

声音也许是多媒体中最能触动人们的元素。我们常常会因为一个电影的插曲而激动不已，会因为一个游戏的背景音乐而波动心弦，会因为一首熟悉的老歌而回忆往事。声音能够带给我们倾听音乐的愉悦，也能唤起爱的情绪，从耳边的低语到远方的呼唤，无一不是声音在走进我们的内心。因为声音携带了信息，它所包含的信息又绝不仅仅局限于信息本身，使我们能够感觉到声音的魅力。

2.1 数字声音基础

2.1.1 什么是声音

声音是由于物体振动而产生的，振动引起的压力波就像在平静的池塘中投入一块石头一样，从中心向四周涟漪扩散，当波到达耳膜时，人耳感觉到波带来的压力的变化，即感觉到振动，听到声音。所以说声音是一种连续的波，有的时候我们将其称为声波。

声音的强弱体现在声波压力的大小上，音调的高低体现在声音的频率上。通常声音都是用电信号来表示的，声音在时间和幅度上都是连续的模拟信号，具有波所具有的特性。声音的波形如图 2-1 所示。

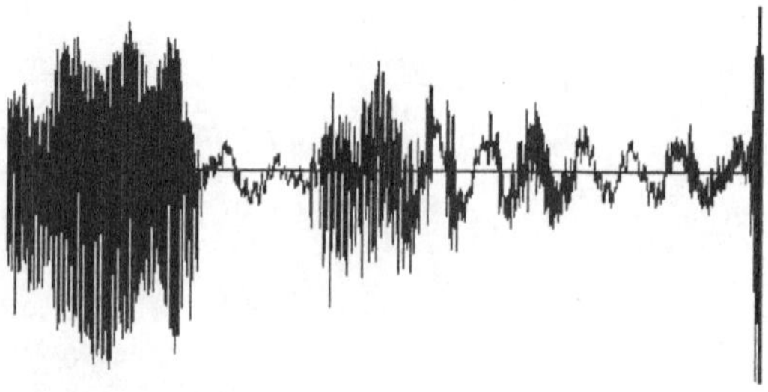

图 2-1 声音的波形

图 2-2　室外噪声显示屏

声音的强度一般用 dB 来表示。在大街上经常可以看见测量街道声强的电子显示牌，用于显示当前显示牌所在位置的声强值，从而告诉路人目前街道环境噪声的大小，如图 2-2 所示。测量的数值越大，说明该时刻环境噪音越大。

dB 的测量值是在对数标尺上选定的参考声强与实际感受的声强的比值。表 2-1 显示了声音的功率与 dB 值之间的关系。

表 2-1　声强与声音功率的比对表

环　境	瓦特	dB
播音室	0.0000000001	20
宁静的郊野	0.000000001	30
图书馆 2 米范围内的低语	0.00000001	40
写字楼内	0.0000001	50
客厅内的对话	0.000001	60
100 英尺外的列车，25 米范围交通繁忙的马路上	0.00001	70
25 米范围内列车高速行驶	0.0001	80
地铁，喊叫声	0.001	90
迪斯科强劲的音乐	0.01	100
10 米范围内撞击式打桩	0.1	110
船舶引擎室内，大型碎石机	1	120
75 人的管弦乐队的最强音	10	130
汽车内两个输出 2400 瓦功率的扬声器	100	140
ALSETEX 防碎裂手榴弹	1000	150
7000 磅推力的涡轮喷气发动机	10000	160
带加力燃烧室的喷气机引擎	100000	170
土星火箭	24～40 百万	195

值得指出的是，如果将声音的输出功率调高到原来的 10 倍，增加的 dB 值并不是 10 倍，而是 10 dB，如果调高功率到原来的 100 倍，则增加的 dB 值为 20 dB，这是由于 dB 的计算是取 10 lg 来完成的。

声音是一种能量，音量太大会对人耳造成一定的伤害，对 1000 Hz 频率的声音，当 dB 值达到 120 时，会使人耳感觉到疼痛。音量太大，会永久性地伤害人类耳膜后面的脆弱的听觉器官，使其迟钝，典型情况下，会使其减少 6 kHz 的感知。当工作室内的环境噪声在

90 dB 以上时，人们在执行容易受到干扰的任务时往往会犯更多的错误，尤其是当噪声中有高频分量时。当声强超过 80 dB 时，想打电话是不太可能的。研究者通过在居民区中的实验证明：

(1)当声音发生器处于 45 dB 时，对周围邻居没有影响；

(2)在 45～50 dB 范围时，将会受到个别人的抱怨；

(3)在 50～55 dB 范围时，会引起众怒；

(4)在 55～60 dB 范围时，会受到社区一般性的抵制；

(5)超过 65 dB 时，将引发社区强烈的行为。

这一研究从 20 世纪 50 年代开始一直为摇滚音乐和多媒体开发者提供有益的指导。

描述声音信号的基本参数除幅度(声强)以外，还有一个参数是频率。信号的频率是该信号每秒钟变化的次数，单位为 Hz。对于频率为 20 Hz 以下的空气压力信号，人们一般听不到，但是如果它的强度足够高，可能可以被感觉到。

所以按照频率可以划分声音的种类，如表 2-2 所示。

表 2-2 声音的种类(按频率划分)

频 率	声音种类
＜ 20 Hz	亚音信号(次音信号)
10～20 kHz	高保真声音
20～20 kHz	声音信号(音频)
300～3400 Hz	语音信号(话音信号)
80～3400 Hz	人的发音器官能够发出的声音频率
300～3000 Hz	男人说话的信号频率
300～3400 Hz	女人说话的信号频率
＞20 kHz	超音信号(超声波)

人们能够听到声音，取决于个人的年龄和耳朵的特性，一般情况下，人的听觉器官能够感知的声音频率范围为 20～20 kHz，此范围里感知的声音幅度大约在 0～120 dB。某些动物能够感知的声音范围要比人类的大，如：狗类等。

超声波是比较特殊的声音信号，它具有很强的方向性，可以形成波束，在工业和医疗领域有很广泛的应用，如超声波探测仪、超声波焊接设备、超声波医疗检测设备等。

声音本身可以成为一门科学，声学涉及的并非仅仅是声强和频率，在多媒体技术中使用声音不需要掌握高深的专业知识，不需要知道音符记号、高八度、音程或者声物理学、振动等，但是必须了解以下的知识：

(1)声音是如何产生的？

(2)声音的特性？

(3)如何在计算机上记录和编辑声音？

(4)如何将声音集成到多媒体项目中？

2.1.2 听觉生理与心理

人的听觉器官对声音的感知还有一些在生理和心理上重要的特性，这些特性在声音的数据压缩当中得到了广泛的应用。许多科学工作者一直致力于研究听觉系统对声音的感知，在 MPEG 声音压缩编码算法中涉及三个特性：响度、音高和掩蔽效应。

声音的响度就是声音的强弱。在物理上使用客观测量单位来度量，即上节所述的 W/cm^2（瓦特/平方厘米）（声强）或 dyn/cm^2（达因/平方厘米）（声压）。在心理上，主观感觉的声音强弱使用响度级“方（phon）”或者“宋（sone）”来度量。这两种感知声音强弱的计量单位是完全不同的两种概念，但是它们之间又有一定的联系。主观单位的“响度”和客观单位的“声强”与频率之间的关系如图 2-3 所示。

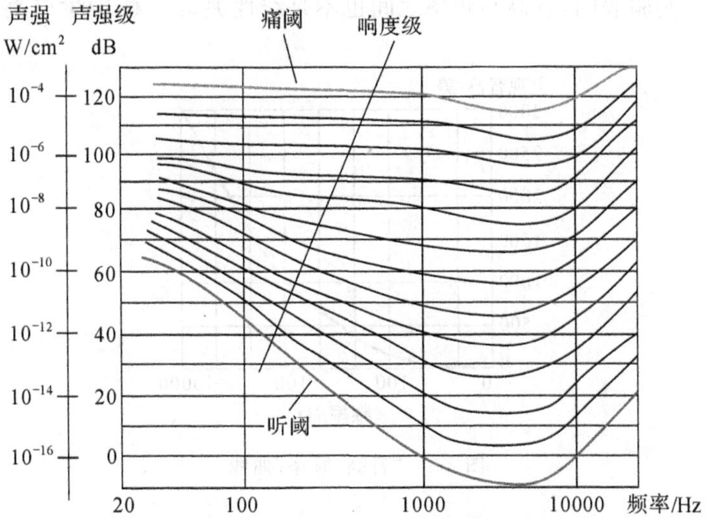

图 2-3　“响度—频率”曲线

当声音弱到人的耳朵刚刚可以听见，此时的声音强度称为“听阈”。例如，人耳刚能够听到的纯音是：1 kHz 纯音的声强达到 0 dB（即 10^{-16} W/cm^2）时，10 kHz 的纯音达到 0 dB时，100 Hz 的纯音在 45 dB 左右时，此时的主观响度级定为 0（方）。实验表明，听阈是随频率变化的。图 2-3 当中最下方的一条曲线即为“零方等响度级”曲线，也称“绝对听阈”曲线，即在安静环境中，能被人耳听到的纯音的最小值。

除刚好能够听到以外，还有一种极端的情况是声音太强从而使人耳感到疼痛。实验表明，如果频率为 1 kHz 和 10 kHz 的纯音在声强级达到 120 dB 左右时，人的耳朵就感觉到疼痛，这个阈值称为“痛阈”。对不同的频率进行测量，可以得到“痛阈—频率”曲线，如图 2-3 中最上方所示的一根曲线。这条曲线也就是 120 方等响度级曲线。

在“听阈—频率”曲线和“痛阈—频率”曲线之间的区域就是人耳的听觉范围。这个范围内的等响度级曲线也是用同样的方法测量出来的。由图 2-3 可以看出，1 kHz 的 10 dB 的声音和 100 Hz 的 50 dB 的声音，在人耳听起来具有相同的响度。

图 2-3 说明人耳对不同频率的敏感程度差别很大，其中对 2 kHz～4 kHz 范围的信号

最为敏感，幅度很低的信号都能被人耳听到。而在低频区和高频区，能被人耳听到的信号幅度要高得多。

与客观上用频率来表示声音的音高相对应，主观上也有对音高的感知，前者的单位是Hz，后者的单位是"美(Mel)"，主观音高与客观音高的关系是：

$$\text{Mel} = 1000\log_2(1+f) \tag{2-1}$$

其中 f 的单位为 Hz，这也是两个不相同，但有联系的单位。

人耳对响度的感觉有一个范围，即从听阈到痛阈。同样，人耳对频率的感觉也有一个范围。人耳可以听到的最低频率约 20 Hz，最高频率约 20 kHz。正如测量响度时是以 1 kHz 纯音为基准一样，在测量音高时则以 40 dB 声强为基准，并且同样由主观感觉来确定。

测量主观音高时，让实验者听两个声强级为 40 dB 的纯音，固定其中一个纯音的频率，调节另一个纯音的频率，直到他感到后者的音高为前者的两倍，就标定这两个声音的音高差为两倍。实验表明，音高与频率之间也不是线性关系。测出的"音高-频率"曲线如图 2-4 所示。

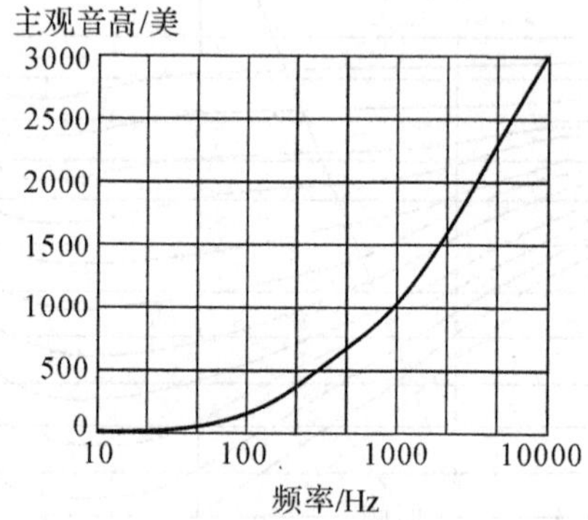

图 2-4 "音高-频率"曲线

2.1.3 掩蔽效应

一种频率的声音阻碍听觉系统感受另一种频率的声音的现象称为掩蔽效应。前者称为掩蔽声音(masking tone)，后者称为被掩蔽声音(masked tone)。掩蔽可分成频域掩蔽和时域掩蔽。

1. 频域掩蔽

一个强纯音会掩蔽在其附近同时发声的弱纯音，这种特性称为频域掩蔽，也称同时掩蔽(simultaneous masking)，如图 2-5 所示。从图 2-5 可以看到，声音频率在 300 Hz 附近、声强约为 60 dB 的声音可掩蔽声音频率在 150 Hz 附近、声强约为 40 dB 的声音，也可掩蔽声音频率在 400 Hz、声强为 30 dB 的声音。又如，一个声强为 60 dB、频率为 1000 Hz 的纯音，另外还有一个 1100 Hz 的纯音，前者比后者高 18 dB，在这种情况下我们的耳朵就只能听到那个 1000 Hz 的强音。如果有一个 1000 Hz 的纯音和一个声强比它低 18 dB 的 2000 Hz 的纯音，那么我们的耳朵将会同时听到这两个声音。要想让 2000 Hz 的纯音也听不到，则需要把它降到比 1000 Hz 的纯音低 45 dB。一般来说，弱纯音离强纯音越近就越容易被掩蔽。

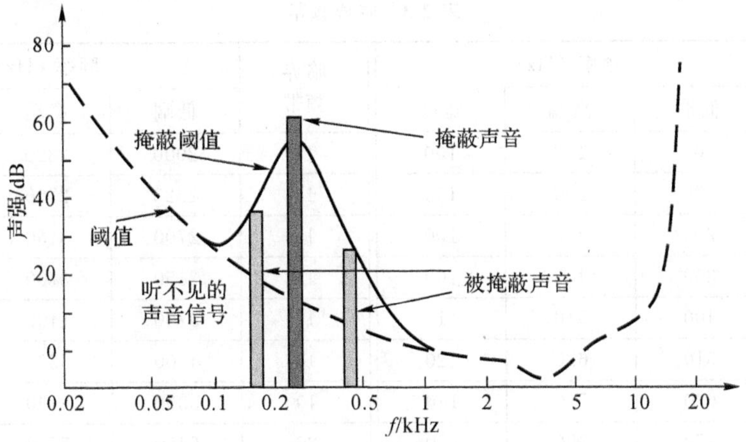

图 2-5　频域掩蔽

在图 2-6 中的一组曲线分别表示频率为 250 Hz，1 kHz 和 4 kHz 纯音的掩蔽效应，它们的声强均为 60 dB。从图 2-6 中可以看到：①在 250 Hz，1 kHz 和 4 kHz 纯音附近，对其他纯音的掩蔽效果最明显；②低频纯音可以有效地掩蔽高频纯音，但高频纯音对低频纯音的掩蔽作用则不明显。

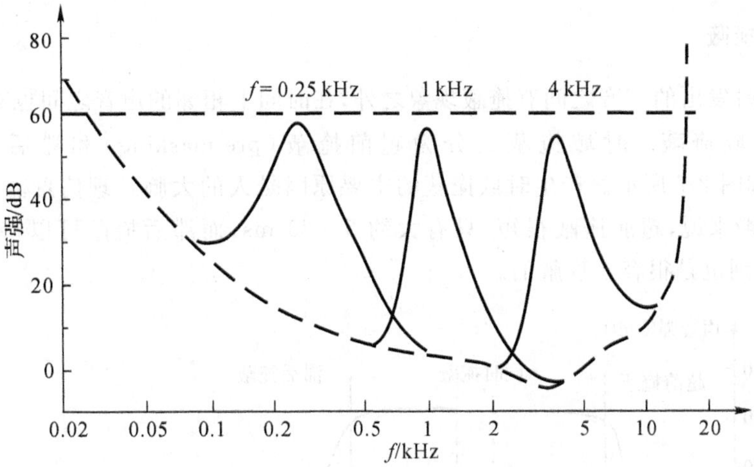

图 2-6　不同纯音的掩蔽效应曲线

由于声音频率与掩蔽曲线不是线性关系，为从感知上来统一度量声音频率，引入了“临界频带(critical band)”的概念。通常认为，在 20 Hz 到 16 kHz 范围内有 24 个临界频带，如表 2-3 所示。临界频带的单位叫 Bark(巴克)。

1 Bark＝一个临界频带的宽度

f（频率）$<$ 500 Hz 的情况下，1 Bark $\approx f/100$

f（频率）$>$ 500 Hz 的情况下，1Bark $\approx 9+4\log_2(f/1000)$

以上我们讨论了响度、音高和掩蔽效应,尤其是人的主观感觉。其中掩蔽效应尤为重要,它是心理声学模型的基础。

表 2-3 临界频带

临界频带	频率(Hz)			临界频带	频率(Hz)		
	低端	高端	宽度		低端	高端	宽度
0	0	100	100	13	2000	2320	320
1	100	200	100	14	2320	2700	380
2	200	300	100	15	2700	3150	450
3	300	400	100	16	3150	3700	550
4	400	510	110	17	3700	4400	700
5	510	630	120	18	4400	5300	900
6	630	770	140	19	5300	6400	1100
7	770	920	150	20	6400	7700	1300
8	920	1080	160	21	7700	9500	1800
9	1080	1270	190	22	9500	12000	2500
10	1270	1480	210	23	12000	15500	3500
11	1480	1720	240	24	15500	22050	6550
12	1720	2000	280				

2. 时域掩蔽

除了同时发出的声音之间有掩蔽现象之外,在时间上相邻的声音之间也有掩蔽现象,并且称为时域掩蔽。时域掩蔽又分为超前掩蔽(pre-masking)和滞后掩蔽(post-masking),如图 2-7 所示。产生时域掩蔽的主要原因是人的大脑处理信息需要花费一定的时间。一般来说,超前掩蔽很短,只有大约 5～20 ms,而滞后掩蔽可以持续 50～200 ms。这个区别也是很容易理解的。

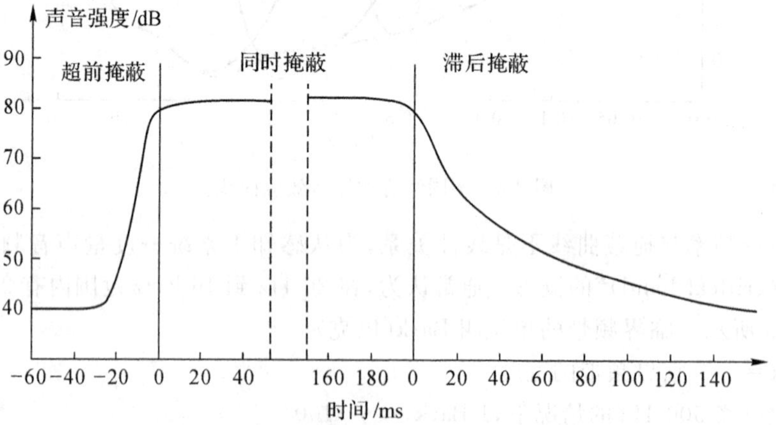

图 2-7 时域掩蔽

2.2　声音信号的数字化

2.2.1　声音的模数转换

不同的数据必须转换为相应的信号才能进行传输。

多媒体技术中通信传输的消息是多种多样的，可以是符号、话音、文字、数据和图像等。各种不同的消息可以分成两个大类：一类称为连续消息；另一类称为离散消息。连续消息是指消息的状态连续变化或不可数的，如连续变化的话音和图像等；离散消息则是指消息的状态是可数的或离散的，如符号、数据等。

消息的传递是通过物理载体，即电信号来实现的，也就是把消息寄托在电信号的某个参量上，以语音信号为例，语音信号的大小用余弦信号的幅度来表示，语音信号的频率直接用余弦信号的频率来表示。按信号参量的取值方式不同，可以把信号分为模拟信号和数字信号。模拟信号是电信号的参量取值连续的信号，如：话筒送出的输出电压包含有语音信号，并且在一定的取值范围内是连续变化的。模拟信号有时候也称为连续信号，这里连续的含义是指信号的某一参量连续变化，或者说在某一取值范围内可以取无穷多个值，而不一定在时间上也连续，连续话音信号和抽样信号如图 2-8 所示。

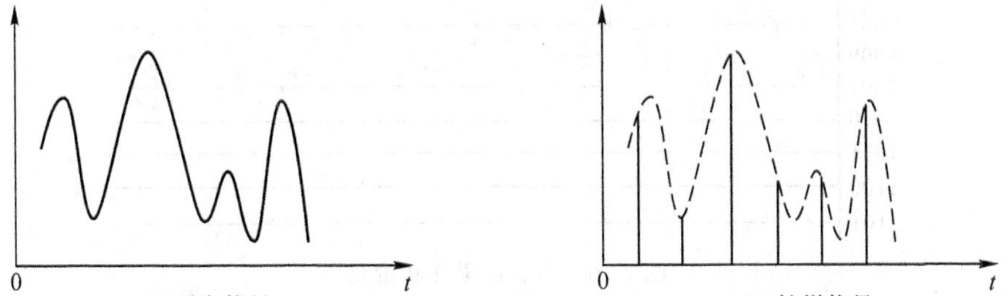

(a) 话音信号　　(b) 抽样信号

图 2-8　模拟信号

大多数电信号的处理一直是用模拟元部件（如晶体管、变压器、电阻、电容等）对模拟信号进行处理。但是，模拟信号系统有着一定的缺点，开发一个具有相当精度、且几乎不受环境变化影响的模拟信号处理元部件是相当困难的，而且成本也很高。

如果电信号的参量仅可能取有限个值，则称为数字信号。如：电报信号、计算机输入输出信号、PCM 编码信号灯。数字信号有时候也称为离散信号，这个离散是指信号的某一参量是离散变化的，而不一定在时间上也离散，如图 2-9(b)为二进制的数字调相信号。

如果把模拟信号转变成数字信号，用数字来表示模拟量，对数字信号做计算，那么想要克服模拟系统的难点就发生了转移，把开发模拟运算部件的问题转变成开发数字运算部件的问题，这就出现了数字信号处理器（digital signal processor，DSP）。DSP 与通用微处理器相比，除了它们的结构不同外，其基本差别是，DSP 有能力响应和处理采样模拟信号得到的数据流，如做乘法和累加求和运算。

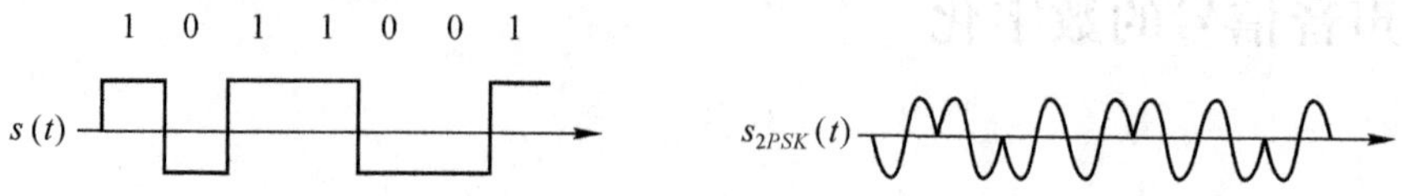

(a) 二进制数字信号　　(b) 数字调相信号

图 2-9　数字信号

在数字域而不在模拟域中做信号处理的主要优点是：首先，数字信号计算是一种精确的运算方法，它不受时间和环境变化的影响；其次，表示部件功能的数学运算不是物理上实现的功能部件，而是仅用数学运算去模拟，其中的数学运算也相对容易实现；此外，可以对数字运算部件进行编程，如欲改变算法或改变某些功能，还可对数字部件进行再编程。

声音进入计算机的第一步是数字化，数字化过程包含三个步骤：采样、量化和编码，如图 2-10 所示。如前所述，连续时间的离散化通过采样来实现，就是每隔相等的一小段时间采样一次，这种采样称为均匀采样（uniform sampling）；连续幅度的离散化通过量化（quantization）来实现，就是把信号的强度划分成一小段一小段，如果幅度的划分是等间隔的，就称为均匀量化，否则就称为非均匀量化。

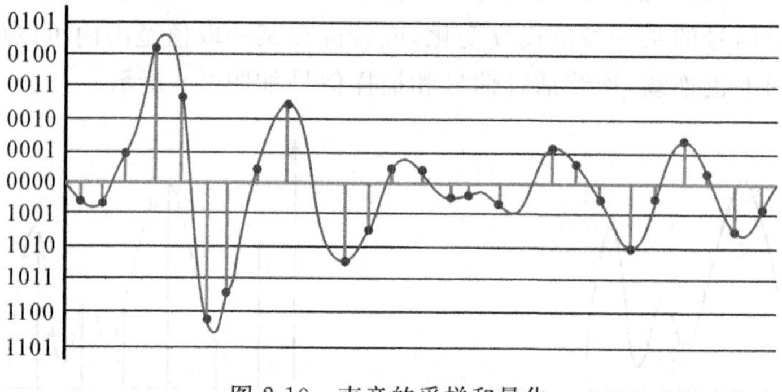

图 2-10　声音的采样和量化

我们也可以通过话筒、电子合成器、已有的磁带录音、实时的广播和电视以及流行 CD 将声音数字化，而这样获得的数字化声音已经经历了以上的三个步骤。

对声音来说，数字化的声音是采样后的声音。每隔几分之一秒，声音被采样一次，样本以位或字节的形式存储为数字信息。这种数字录音的质量取决于声音采样的间隔（采样频率）和每一个样本用多少个比特来表示幅度的大小。采样率越高，存储样本的数据越多，被录制的声音在播放时质量越好，分辨率越出色。由于音频的质量只与录音的质量有关，而与终端用户播放音频时采用的设备无关，因此数字音频可以被认为是与器件无关的。

多媒体中最常用的采样频率分别是 44.1 kHz（CD 音频）、22.5 kHz 和 11.025 kHz，采样深度为 8 比特或者 16 比特。采样深度越大，音频的数据描述越准确。8 比特的采样深度能够提供 256 个均匀分布的单位来描述被采集声音时隙的动态范围或幅度。16 比特的采样尺寸提供 65536 个单位来描述动态范围。图 2-10 中的每一个声音样本采用 4 比特的采样深度。

2.2.2 数字音频的技术指标

声音数字化的过程当中和数字化之后,有一些技术指标可以利用和参考。

第一个技术指标是采样频率。采样频率可以根据奈奎斯特抽样定理来选定,(Nyquist theory)和声音信号本身的最高频率决定。奈奎斯特抽样定理回答了这样的问题:把时间上连续的模拟信号变成一系列时间上离散的抽样值,能否由此样值序列重建原信号而不发生失真。抽样定理指出,当采样频率大于声音信号最高频率的两倍时,可以不失真的将数字表达的声音还原成原来的声音,相对应的采样时间间隔应小于 2 倍信号最高频率值的倒数,计算公式为:

$$f_s > 2f_H \text{ 或者 } T_s < 1/(2f_H) \quad (2\text{-}2)$$

其中,f_H 为被采样信号的最高频率,f_s 为采样频率,T_s 为采样间隔。

我们可以这样来理解奈奎斯特理论:声音信号可以看成由许许多多正弦波组成的,一个振幅为 A、频率为 f 的正弦波至少需要两个采样样本表示,因此,如果一个信号中的最高频率为 f_H,采样频率最低要选择 $2f_H$。例如,电话话音的信号频率最高约为 3.4 kHz,则其采样频率最小为 6.8 kHz,但是一般不选择刚好 2 倍时的频率值,而选为 8 kHz。

采样频率决定了录音时提取样点的频率,较高的采样率(例如 44.1 kHz)能够更精确地录制当前声音的高频分量。

第二个技术指标是样本精度(采样深度,采样精度)。每个时间点上所采样的样本值,需要进行量化,即用一定的数值来表示此时刻的语音信号的幅度。目前声音的采样精度有两种:8 位和 16 位。例如,每个声音样本用 16 位(2 字节)表示,测得的声音样本值是在 0～65536 的范围里,它的精度就是输入信号的 1/65536。样本位数的大小影响到声音的质量,位数越多,声音的质量越高,越能接近原始的声效,但是需要的存储空间也越多;位数越少,声音的质量越低,需要的存储空间越少。

采样精度的另一种表示方法是信号噪声比,简称为信噪比(signal-to-noise ratio, SNR),计算公式为:

$$\text{SNR} = 10\lg\left[(V_{\text{signal}})^2/(V_{\text{noise}})^2\right] = 20\lg(V_{\text{signal}}/V_{\text{noise}}) \quad (2\text{-}3)$$

其中,V_{signal} 表示信号电压,V_{noise} 表示噪声电压;SNR 的单位为分贝(dB)。

【例 2-1】 假设 $V_{\text{noise}}=1$,每个声音样本位数用 1 位表示时,$V_{\text{signal}}=2^1$,它的信噪比 SNR=6(分贝)。

【例 2-2】 假设 $V_{\text{noise}}=1$,每个声音样本位数用 16 位表示时,$V_{\text{signal}}=2^{16}$,它的信噪比 SNR=96(分贝)。

第三个技术指标是声道数。由于人类有两只耳朵,因此立体声的声音显得更加逼真和接近事实。单声道声音可以满足日常对声音的需要,但是听起来较为单调或者无趣,对于相同的播放时间,立体声声音文件需要占据的空间为单声道声音文件存储空间的两倍。

三个技术指标与声音的质量和声音文件的大小都有密切的关系。以下是数字声音文件的大小的计算公式。

对于单声道声音文件：

数据率＝采样频率×样本精度

对于立体声声音文件：

数据率＝采样频率×样本精度×2

采样频率是用 kHz 来测量的，即千赫兹每秒，因此，为了将 kHz 转换成一个数字，则必须乘以 1000。样本精度即量化位数，单位是 bit/样本，由于每个字节包含 8bit，因此在计算存储空间时，需要除以 8。数据率即每秒钟记录的数据大小，单位为 bps。当需要计算存储空间时，则利用数据率与存储时间相乘。

对于单声道声音文件：

存储空间＝采样频率×样本精度×声音文件的时间(秒)/8

对于立体声声音文件：

存储空间＝采样频率×样本精度×2×声音文件的时间(秒)/8

所得到的存储空间单位为字节，用 B 来表示。

【例 2-3】 对于 22.05 kHz 采样率、8 样本精度的 10 秒钟单声道录音所占的空间为

22.05×1000×8×10/8＝220500(字节)

【例 2-4】 对于 44.1 kHz 采样率、16 样本精度(CD 质量的红皮书音频标准，CD 为立体声录音)的 10 秒钟录音所占的空间为

44.1×1000×16×2×10/8＝1764000(字节)

【例 2-5】 对于 11 kHz 采样率、8 样本精度的 40 秒钟单声道录音所占的空间为

11×1000×8×40/8＝440000(字节)

消费级别的音频 CD 是采用立体声录音的，采样频率为 44.1 kHz，那是由于音频信号范围为 20～20 kHz，采样频率需要高于 2×20 kHz，在国际录音标准中则采用了 44.1 kHz 的采样频率。采样频率对于音质和存储空间都有一定的影响，对于硬盘空间的需求而言，用户对基于计算机的多媒体演示的音质期待，显然要低于他们对格莱美音乐大奖的录音质量的期待。

常见的采样率和分辨率情况下的一分钟数字音频声音文件例子如表 2-4 所示。

表 2-4 常见的采样率和样本精度情况下的一分钟数字音频声音文件

采样率(kHz)	样本精度(bit)	单声道/立体声	存储空间(未压缩)	适用范围与解释
44.1	16	立体声	10.5 MB	CD 音质，公认的音频质量的标准
44.1	16	单声道	5.25 MB	单声道音源高质量录音的折中方案
44.1	8	立体声	5.25 MB	在低端设备(例如 Windows PC 机上的多数声卡)上能够获得较好的回放效果
44.1	8	单声道	2.6 MB	记录单声道音源的折中方案

续表

采样率(kHz)	样本精度(bit)	单声道/立体声	存储空间(未压缩)	适用范围与解释
22.05	16	立体声	5.25 MB	FM,由于采样速率较低,因此比CD听起来要沉闷,但是由于采用高的分辨率和立体声,仍然较饱满,适用于CD-ROM产品
22.05	16	单声道	2.5 MB	对于语音是一种不错的选择,但是最后缩减到8bit,这样可以节约很多磁盘空间
22.05	8	立体声	2.6 MB	在全频宽回放不太可能的情况下是立体声录音的较好选择
22.05	8	单声道	1.3 MB	比上一方案更节省空间,但是非常实用。任何Macintosh* 和 MPC* 都能够播放这种类型的文件,大约相当于电视机的声音质量
11	8	立体声	1.3 MB	在这样低的采样率下,实用立体声不占优势
11	8	单声道	650 kB	实际上勉强可以接受的最低速率,非常沉闷和压抑
5.5	8	立体声	650 kB	效果不好的立体声
5.5	8	单声道	325 kB	相当于电话线路较差时的音质

* Macintosh 麦金塔电脑(简称Mac,中国香港俗称Mac机,内地亦有人称作苹果机或麦金塔电脑,原名Macintoshi),是苹果电脑其中一系列的个人电脑。Macintosh是由Macintosh计划发起人Jeff Raskin根据他最爱的苹果品种Macintosh命名。

* MPC Multimedia Personal Computer,多媒体个人电脑。MPC意指多媒体个人计算机。它是在一般个人计算机的基础上,通过扩充使用视频、音频、图形处理软硬件来实现高质量的图形、立体声和视频处理能力。MPC联盟规定多媒体计算机包括5个基本组成部件:个人计算机(PC)、只读光盘驱动器(CD-ROM)、声卡、Windows操作系统、音箱或耳机。同时对主机的CPU性能,内存(RAM)的容量,外存(硬盘)的容量以及屏幕显示能力也有相应的限定。

2.3 话音编码基础

数字电话和数据通信的容量在日益增长当中,人们不希望由于这样的增长而明显降低传送话音信号的质量,一个办法是提高通信的带宽,另一个办法则是对话音信号进行压缩编码,这也是提高通信容量的重要措施之一。可说明话音数据压缩的重要性的例子是,用户无法使用28.8 kbps的调制解调器来接收因特网上的64 kbps话音数据流,这种话音数据流具有单声道、8位/样本、采样频率为8 kHz。ITU-TSS因此而制定了,并且继续在制定一系列话音数据编译码标准。其中,G.711使用μ率和A率压缩算法,信号带宽采用3.4 kHz,压缩后的数据率为64 kbps;G.721使用ADPCM压缩算法,信号带宽采用3.4 kHz,压缩后的数据率为32 kbps;G.722使用ADPCM压缩算法,信号带宽采用 7 kHz，压缩后的数据率为 64 kbps。在这些标准基础上还制定了许多话音数据压缩标准，例如 G.723，G.723.1，G.728，G.729 和 G.729.A 等。本节重点介绍话音编码的基本思想。

2.3.1 话音特性与编码

在对话音设计编码方案之前，首先需要了解话音波形的基本特性，在这些特性基础上，完成对声音数据的压缩编码、声音的识别以及文本-声音的转换等。

话音是由于肺部中的受压空气沿着声道通过声门而产生的。普通男人的声道从声门到嘴的平均长度约为 17 厘米，这个事实反映到声音信号中，相当于在 1 ms 数量级内的数据具有相关性，这种相关称为短期相关。

声道也被认为是一个滤波器，这个滤波器有许多共振峰，这些共振峰的频率受随时间变化的声道形状所控制，例如口腔为可变共振腔，舌的移动就会改变声道的形状。许多话音编码器用一个短期滤波器来模拟声道。但由于声道形状的变化比较慢，模拟滤波器的传递函数的修改不需要那么频繁，典型值在 20 ms 左右。

压缩空气通过声门激励声道滤波器，根据激励方式不同，发出的话音分成三种类型：浊音(voiced sounds)，清音(unvoiced sounds)和爆破音(plosive sounds)。

1. 浊音

浊音是一种称为准周期脉冲(quasi-periodic pulses)激励所发出的音，这种准周期脉冲是在声门打开然后关闭时中断肺部到声道的气流所产生的脉冲。声门打开和关闭的速率呈现为音节(pitch)的大小，它的速率可通过改变声道的形状和空气的压力来调整。浊音表现出在音节上有高度的周期性，其值在 2～20 ms 之间，这个周期性称为长期周期性(long-term periodicity)。图 2-11 表示了某一浊音段的波形，音节周期大约 8 ms。这一浊音段的功率谱密度(power spectral density，PSD)如图 2-12 所示。

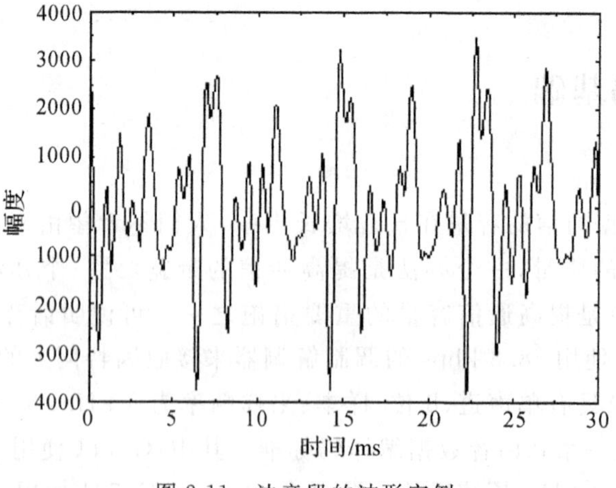

图 2-11 浊音段的波形实例

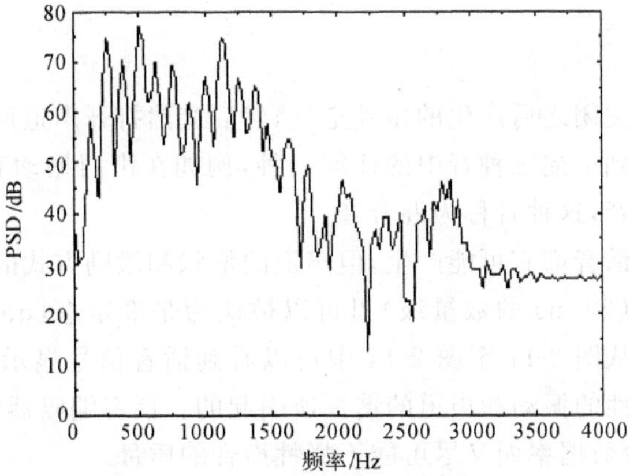

图 2-12　浊音段的功率谱密度实例

2. 清音

清音是由不稳定气流激励所产生的，这种气流是在声门处在打开状态下强制空气在声道里高速收缩产生的，如图 2-13 所示。这一清音段的功率谱密度 PSD 如图 2-14 所示。

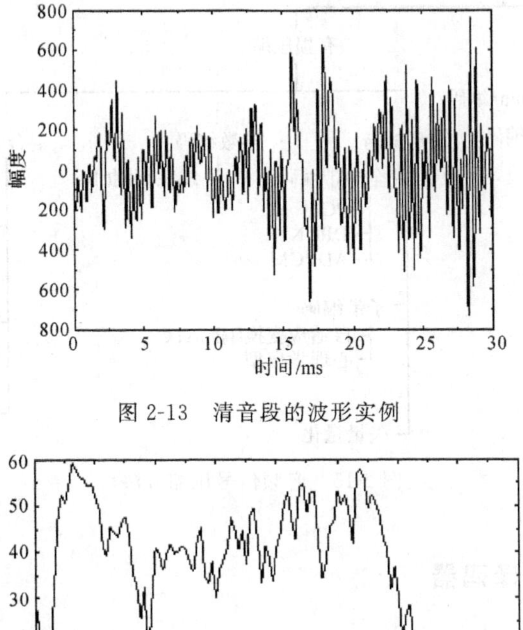

图 2-13　清音段的波形实例

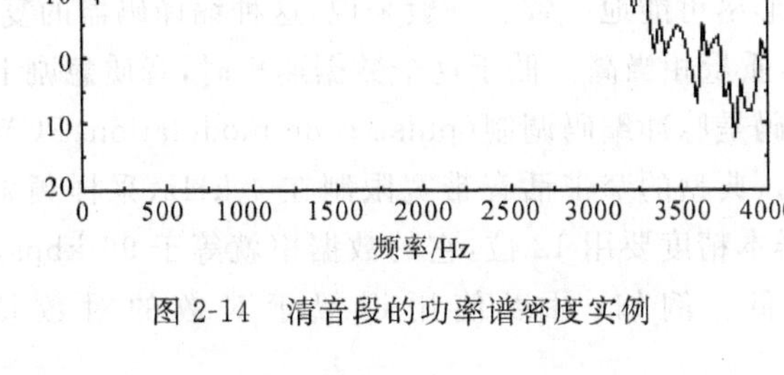

图 2-14　清音段的功率谱密度实例

3. 爆破音

爆破音是在声道关闭之后产生的压缩空气，然后突然打开声道所发出的音。

某些音不能归属到上述三种音中的任何一种，例如在声门振动和声道收缩同时出现的情况下产生的摩擦音，这种音称为混合音。

虽然各种各样的话音都有可能产生，但声道的形状和激励方式的变化相对比较慢，因此话音在短时间周期（20 ms 的数量级）里可以被认为是准定态（quasi-stationary）的，也就是说基本不变的。从图 2-11 至图 2-14 中可以看到话音信号显示出的高度周期性，这是由于声门的准周期性的振动和声道的谐振所引起的。话音编码器就是企图揭示这种周期性，目的是为了减少数据率而又尽可能不牺牲声音的质量。

压缩编码分为两个大类：无损压缩编码和有损压缩编码。根据话音的特性，对话音进行编译码属于有损压缩一类。通常把已有的话音编译码器分成三种类型：波形编译码器（waveform codecs），音源编译码器（source codecs）和混合编译码器（hybrid codecs）。如图 2-15 所示。

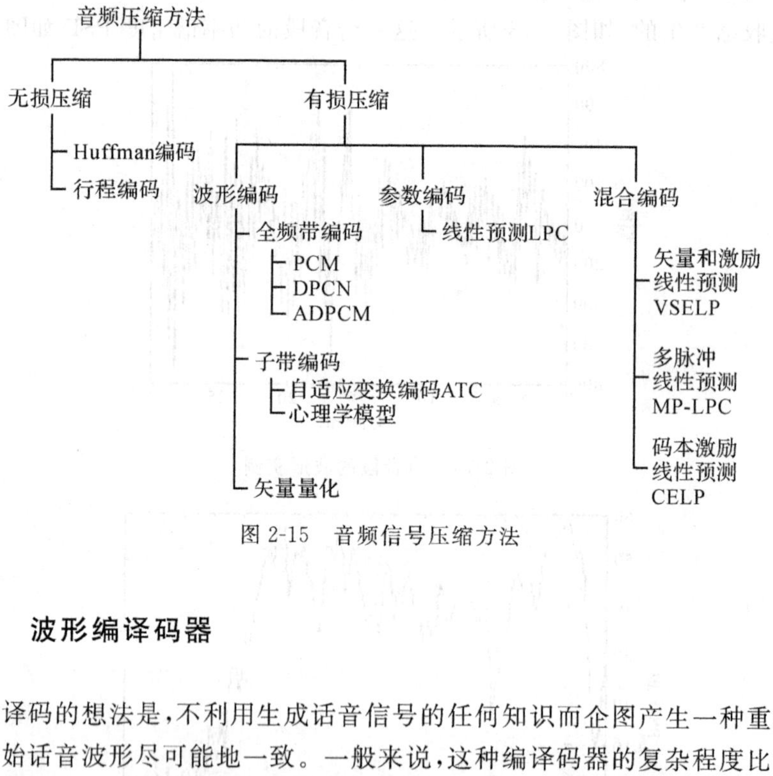

图 2-15 音频信号压缩方法

2.3.2 波形编译码器

波形编译码的想法是，不利用生成话音信号的任何知识而企图产生一种重构信号，它的波形与原始话音波形尽可能地一致。一般来说，这种编译码器的复杂程度比较低，数据速率在 16 kbps 以上，质量相当高。低于这个数据速率时，音质急剧下降。

最简单的波形编码是脉冲编码调制（pulse code modulation，PCM），它仅仅是对输入信号进行采样和量化。典型的窄带话音带宽限制在 4 kHz，采样频率是 8 kHz。如果要获得高一点的音质，样本精度要用 12 位，它的数据率就等于 96 kbps，这个数据率可以使用非线性量化来降低。例如，可以使用近似于对数的对数量化器（logarithmic quantizer)，使用它产生的样本精度为 8 位，它的数据率为 64 kbps 时，重构的话音信号几乎与原始的话音信号没有什么差别。这种量化器在 20 世纪 80 年代就已经标准化，而且直到今天还在广泛使用。在北美的压扩(companding)标准是 μ 律(μ-law)，在欧洲的压扩标准是 A 律(A-law)。它们的优点是编译码器简单，延迟时间短，音质高。但不足之处是数据速率比较高，对传输通道的错误比较敏感。

在话音编码中，一种普遍使用的技术叫做预测技术，这种技术是企图从过去的样本来预测下一个样本的值。这样做的根据是认为在话音样本之间存在相关性。如果样本的预测值与样本的实际值比较接近，它们之间的差值幅度的变化就比原始话音样本幅度值的变化小，因此量化这种差值信号时就可以用比较少的位数来表示差值。这就是差分脉冲编码调制(differential pulse code modulation，DPCM)的基础——对预测的样本值与原始的样本值之差进行编码。

这种编译码器对幅度急剧变化的输入信号会产生比较大的噪声，改进的方法之一就是使用自适应的预测器和量化器，这就产生了一种叫做自适应差分脉冲编码调制(adaptive differential PCM，ADPCM)。在 20 世纪 80 年代，国际电话与电报顾问委员会 (International Telephone and Telegraph Consultative Committee，CCITT)，现改为国际电信联盟远程通信标准部(International Telecommunications Union-Telecommunications Standards Section，ITU-TSS)，就制定了数据率为 32 kbps 的 ADPCM 标准，它的音质非常接近 64 kbps 的 PCM 编译码器，随后又制定了数据率为 16、24 和 40 kbps 的 ADPCM 标准。

上述的所有波形编译码器完全是在时间域里开发的，在时域里的编译码方法称为时域法(time domain approach)。在开发波形编译码器中，人们还使用了另一种方法，叫做频域法(frequency domain approach)。例如，在子带编码(sub-band coding，SBC)中，输入的话音信号被分成好几个频带(即子带)，变换到每个子带中的话音信号都进行独立编码，例如使用 ADPCM 编码器编码，在接收端，每个子带中的信号单独解码之后重新组合，然后产生重构话音信号。它的优点是每个子带中的噪声信号仅仅与该子带使用的编码方法有关系。对听觉感知比较重要的子带信号，编码器可分配比较多的位数来表示它们，于是在这些频率范围里噪声就比较低。对于其他的子带，由于对听觉感知的重要性比较低，允许比较高的噪声，于是编码器就可以分配比较少的位数来表示这些信号。自适应位分配的方案也可以考虑用来进一步提高音质。子带编码需要用滤波器把信号分成若干个子带，这比使用简单的 ADPCM 编译码器复杂，而且还增加了更多的编码时延。即使如此，与大多数混合编译码器相比，子带编译码的复杂性和时延相对来说还是比较低的。

另一种频域波形编码技术叫做自适应变换编码(adaptive transform coding，ATC)。这种方法使用快速变换(例如离散余弦变换)把话音信号分成许许多多的频带，用来表示每个变换系数的位数取决于话音谱的性质，获得的数据率可低到 16 kbps。

2.3.3 音源编译码器

音源编译码的想法是企图从话音波形信号中提取生成话音的参数，使用这些参数通过话音生成模型重构出话音。针对话音的音源编译码器叫做声码器(vocoder)。在话音生成模型中，声道被等效成一个随时间变化的滤波器，叫做时变滤波器(time-varying filter)，它由白噪声——无声话音段激励，或者由脉冲串——有声话音段激励。因此需要传送给解码器的信息就是滤波器的规格、发声或者不发声的标志和有声话音的音节周期，并且每隔 10～20 ms 更新一次。声码器的模型参数既可使用时域的方法也可以使用频域的方法确定，这项任务由编码器完成。

这种声码器的数据率在 2.4 kbps 左右，产生的语音虽然可以听懂，但其质量远远低于自然话音。增加数据率对提高合成话音的质量无济于事，这是因为受到话音生成模型的限制。尽管它的音质比较低，但它的保密性能好，因此这种编译码器一直用在军事上。

2.3.4 混合编译码器

混合编译码的想法是企图填补波形编译码和音源编译码之间的间隔。波形编译码器虽然可提供高话音的质量，但在数据率低于 16 kbps 的情况下，在技术上还没有解决音质的问题；声码器的数据率虽然可降到 2.4 kbps 甚至更低，但它的音质根本不能与自然话音相提并论。为了得到音质高而数据率又低的编译码器，历史上出现过很多形式的混合编译码器，但最成功并且普遍使用的编译码器是时域合成-分析(analysis-by-synthesis, AbS)编译码器。这种编译码器使用的声道线性预测滤波器模型与线性预测编码(linear predictive coding, LPC)使用的模型相同，不使用两个状态(有声/无声)的模型来寻找滤波器的输入激励信号，而是企图寻找这样一种激励信号，使用这种信号激励产生的波形尽可能接近于原始话音的波形。AbS 编译码器由 Atal 和 Remde 在 1982 年首次提出，并命名为多脉冲激励(multi-pulse excited, MPE)编译码器，在此基础上随后出现的是等间隔脉冲激励(regular-pulse excited, RPE)编译码器、码激励线性预测(code excited linear predictive, CELP)编译码器和混合激励线性预测(mixed excitation linear prediction, MELP)等编译码器。

AbS 编译码器的一般结构如图 2-16 所示。AbS 编译码器把输入话音信号分成许多帧(frames)，一般来说，每帧的长度为 20 ms。合成滤波器的参数按帧计算，然后确定滤波器的激励参数。从图 2-16(a)可以看到，AbS 编码器是一个负反馈系统，通过调节激励信号 $u(n)$ 可使话音输入信号 $s(n)$ 与重构的话音信号 $\hat{s}(n)$ 之差为最小，也就是重构的话音与实际的话音最接近。这就是说，编码器通过"合成"许多不同的近似值来"分析"输入话音信号，这也是"合成-分析编码器"名称的来由。在表示每帧的合成滤波器的参数和激励信号确定之后，编码器就把它们存储起来或者传送到译码器。在译码器端，激励信号馈送给合成滤波器，合成滤波器产生重构的话音信号，如图 2-16(b)所示。

AbS 编译码器的性能与如何选择激励合成滤波器的波形 $u(n)$ 有很大关系。从概念上说，可把每一种可能的波形输送给合成滤波器试试看，这种激励信号将会产生什么样的重构话音信号，它和原始话音信号之间的误差如何变化，然后选择产生最小加权误差的激励信号，并把它作为译码器中的合成滤波器的驱动信号。由于编码器是一个闭环系统，因此可以获得比较高的音质而数据率又比较低。但由于可能的激励信号的数目巨大，因此需要用某种方法来减少计算的复杂性而音质又不会牺牲太大。

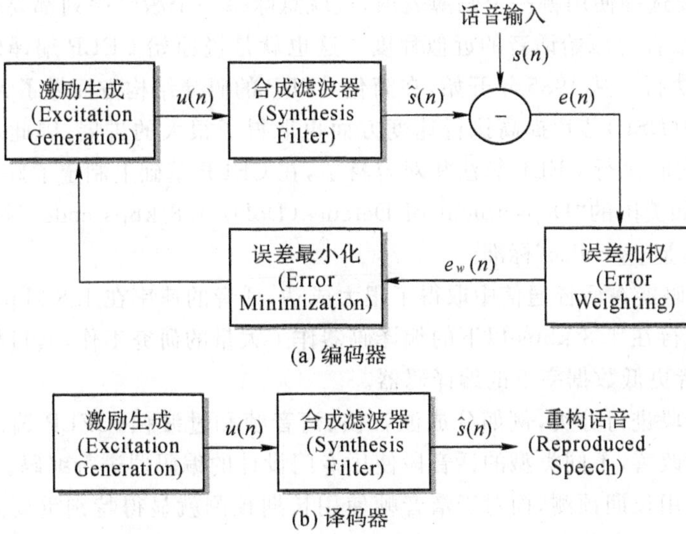

图 2-16　AbS 编译码器的结构

MPE,RPE 和 CELP 编译码器之间的差别在于所使用的激励信号的表示方法。在 MPE 中,对每帧话音所用的激励信号 $u(n)$是固定数目的脉冲,在一帧中脉冲的位置和幅度必须由编码器来确定,这在理论上可以找到很好的值,但实际上不太可能,因为计算太复杂。因此在实际上就使用次佳方法,一般来说,每 5 ms 使用 4 个脉冲,在数据率为 10 kbps 时可以获得好的重构话音。

像 MPE 那样,RPE 编译码器使用固定间隔的脉冲,于是编码器就只需要确定第一个激励脉冲的位置和所有其他脉冲的幅度,所需要的脉冲位置信息也就可以减少,而脉冲的数目则比 MPE 使用的数目多。数据率在 10 kbps 左右时,每 5 ms 可使用 10 个脉冲,比 MPE 多 6 个,产生比 MPE 音质高一些的重构话音。然而 RPE 仍然显得比较复杂,因此欧洲的 GSM 移动电话系统使用了一个带长期预测的简化了的 RPE 编译码器,数据率为 13 kbps。

虽然 MPE 和 RPE 编译码器在 10 kbps 左右的数据率下可提供好的音质,但数据率低于 10 kbps 情况下提供的音质还是不能被接受,这是因为它们需要提供大量有关激励脉冲的位置和幅度信息。对要求音质好而数据率又低于 10 kbps 的编译码器,现在普遍使用的算法是 1985 年由 Schroeder 和 Atal 提出的 CELP 算法。与 MPE 和 RPE 的不同之处是,CELP 使用的激励信号是量化矢量。激励信号由一个矢量量化大码簿的表项给出,还有一个增益项用来扩展它的功率。典型的码簿索引有 10 位,就是有 1024 个表项的码簿,增益用 5 位表示。因此激励信号的位数可以减少到 15 位,这与 GSM RPE 编译码器中使用的 47 位相比减少了 32 位。

CELP 最初使用的码簿包含白高斯序列(white Gaussian sequences),这是因为作了这样的假设:长期预测和短期预测能够从话音信号中去除几乎所有的冗余度,产生随机的像噪声那样的残留信号。试验也显示出短期概率密度函数几乎是高斯状的。Schroeder 和 Atal 发现,对长期和短期滤波器使用这样的码簿能够产生高质量的话音。然而,在合成-分析过程中要选择使用哪一个码簿表项，这就意味每一个激励序列都要传送给合成滤波器，看看重构话音与原始话音的近似程度。这也就是说原始 CELP 编译码器的计算量太大，难以实时执行。从 1985 年开始，在简化 CELP 的码簿结构方面做了大量的工作，使用数字信号处理(DSP)芯片提高执行速度方面也取得了很大的进展，因此现在在低成本的单片 DSP 上实时执行 CELP 算法相对容易了，在 CELP 基础上制定了好几个重要的话音编码标准，例如美国的"Department of Defence(DoD) 4.8 kbps codec"标准和 CCITT 的"low-delay 16 kbps codec"标准。

CELP 编译码器在话音通信中取得了很大成功，话音的速率在 4.8 kbps～16 kbps 之间。近年来对运行在 4.8 kbps 以下的编译码器作了大量的研究工作，其目标是开发运行在 2.4 kbps 或者更低数据率下的编译码器。

通过对话音段进行分类，例如分成浊音帧、清音帧和过渡帧，CELP 编译码器的结构可以进一步得到改善，不同类型的话音段使用专门设计的编码器进行编码。例如，对于浊音帧编码器不使用长期预测，而对于清音帧使用长期预测就显得特别重要。这种按话音类型设计的编译码器在数据率为 2.4 kbps 下呈现的音质已经得到认可。多带激励 MBE (multi-band excitation)编译码器把频域中的某些频段看成是浊音频段，把其他频段看成是清音频段。它们传送每帧的音节周期、频谱的幅度和相位信息以及浊音/清音的判决。这种编译码器经过改造以后也显示出了它的潜力，在低数据率下可提供被认可的音质。

2.3.5 三种编译码器的比较

一般来说，波形编译码器的话音质量高，但数据率也很高；音源编译码器的数据率很低，产生的合成话音的音质有待提高；混合编译码器使用音源编译码技术和波形编译码技术，数据率和音质介于它们之间。图 2-17 表示了目前这三种编译码器的话音质量和数据率的关系。

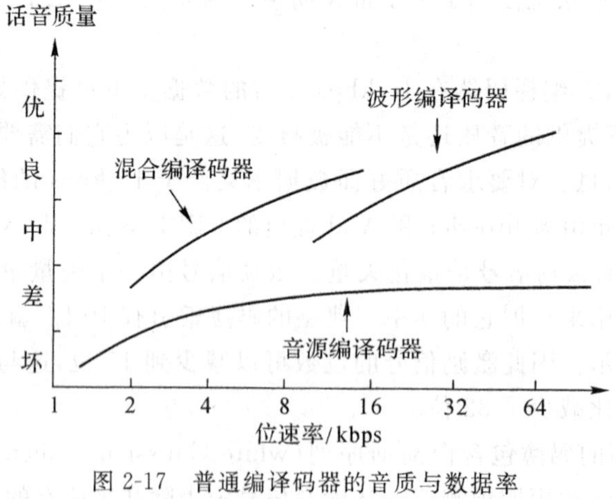

图 2-17 普通编译码器的音质与数据率

2.4　常用话音编码方式

波形编码的代表性算法为 PCM(脉冲编码调制),在 PCM 中采用 8 位非线性码对数值量化,除 PCM 外,改进的算法还包括 APCM(自适应脉冲编码调制)、DPCM(差分脉冲编码调制)、ADPCM(自适应差分脉冲编码调制)、SB-ADPCM(子带-自适应差分脉冲编码调制)等,增量调制也属于波形调制的一种。

音源编码即参数编码,代表性算法为 LPC(线性预测编码)。混合编码的代表性算法为 CELPC(码激励线性预测编码)。常用的话音编码算法和标准如表 2-5 所示。

在数据率为 2.4 kbps～64 kbps 的范围里,部分编码器的 MOS 分数大致如表 2-6 所示。

表 2-5　常用的音频算法和标准

方法	算法	名称	数据库	标准	应用	质量
波形编码	PCM	均匀量化			公共网 ISDN 配音	4.0～4.5
	μ(A)	μ(A)	64 kbps	G.711		
	APCM	自适应量化				
	DPCM	差值量化				
	ADPCM	自适应差值量化	32 kbps	G.721		
	SB—ADPCM	子带-自适应差值量化	64 kbps	G.722		
			5.3 kbps	G.723		
			6.3 kbps			
参数编码	LPC	线性预测编码	2.4 kbps		保密话声	2.5～3.5
混合编码	CELPC	码激励 LPC	4.6 kbps		移动通信	3.7～4.0
	VSELP	矢量和激励 LPC	8 kbps		语音通信	
	RPE-LTP	长时预测规则码激励	13.2 kbps		ISDN	
	LD-CELP	低延时码激励 LPC	16 kbps	G.728 G.729		
	MPEG	多自带感知编码	128 kbps		CD	5.0
	AC-3	感知编码			音响	5.0

表 2-6　部分编码器的 MOS 分数

编码器	MOS 分数
64 kbps 脉冲编码调制(PCM)	4.3
32 kbps 自适应差分脉冲编码调制(ADPCM)	4.1
16 kbps 低时延码激励线性预测编码(LD-CELP)	4.0

续表

编码器	MOS 分数
8 kbps 码激励线性预测编码(CELP)	3.7
3.8 kbps 码激励线性预测编码(CELP)	3.0
2.4 kbps 线性预测编码(LPC)	2.5

2.4.1 脉冲编码调制(PCM)

PCM 是一种最典型的语音信号数字化的波形编码方式,其系统原理框图如图 2-18 所示。首先,在发送端进行波形编码(主要包括抽样、量化和编码三个过程),把模拟信号变换为二进制码组。编码后的 PCM 码组的数字传输方式可以是直接的基带传输,也可以是对微波、光波等载波调制后的调制传输。在接收端,二进制码组经译码后还原为量化后的样值脉冲序列,然后经低通滤波器滤除高频分量,便可得到重建信号。

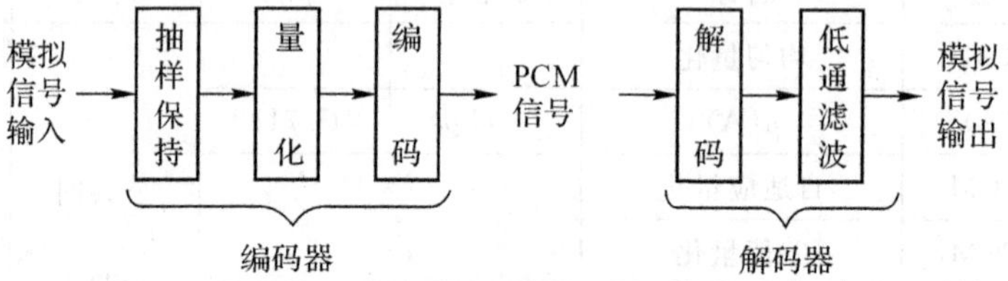

图 2-18 PCM 编码与解码示意图

二进制码具有抗干扰能力强,易于产生等优点,因此 PCM 中一般采用二进制编码。对于 M 个量化电平,可以用 N 位二进制码来表示,其中的每一个码组称为一个码字。为保证通信质量,目前国际上多采用 8 位编码的 PCM 系统。

码型指的是代码的编码规律,其含义是把量化后的所有量化级,按其量化电平的大小次序排列起来,并列出各对应的码字,这种对应关系的整体就称为码型。

在 PCM 中常用的二进制码型有两种:自然二进码、折叠二进码。表 2-7 列出了用 4 位码表示 16 个量化级时的这两种码型。

表 2-7 自然码与折叠码变换关系表

样值脉冲极性	自然二进码	折叠二进码	量化级序号
正极性部分	1111	1111	15
	1110	1110	14
	1101	1101	13
	1100	1100	12
	1011	1011	11
	1010	1010	10
	1001	1001	9
	1000	1000	8

续表

样值脉冲极性	自然二进码	折叠二进码	量化级序号
负极性部分	0111	0000	7
	0110	0001	6
	0101	0010	5
	0100	0011	4
	0011	0100	3
	0010	0101	2
	0001	0110	1
	0000	0111	0

至于码位数的选择，它不仅关系到通信质量的好坏，而且还涉及设备的复杂程度。码位数的多少，决定了量化分层的多少，反之，若信号量化分层数一定，则编码位数也被确定。在信号变化范围一定时，用的码位数越多，量化分层越细，量化误差就越小，通信质量当然就更好。但码位数越多，设备越复杂，同时还会使总的传码率增加，传输带宽加大。一般从话音信号的可懂度来说，采用 3～4 位非线性编码即可，若增至 7～8 位时，通信质量就比较理想了。

在 A 率非均匀量化的 13 折线编码中，普遍采用 8 位二进制码，对应有 $M=2^8=256$ 个量化级，即正、负输入幅度范围内各有 128 个量化级。这需要将 13 折线中的每个折线段再均匀划分 16 个量化级，由于每个段落长度不均匀，因此正或负输入的 8 个段落被划分成 8×16=128 个不均匀的量化级。按折叠二进码的码型，这 8 位码的安排如下：

极性码	段落码	段内码
C1	C2C3C4	C5C6C7C8

其中第 1 位码 C1 的数值“1”或“0”分别表示信号的正、负极性，称为极性码。

对于正、负对称的双极性信号，在极性判决后被整流（相当取绝对值），以后则按信号的绝对值进行编码，因此只要考虑 13 折线中的正方向的 8 段折线就行了。这 8 段折线共包含 128 个量化级，正好用剩下的 7 位幅度码 C2C3C4C5C6C7C8 表示。

第 2 至第 4 位码 C2C3C4 为段落码，表示信号绝对值处在哪个段落，3 位码的 8 种可能状态分别代表 8 个段落的起点电平。但应注意，段落码的每一位不表示固定的电平，只是用它们的不同排列码组表示各段的起始电平。段落码和 8 个段落之间的关系如表 2-8 所示。

表 2-8　PCM 段落码

段落序号	段落码		
	C2	C3	C4
8	1	1	1
7	1	1	0
6	0	1	1
5	1	0	0
4	0	1	1
3	0	1	0
2	0	0	1
1	0	0	0

第 5 至第 8 位码 C5C6C7C8 为段内码，这 4 位码的 16 种可能状态用来分别代表每一段落内的 16 个均匀划分的量化级。段内码与 16 个量化级之间的关系如表 2-9 所示。

表 2-9 PCM 段内码

电平序号	段内码 C5C6C7C8	电平序号	段内码 C5C6C7C8
15	1 1 1 1	7	0 1 1 1
14	1 1 1 0	6	0 1 1 0
13	1 1 0 1	5	0 1 1 0
12	1 1 0 0	4	0 1 0 1
11	1 0 1 1	3	0 0 1 1
10	1 0 1 0	2	0 0 1 0
9	1 0 0 1	1	0 0 0 1
8	1 0 0 0	0	0 0 0 0

PCM 编码早期主要用于话音通信中的多路复用。一般来说，在电信网中传输媒体费用约占总成本的 65%，设备费用约占总成本的 35%，因此提高线路利用率是一个重要课题。提高线路利用率通常用下面两种方法：

(1)频分多路复用 (frequency-division multiplexing，FDM)

这种方法是把传输信道的频带分成好几个窄带，每个窄带传送一路信号。例如，一个信道的频带为 1400 Hz，把这个信道分成 4 个子信道(subchannels)：820～990 Hz，1230～1400 Hz，1640～1810 Hz 和 2050～2220 Hz，相邻子信道间相距 240 Hz，用于确保子信道之间不相互干扰。每对用户仅占用其中的一个子信道。这是模拟载波通信的主要手段。

(2)时分多路复用(time-division multiplexing，TDM)

这种方法是把传输信道按时间来分割，为每个用户指定一个时间间隔，每个间隔里传输信号的一部分，这样就可以使许多用户同时使用一条传输线路。这是数字通信的主要手段。例如，话音信号的采样频率 $f=8000$ Hz/s，它的采样周期＝125 μs，这个时间称为 1 帧(frame)。在这个时间里可容纳的话路数有两种规格：24 路制和 30 路制。图 2-19 表示了 24 路制的结构。

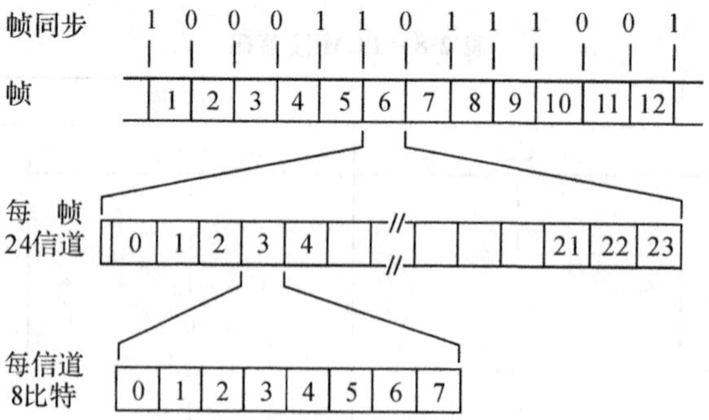

图 2-19 24 路 PCM 的帧结构

24 路制的重要参数如下：

(1)每秒钟传送 8000 帧，每帧 125 μs。

(2)12 帧组成 1 复帧(用于同步)。

(3)每帧由 24 个时间片(信道)和 1 位同步位组成。

(4)每个信道每次传送 8 位代码，1 帧有 24×8+1=193(位)。

(5)数据传输率 $R=8000\times193=1544$ kbps。

(6)每一个话路的数据传输率=8000×8=64 kbps。

30 路制的重要参数如下：

(1)每秒钟传送 8000 帧，每帧 125 μs。

(2)16 帧组成 1 复帧(用于同步)。

(3)每帧由 32 个时间片(信道)组成。

(4)每个信道每次传送 8 位代码。

(5)数据传输率：$R=8000\times32\times8=2048$ kbps。

(6)每一个话路的数据传输率=8000×8=64 kbps。

时分多路复用(TDM)技术已广泛用在数字电话网中，为反映 PCM 信号复用的复杂程度，通常用“群(group)”这个术语来表示，也称为数字网络的等级。PCM 通信方式发展很快，传输容量已由一次群(基群)的 30 路(或 24 路)，增加到二次群的 120 路(或 96 路)，三次群的 480 路(或 384 路)，…。图 2-20 表示二次复用的示意图。图中的 N 表示话路数，无论 $N=30$ 还是 $N=24$，每个信道的数据率都是 64 kbps，经过一次复用后的数据率就变成 2048 kbps($N=30$)或者 1544 kbps($N=24$)。在数字通信中，具有这种数据率的线路在北美叫做 T1 远距离数字通信线，提供这种数据率服务的级别称为 T1 等级，在欧洲叫做 E1 远距离数字通信线和 E1 等级。T1/E1，T2/E2，T3/E3，T4/E4 和 T5/E5 的数据率如表 2-10 所示。请注意，上述基本概念都是在多媒体通信中经常用到的。

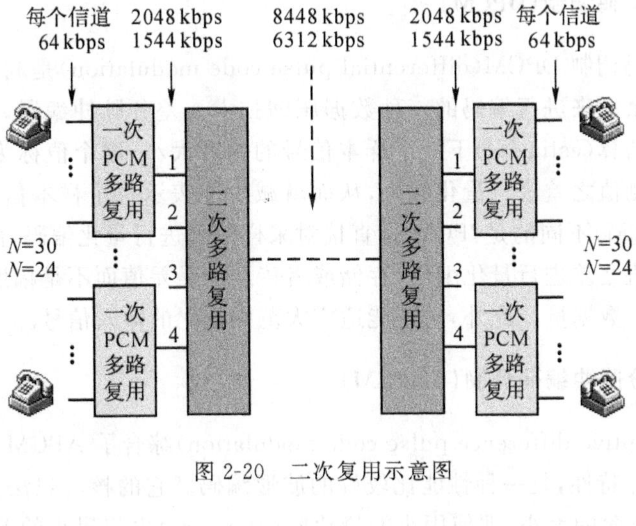

图 2-20　二次复用示意图

表 2-10 多次复用的数据传输率

美国	数字网络等级	T1/E1	T2/E2	T3/E3	T4/E4	T5/E5
	64 kbps 话路数	24	96	672	4032	
	总传输率(Mbps)	1.544	6.312	44.736	274.176	
欧洲	数字网络等级	1	2	3	4	5
	64 kbps 话路数	30	120	480	1920	7680
	总传输率(Mbps)	2.048	8.448	34.368	139.264	560.000
日本	64 kbps 话路数	24	96	480	1440	
	总传输率(Mbps)	1.544	6.312	32.064	97.728	

2.4.2 改进的脉冲编码调制

1. 自适应脉冲编码调制(APCM)

自适应脉冲编码调制(adaptive pulse code modulation,APCM)是根据输入信号幅度大小来改变量化阶大小的一种波形编码技术。这种自适应可以是瞬时自适应,即量化阶的大小每隔几个样本就改变,也可以是音节自适应,即量化阶的大小在较长时间周期里发生变化。

改变量化阶大小的方法有两种:一种称为前向自适应(forward adaptation),另一种称为后向自适应(backward adaptation)。前者是根据未量化的样本值的均方根值来估算输入信号的电平,以此来确定量化阶的大小,并对其电平进行编码作为边信息(side information)传送到接收端。后者是从量化器刚输出的过去样本中来提取量化阶信息。由于后向自适应能在发收两端自动生成量化阶,所以它不需要传送边信息。

2. 差分脉冲编码调制(DPCM)

差分脉冲编码调制 DPCM(differential pulse code modulation)是利用样本与样本之间存在的信息冗余度来进行编码的一种数据压缩技术。差分脉冲编码调制的思想是,根据过去的样本去估算(estimate)下一个样本信号的幅度大小,这个值称为预测值,然后对实际信号值与预测值之差进行量化编码,从而就减少了表示每个样本信号的位数。它与脉冲编码调制(PCM)不同的是,PCM 是直接对采样信号进行量化编码,而 DPCM 是对实际信号值与预测值之差进行量化编码,存储或者传送的是差值而不是幅度绝对值,这就降低了传送或存储的数据量。此外,它还能适应大范围变化的输入信号。

3. 自适应差分脉冲编码调制(ADPCM)

ADPCM(adaptive difference pulse code modulation)综合了 APCM 的自适应特性和 DPCM 系统的差分特性,是一种性能比较好的波形编码。它的核心想法是:(1)利用自适应的思想改变量化阶的大小,即使用小的量化阶(step-size)去编码小的差值,使用大的量化阶去编码大的差值，(2)使用过去的样本值估算下一个输入样本的预测值，使实际样本值和预测值之间的差值总是最小。

4. G. 721 ADPCM 编译码器

ADPCM 是利用样本与样本之间的高度相关性和量化阶自适应来压缩数据的一种波形编码技术，CCITT 为此制定了 G. 721 推荐标准，这个标准叫做 32 kbps 自适应差分脉冲编码调制(32 kbps Adaptive Differential Pulse Code Modulation)。在此基础上还制定了 G. 721 的扩充推荐标准，即 G. 723——Extension of Recommendation G. 721 Adaptive Differential Pulse Code Modulation to 24 and 40 kbps for Digital Circuit Multiplication Equipment Application，使用该标准的编码器的数据率可降低到 40 kbps 和 24 kbps。

CCITT 推荐的 G. 721 ADPCM 标准是一个代码转换系统。它使用 ADPCM 转换技术，实现 64 kbps A 律或 μ 律 PCM 速率和 32 kbps 速率之间的相互转换。

5. G. 722 SB-ADPCM 编译码器

为了适应可视电话会议日益增长的迫切需要，1988 年 CCITT 为此制定了 G. 722 推荐标准，叫做“数据率为 64 kbps 的 7 kHz 声音信号编码。该标准把话音信号的质量由电话质量提高到 AM 无线电广播质量，而其数据传输率仍保持为 64 kbps。宽带话音是指带宽在 50～7000 Hz 的话音，这种话音在可懂度和自然度方面都比带宽为 300～3400 Hz 的话音有明显的提高，也更容易识别对方的说话人。

子带编码(subband coding，SBC)的基本思想是：使用一组带通滤波器(band-pass filter，BPF)把输入音频信号的频带分成若干个连续的频段，每个频段称为子带。对每个子带中的音频信号采用单独的编码方案去编码。在信道上传送时，将每个子带的代码复合起来。在接收端译码时，将每个子带的代码单独译码，然后把它们组合起来，还原成原来的音频信号。子带编码的方块图如图 2-21 所示，图中的编码/译码器，可以采用 ADPCM，APCM，PCM 等。

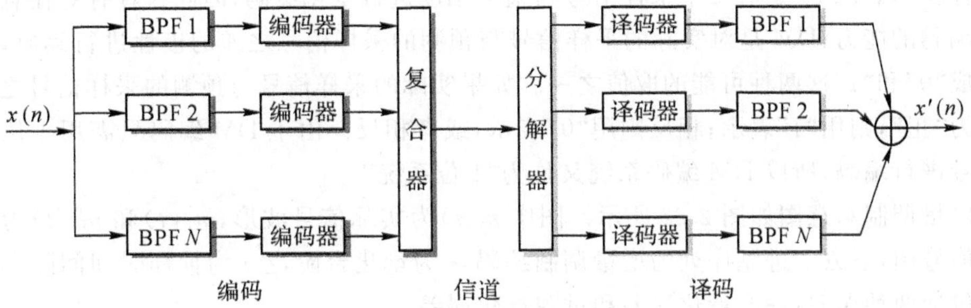

图 2-21　子带编码方块图

采用对每个子带分别编码的好处有两个。第一，对每个子带信号分别进行自适应控制，量化阶(quantization step)的大小可以按照每个子带的能量电平加以调节。具有较高能量电平的子带用大的量化阶去量化，以减少总的量化噪声。第二，可根据每个子带信号在感觉上的重要性，对每个子带分配不同的位数，用来表示每个样本值。例如，在低频子带中，为了保护音调和共振峰的结构，就要求用较小的量化阶、较多的量化级数，即分配较多的位数来表示样本值。而话音中的摩擦音和类似噪声的声音，通常出现在高频子带中，对它分配较少的位数。

音频频带的分割可以用树型结构的式样进行划分。首先把整个音频信号带宽分成两个相等带宽的子带：高频子带和低频子带。然后对这两个子带用同样的方法划分，形成 4 个子带。这个过程可按需要重复下去，以产生 2^K 个子带，K 为分割的次数。用这种办法可以产生等带宽的子带，也可以生成不等带宽的子带。例如，对带宽为 4000 Hz 的音频信号，当 $K=3$ 时，可分为 8 个相等带宽的子带，每个子带的带宽为 500 Hz。也可生成 5 个不等带宽的子带，分别为[0,500)，[500,1000)，1000,2000)，[2000,3000)和[3000,4000]。

把音频信号分割成相邻的子带分量之后，用 2 倍于子带带宽的采样频率对子带信号进行采样，就可以用它的样本值重构出原来的子带信号。例如，把 4000 Hz 带宽分成 4 个等带宽子带时，子带带宽为 1000 Hz，采样频率可用 2000 Hz，它的总采样率 X 仍然是 8000 Hz。

由于分割频带所用的滤波器不是理想的滤波器，经过分带、编码、译码后合成的输出音频信号会有混迭效应。据有关资料的分析，采用正交镜像滤波器（quandrature mirror filter，QMF）来划分频带，混迭效应在最后合成时可以抵消。

G. 722 编译码系统采用子带自适应差分脉冲编码调制（sub-band adaptive differential pulse code modulation，SB-ADPCM）技术。在这个系统中，用正交镜像滤波器（QMF）把频带分割成两个等带宽的子带，分别是高频子带和低频子带。在每个子带中的信号都用 ADPCM 进行编码。

2.4.3 增量调制

增量调制也称△调制（delta modulation，DM），它是一种预测编码技术，是 PCM 编码的一种变形。PCM 是对每个采样信号的整个幅度进行量化编码，因此它具有对任意波形进行编码的能力；DM 是对实际的采样信号与预测的采样信号之差的极性进行编码，将极性变成“0”和“1”这两种可能的取值之一。如果实际的采样信号与预测的采样信号之差的极性为“正”，则用“1”表示；相反则用“0”表示，或者相反。由于 DM 编码只需用 1 位对话音信号进行编码，所以 DM 编码系统又称为“1 位系统”。

增量调制示意图如图 2-22 所示。图中 $m(t)$ 为实际信号波形，$m_1(t)$ 和 $m'(t)$ 为增量调制信号图，下方二进制序列为增量调制编码，σ 为量化台阶，$\triangle t$ 为抽样时间间隔。增量调制包括两种误差：一般量化误差和过载量化误差。

一般量化误差是实际值和量化值之间的差值，这一点是无法避免的。过载量化误差是由于信号相对于量化台阶来说变化太快，造成增量调制的波形跟不上实际波形的变化速度，避免过载量化误差的方法是增大量化台阶，但是对于变化缓慢的信号来说，过大的量化台阶，会使增量调制编码不能正常进行，产生粒状噪声，所以需要选择合适的量化台阶和抽样的间隔。

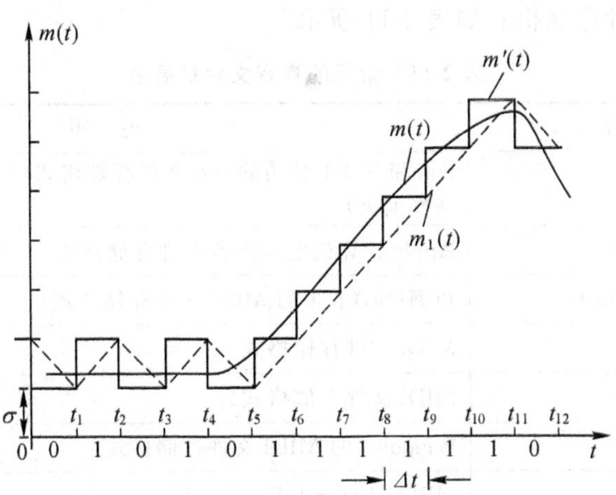

图 2-22　增量调制示意图

为了使增量调制器的量化阶能自适应，即根据输入信号斜率的变化自动调整量化阶的大小，以使斜率过载和粒状噪声都减到最小，许多研究人员研究了各种各样的方法，而且几乎所有的方法基本上都是在检测到斜率过载时开始增大量化阶，而在输入信号的斜率减小时降低量化阶。

宋(Song)在 1971 描述的自适应增量调制技术中提出：假定增量调制器的输出为 1 和 0，每当输出不变时量化阶增大 50%，使预测器的输出跟上输入信号；每当输出值改变时，量化阶减小 50%，使粒状噪声减到最小，这种自适应方法使斜率过载和粒状噪声同时减到最小。

又如，使用较多的另一种自适应增量调制器是由格林弗基斯(Greefkes)1970 提出的，称为连续可变斜率增量调制(continuously variable slope delta modulation，CVSD)。它的基本方法是：如果连续可变斜率增量调制器(continuously variable slope delta modulator，CVSD)的输出连续出现三个相同的值，量化阶就加上一个大的增量，反之，就加一个小的增量。

为了适应数字通信快速增长的需要，Motorola 公司于 20 世纪 80 年代初期就已经开发了实现 CVSD 算法的集成电路芯片。如 MC3417/MC3517 和 MC3418/MC3518，前者采用 3 位算法，后者采用 4 位算法。MC3417/MC3517 用于一般的数字通信，MC3418/MC3518 用于数字电话。MC3417/MC3418 用于民用，MC3517/MC3518 用于军用。

2.5　声音文件的存储格式

在制作多媒体时，很可能需要处理文本、声音、图像、动画或数字视频剪辑等各种文件格式，以及进行格式的转换，如同存储文本文件一样，存储声音数据也需要有存储格式。存储格式代表了该声音文件的编码方式，也就意味着解码时需要相对应的解码方案。

常用的声音文件存储格式如表 2-11 所示。

表 2-11 常见的声音文件扩展名

文件的扩展名	说　明
au	Sun 和 NeXT 公司的声音文件存储格式(8 位 μ 律编码或者 16 位线性编码)
aif(Audio Interchange)	Apple 计算机上的声音文件存储格式
cmf(Creative Music Format)	声霸(SB)卡带的 MIDI 文件存储格式
mct	MIDI 文件存储格式
mff(MIDI Files Format)	MIDI 文件存储格式½
mid(MIDI)	Windows 的 MIDI 文件存储格式
mp2	MPEG Layer I,II
mp3	MPEG Layer III
mod(Module)	MIDI 文件存储格式
rm(RealMedia)	RealNetworks 公司的流放式声音文件格式
ra(RealAudio)	RealNetworks 公司的流放式声音文件格式
rol	Adlib 声音卡文件存储格式
snd(sound)	Apple 计算机上的声音文件存储格式
seq	MIDI 文件存储格式
sng	MIDI 文件存储格式
voc(Creative Voice)	声霸卡存储的声音文件存储格式
wav(Waveform)	Windows 采用的波形声音文件存储格式
wrk	Cakewalk Pro 软件采用的 MIDI 文件存储格式
cda	CD 音乐文件存储格式
wma	微软在互联网音频、视频领域常用的文件存储格式

(1)WAV 格式,是微软公司开发的一种声音文件格式,也叫波形声音文件,是最早的数字音频格式,被 Windows 平台及其应用程序广泛支持。WAV 格式支持许多压缩算法,支持多种音频位数、采样频率和声道,采用 44.1 kHz 的采样频率,16 位量化位数,跟 CD 一样,对存储空间需求太大,不便于交流和传播。

(2)MIDI 是 Musical Instrument Digital Interface 的缩写,又称作乐器数字接口,是数字音乐/电子合成乐器的统一国际标准。它定义了计算机音乐程序、数字合成器及其他电子设备交换音乐信号的方式,规定了不同厂家的电子乐器与计算机连接的电缆和硬件及设备间数据传输的协议,可以模拟多种乐器的声音。MIDI 文件就是 MIDI 格式的文件,在 MIDI 文件中存储的是一些指令。把这些指令发送给声卡,由声卡按照指令将声音合成出来。

(3)CDA 是大家都很熟悉的 CD 音乐格式,其取样频率为 44.1 kHz,16 位量化位数,跟 WAV 一样,但 CD 存储采用了音轨的形式,又叫“红皮书”格式,记录的是波形流,是一种近似无损的格式。

(4)MP3 全称是 MPEG-1 Audio Layer 3,它在 1992 年合并至 MPEG 规范中。MP3 能够以高音质、低采样率对数字音频文件进行压缩。换句话说,音频文件(主要是大型文件,比如 WAV 文件)能够在音质丢失很小的情况下(人耳根本无法察觉这种音质损失)把文件压缩到更小的程度。

(5)MP3Pro 是由瑞典 Coding 科技公司开发的,其中包含了两大技术:一是来自于 Coding 科技公司所特有的解码技术,二是由 MP3 的专利持有者法国汤姆森多媒体公司和德国 Fraunhofer 集成电路协会共同研究的一项译码技术。MP3Pro 可以在基本不改变文件大小的情况下改善原先的 MP3 音乐音质。它能够在用较低的比特率压缩音频文件的情况下,最大程度地保持压缩前的音质。

(6)WMA (Windows Media Audio)是微软在互联网音频、视频领域的力作。WMA 格式是以减少数据流量但保持音质的方法来达到更高的压缩率目的,其压缩率一般可以达到 1∶18。此外,WMA 还可以通过 DRM(Digital Rights Management)方案加入防止拷贝,或者加入限制播放时间和播放次数,甚至是播放机器的限制,可有力地防止盗版。

(7)MP4 采用的是美国电话电报公司(AT&T)所研发的以"知觉编码"为关键技术的 A2B 音乐压缩技术,由美国网络技术公司(GMO)及 RIAA 联合公布的一种新的音乐格式。MP4 在文件中采用了保护版权的编码技术,只有特定的用户才可以播放,有效地保证了音乐版权的合法性。另外 MP4 的压缩比达到了 1∶15,体积较 MP3 更小,但音质却没有下降。不过因为只有特定的用户才能播放这种文件,因此其流传与 MP3 相比差距甚远。

(8)SACD(SA=SuperAudio)是由 SONY 公司正式发布的。它的采样率为 CD 格式的 64 倍,即 2.8224 MHz。SACD 重放频率带宽达 100 kHz,为 CD 格式的 5 倍,24 位量化位数,远远超过 CD,声音的细节表现更为丰富、清晰。

(9)QuickTime 是苹果公司于 1991 年推出的一种数字流媒体,它面向视频编辑、Web 网站创建和媒体技术平台,QuickTime 支持几乎所有主流的个人计算平台,可以通过互联网提供实时的数字化信息流、工作流与文件回放功能。现有版本为 QuickTime 1.0、2.0、3.0、4.0 和 5.0,在 5.0 版本中还融合了支持最高 A/V 播放质量的播放器等多项新技术。

(10)VQF 格式是由 YAMAHA 和 NTT 共同开发的一种音频压缩技术,它的压缩率能够达到 1∶18,因此相同情况下压缩后 VQF 的文件体积比 MP3 小 30%~50%,更便利于网上传播,同时音质极佳,接近 CD 音质(16 位 44.1 kHz 立体声)。但 VQF 未公开技术标准,至今未能流行开来。

(11)DVD Audio 是新一代的数字音频格式,与 DVD Video 尺寸以及容量相同,为音乐格式的 DVD 光碟,取样频率为"48 kHz/96 kHz/192 kHz"和"44.1 kHz/88.2 kHz/176.4 kHz"可选择,量化位数可以为 16、20 或 24 比特,它们之间可自由地进行组合。低采样率的 192 kHz、176.4 kHz 虽然是 2 声道重播专用,但它最多可收录到 6 声道。而以 2 声道 192 kHz/24b 或 6 声道 96 kHz/24b 收录声音,可容纳 74 分钟以上的录音,动态范围达 144 dB,整体效果出类拔萃。

(12)MD(MiniDisc)来自于 SONY 公司。MD 之所以能在一张小小的盘中存储 60~

80 分钟采用 44.1 kHz 采样的立体声音乐，就是因为使用了 ATRAC 算法（自适应声学转换编码）压缩音源。这是一套基于心理声学原理的音响译码系统，它可以把 CD 唱片的音频压缩到原来数据量的大约 1/5 而声音质量没有明显的损失。ATRAC 利用人耳听觉的心理声学特性（频谱掩蔽特性和时间掩蔽特性）以及人耳对信号幅度、频率、时间的有限分辨能力，编码时对人耳感觉不到的成分不编码，不传送，这样就可以相应减少某些数据量的存储，从而既保证音质又达到缩小体积的目的。

(13) RealAudio 是由 Real Networks 公司推出的一种文件格式，最大的特点就是可以实时传输音频信息，尤其是在网速较慢的情况下，仍然可以较为流畅地传送数据，因此 RealAudio 主要适用于网络上的在线播放。现在的 RealAudio 文件格式主要有 RA (RealAudio)、RM (RealMedia, RealAudio G2)、RMX (RealAudio Secured) 等三种，这些文件的共同性在于随着网络带宽的不同而改变声音的质量，在保证大多数人听到流畅声音的前提下，令带宽较宽敞的听众获得较好的音质。

(14) Liquid Audio 是一家提供付费音乐下载的网站。它通过在音乐中采用自己独有的音频编码格式来提供对音乐的版权保护。Liquid Audio 的音频格式就是所谓的 LQT。如果想在 PC 中播放这种格式的音乐，你就必须使用 Liquid Player 和 Real Jukebox 其中的一种播放器。这些文件也不能够转换成 MP3 和 WAV 格式，因此这使得采用这种格式的音频文件无法被共享和刻录到 CD 中。如果非要把 Liquid Audio 文件刻录到 CD 中的话，就必须使用支持这种格式的刻录软件和 CD 刻录机。

(15) Audible 拥有四种不同的格式：Audible 1、2、3、4。Audible. com 网站主要是在互联网上贩卖有声书籍，并对它们所销售商品、文件通过四种 Audible. com 专用音频格式中的一种提供保护。每一种格式主要考虑音频源以及所使用的收听的设备。格式 1、2 和 3 采用不同级别的语音压缩，而格式 4 采用更低的采样率和 MP3 相同的解码方式，所得到语音吐辞更清楚，而且可以更有效地从网上进行下载。Audible 所采用的是他们自己的桌面播放工具，这就是 Audible Manager，使用这种播放器就可以播放存放在 PC 或者是传输到便携式播放器上的 Audible 格式文件。

(16) VOC 文件，在 DOS 程序和游戏中常会遇到这种文件，它是随声霸卡一起产生的数字声音文件，与 WAV 文件的结构相似，可以通过一些工具软件方便地互相转换。

(17) AU 文件，在 Internet 上的多媒体声音主要使用该种文件。AU 文件是 UNIX 操作系统下的数字声音文件，由于早期 Internet 上的 Web 服务器主要是基于 UNIX 的，所以这种文件成为 WWW 上唯一使用的标准声音文件。

(18) AIFF(. AIF) 是苹果公司开发的声音文件格式，被 Macintosh 平台和应用程序所支持。

(19) Amiga 声音(. SVX)：Commodore 所开发的声音文件格式，被 Amiga 平台和应用程序所支持，不支持压缩。

(20) MAC 声音(. snd)：Apple 计算机公司所开发的声音文件格式，被 Macintosh 平台和多种 Macintosh 应用程序所支持，支持某些压缩。

(21) S48 (stereo、48 kHz) 采用 MPEG-1 layer 1、MPEG-1 layer 2（简称 MP1，MP2）声音压缩格式，由于其易于编辑、剪切，所以在广播电台应用较广。

(22)AAC 实际上是高级音频编码的缩写。AAC 是由 Fraunhofer IIS-A、杜比和 AT&T 共同开发的一种音频格式,它是 MPEG-2 规范的一部分。AAC 所采用的运算法则与 MP3 的运算法则有所不同,AAC 通过结合其他的功能来提高编码效率。AAC 的音频算法在压缩能力上远远超过了以前的一些压缩算法(比如 MP3 等)。它还同时支持多达 48 个音轨、15 个低频音轨、更多种采样率和比特率、多种语言的兼容能力、更高的解码效率。总之,AAC 可以在比 MP3 文件缩小 30%的前提下提供更好的音质。

数字音频以音质优秀、传播无损耗、可进行多种编辑和转换而成为主流,并且应用于各个方面。

2.5.1 MP3 格式简介

MP3 是声音格式中常见的一种格式,其标准采用了 MPEG-1 中关于声音部分的层 3 标准。

MPEG(Moving Picture Expert Group)是在 1988 年由国际标准化组织(International Organization for Standardization,ISO)和国际电工委员会(International Electrotechnical Commission,IEC)联合成立的专家组,负责开发电视图像数据和声音数据的编码、解码和它们的同步等标准。这个专家组开发的标准称为 MPEG 标准。

MPEG-1 的标准由五个部分组成,第三个部分为 MPEG-1 声音,写成 MPEG-1 Audio,规定声音数据的编码和解码,标准名是 ISO/IEC 11172-3:1993 Information technology—Coding of moving pictures and associated audio for digital storage media at up to about 1.5 Mbps—Part 3:Audio。

MPEG-1 Audio (ISO/IEC 11172-3)压缩算法是世界上第一个高保真声音数据压缩国际标准,并且得到了极其广泛的应用。虽然 MPEG 声音标准是 MPEG 标准的一部分,但它也完全可以独立应用。

MPEG-1 声音标准的主要性能如下:

(1) 如图 2-23 所示,MPEG 编码器的输入信号为线性 PCM 信号,采样率为 32,44.1 或 48 kHz,输出为 32 kbps～384 kbps。

图 2-23　MPEG 编码器的输入/输出

(2) MPEG 声音标准提供三个独立的压缩层次:层 1(Layer 1)、层 2(Layer 2)和层 3(Layer 3),用户对层次的选择可在复杂性和声音质量之间进行权衡。

①层 1 的编码器最为简单,编码器的输出数据率为 384 kbps,主要用于小型数字盒式磁带(digital compact cassette,DCC)。

②层 2 的编码器的复杂程度属中等,编码器的输出数据率为 256 kbps～192 kbps,其应用包括数字广播声音(digital broadcast audio,DBA)、数字音乐、CD-I(compact disc-interactive)和 VCD(video compact disc)等。

③层 3 的编码器最为复杂，编码器的输出数据率为 64 kbps，主要应用于 ISDN 上的声音传输。

层 1 的子带是频带相等的子带，它的心理声学模型仅使用频域掩蔽特性。

层 2 对层 1 作了一些直观的改进，相当于 3 个层 1 的帧，每帧有 1152 个样本。它使用的心理声学模型除了使用频域掩蔽特性之外还利用了时间掩蔽特性，并且在低、中和高频段对位分配作了一些限制，对位分配、比例因子和量化样本值的编码也更紧凑。由于层 2 采用了上述措施，因此所需的位数减少了，这样就可以有更多的位用来表示声音数据，音质也比层 1 更高。

层 3 使用比较好的临界频带滤波器，把声音频带分成非等带宽的子带，心理声学模型除了使用频域掩蔽特性和时间掩蔽特性之外，还考虑了立体声数据的冗余，并且使用了霍夫曼(Huffman)编码器。

MP3 就是采用了 MPEG-1 的层 3 标准的声音文件格式。

2.5.2 电子乐器数字接口(MIDI)系统简介

1. MIDI 是什么

自己制作原创音乐是多媒体项目中最具创新性和成就感的一件事情，MIDI 是完成这一任务最快捷、最方便、最灵活的工具，这需要对音乐有一些了解。

MIDI 是 Musical Instrument Digital Interface 的首写字母组合词，可译成“电子乐器数字接口”，是用于在音乐合成器(music synthesizers)、乐器(musical instruments)和计算机之间交换音乐信息的一种通信标准协议。从 20 世纪 80 年代初期开始，MIDI 已经逐步被音乐家和作曲家广泛接受和使用，它是由电子乐器制造商们建立起来的，用以确定电脑音乐程序、合成器和其他电子音响的设备互相交换信息与控制信号的方法。MIDI 是乐器和计算机使用的标准语言，是一套指令(即命令的约定)，它指示乐器即 MIDI 设备要做什么，怎么做，如演奏音符、加大音量、生成音响效果等。MIDI 不是声音信号，在 MIDI 电缆上传送的不是声音，而是发给 MIDI 设备或其他装置让它产生声音或执行某个动作的指令。MIDI 系统实际就是一个作曲、配器、电子模拟的演奏系统。从一个 MIDI 设备转送到另一个 MIDI 设备上去的数据就是 MIDI 信息。MIDI 数据不是数字的音频波形，而是音乐代码或称电子笨蛋。

2. 工作原理

MIDI 作曲和核配器系统核心部分是一个被称为序列器的软件。这个软件即可以装到个人电脑里，也可做在一个个专门的硬件里。序列器实际上是一个音乐词处理器(word processor)，应用它可以记录、播放和编辑各种不同 MIDI 乐器演奏出的乐曲。序列器并不真正的记录声音，它只记录和播放 MIDI 信息，这些信息从 MIDI 乐器来的电脑信息，就像印在纸上的乐谱一样，它本身不能直接产生音乐，MIDI 本身也不能产生音乐，但是它包含有如何产生音乐所需的所有指令，例如用什么乐器、奏什么音符、奏得多快，奏得力度多强等。

序列器可以是硬件，也可以是软件，它们作用过程完全与专业录音棚里多轨录音机一样，可以把许多独立的声音记录在序列器里，其区别仅仅是序列器只记录演奏时的 MIDI 数据，而不记录声音；它可以一轨一轨地进行录制，也可以一轨一轨地进行修改，当你弹键盘音乐时，序列器记录下从键盘来的 MIDI 数据。一旦把所需要的数据存储下来以后，可以播放你刚作好的曲子。如果你觉得这一声部的曲子不错，可以把别的声部加上去，新加上去的声部播放时完全与第一道同步。

3. 优点

MIDI 标准之所以受到欢迎，主要是它有下列几个优点：

作为单独设备的序列器，音轨数相对少一些，大概 8～16 轨，而作为电脑软件的序列器几乎多达 50000 个音符，64～200 轨以上。

生成的文件比较小，因为 MIDI 文件存储的是命令，而不是声音波形。一个包含有一分钟立体声的数字音频文件需要约 10 兆字节（相当于 7 张软盘的容量）的存储空间。然而，一分钟的 MIDI 音乐文件只有 2 kB。这也意味着，在乐器与电脑之间的传输数据是很低的，也就是说即使最低档的电脑也能运行和记录 MIDI 文件。

容易编辑，因为编辑命令比编辑声音波形要容易得多；可以作背景音乐，因为 MIDI 音乐可以和其他的媒体，如数字电视、图形、动画、话音等一起播放，这样可以加强演示效果。

通过使用 MIDI 序列器可以大大地降低作曲和配器成本，根本用不着庞大的乐队来演奏。音乐编导在家里就可把曲子创作好，配上器，再也用不着大乐队在录音棚里一个声部一个声部的录制了。只需要用录音棚里的电脑或键盘，把存储在键盘里的 MIDI 序列器的各个声部的全部信息输入到录音机上即可。

MIDI 程序的设计目标就是要将所要演奏的音乐或音乐曲目，按其进行的节奏、速度、技术措施等要求，转换成 MIDI 控制语言，以便在这些 MIDI 指令的控制之下，各种音源在适当的时间点上，以指定的音色、时值、强度等、演奏出需要的音响。在录音系统中，还要控制记录下这些音响。MIDI 所适应的范围只是电声乐曲或模拟其他乐器的乐曲。

MIDI 技术的产生与应用，大大降低了乐曲的创作成本，节省了大量乐队演奏员的各项开支，缩短了在录音棚的工作时间，提高了工作效率。一整台电视文艺晚会的作曲、配器、录音，只需要一位音乐编导、一位录音师即可将器乐作（编）曲、配器、演奏，录音工作全部完成。

4. MIDI 系统

MIDI 协议提供了一种标准的和有效的方法，用来把演奏信息转换成电子数据。MIDI 信息是以“MIDI messages”传输的，它可以被认为是告诉音乐合成器（music synthesizer）如何演奏一小段音乐的一种指令，而合成器把接收到的 MIDI 数据转换成声音。国际 MIDI 协会（International MIDI Association）出版的 MIDI 1.0 规范对 MIDI 协议作了完整的说明。

MIDI 数据流是单向异步的数据位流(bit stream),其速率为 31.25 kbps,每个字节为 10 位(1 位开始位,8 位数据位和 1 位停止位)。MIDI 乐器上的 MIDI 接口通常包含 3 种不同的 MIDI 连接器,用 IN(输入),OUT(输出)和 THRU(穿越)。MIDI 数据流通常由 MIDI 控制器(MIDI controller)产生,如乐器键盘(musical instrument keyboard),或者由 MIDI 音序器(MIDI sequencer)产生。MIDI 控制器是当作乐器使用的一种设备,在播放时把演奏转换成实时的 MIDI 数据流,MIDI 音序器是一种装置,允许 MIDI 数据被捕获、存储、编辑、组合和重奏。来自 MIDI 控制器或者音序器的 MIDI 数据输出通过该装置的 MIDI OUT 连接器传输。

通常,MIDI 数据流的接收设备是 MIDI 声音发生器(MIDI sound generator)或者 MIDI 声音模块(MIDI sound module),它们在 MIDI IN 端口接收 MIDI 信息(MIDI messages),然后播放声音。图 2-24 表示的是一个简单的 MIDI 系统,它由一个 MIDI 键盘控制器和一个 MIDI 声音模块组成。许多 MIDI 键盘乐器在其内部既包含键盘控制器,又包含 MIDI 声音模块功能。在这些单元中,键盘控制器和声音模块之间已经有内部链接,这个链接可以通过该设备中的控制功能(local control)对链接打开(ON)或者关闭(OFF)。

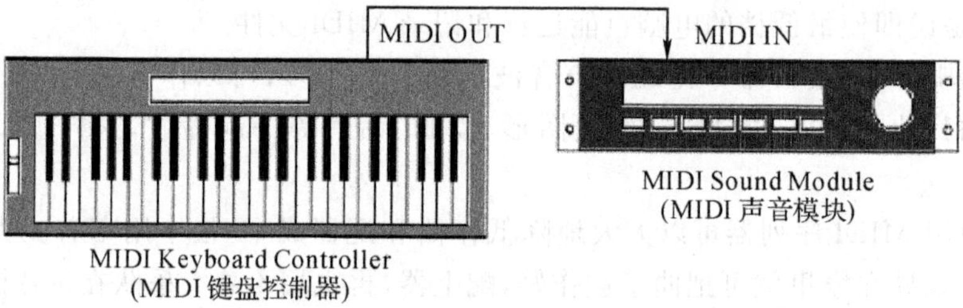

图 2-24 简单的 MIDI 系统

单个物理 MIDI 通道(MIDI channel)分成 16 个逻辑通道,每个逻辑通道可指定一种乐器,如图 2-25 所示。在 MIDI 信息(MIDI messages)中,用 4 个二进制位来表示这 16 个逻辑通道。音乐键盘可设置在这 16 个通道之中的任何一个,而 MIDI 声源或者声音模块可被设置在指定的 MIDI 通道上接收。

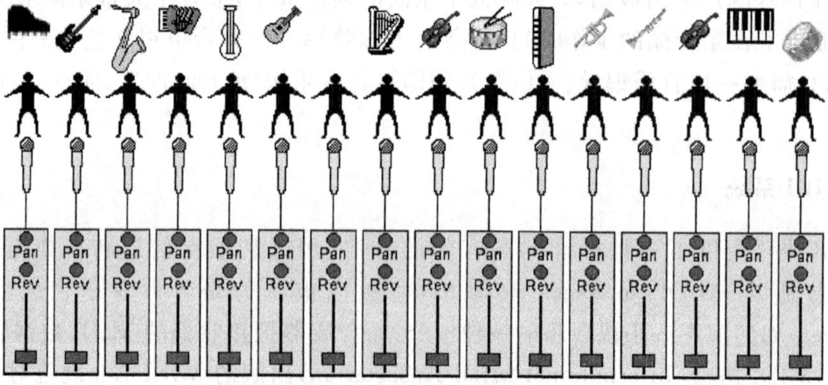

图 2-25 MIDI 的通道概念

在一个 MIDI 设备上的 MIDI IN 连接器接收到的信息可通过 MIDI THRU 连接器输出到另一个 MIDI 设备，并可以菊花链的方式连接多个 MIDI 设备，这样就组成了一个复杂的 MIDI 系统，如图 2-26 所示。在这个例子中，MIDI 键盘控制器对 MIDI 音序器(MIDI sequencer)来说是一个输入设备，而音序器的 MIDI OUT 端口连接了几个声音模块。作曲家可使用这样的系统来创作几种不同乐音组成的曲子，每次在键盘上演奏单独的曲子。这些单独曲子由音序器记录下来，然后音序器通过几个声音模块一起播放。每一曲子在不同的 MIDI 通道上播放，而声音模块可分别设置成接收不同的曲子。例如，声音模块＃1 可设置成播放钢琴声并在通道 1 接收信息，模块＃2 设置成播放低音并在通道 5 接收信息，而模块＃3 设置成播放鼓乐器并在通道 10 上接收消息等。在图 2-26 中使用了多个声音模块同时分别播放不同的声音信息。这些模块也可以做在一起构成一个叫做多音色(multitimbral)的声音模块，它同样可以起到同时接收和播放多种声音的作用。

MIDI 文件有很多信息构成的指令。有一些信息，只由 1 字节构成，有些有 2 个字节，还有一些有 3 个字节。有一类的 MIDI 信息，甚至可以包含无限的字节数。所有的信息有一点是共同的，那就是第一个字节的信息是状态。

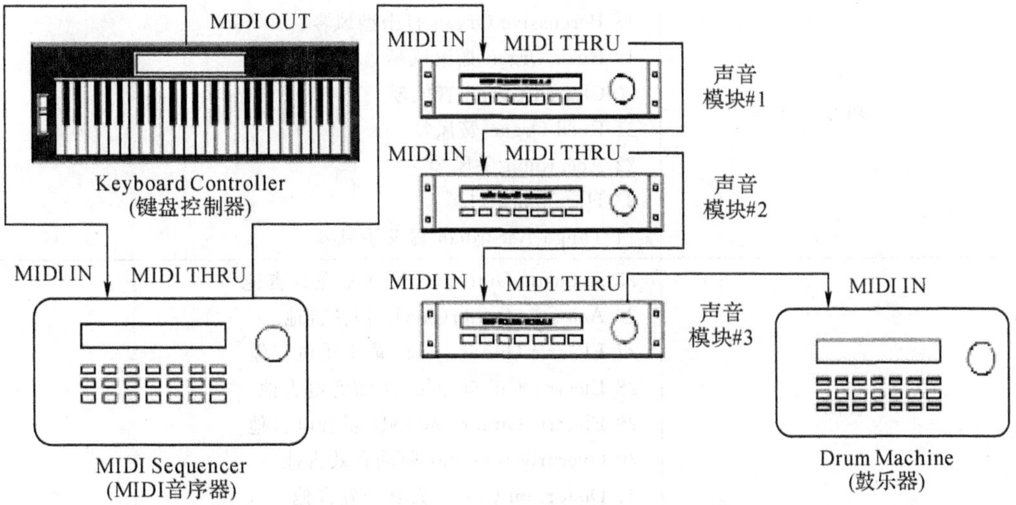

图 2-26　复杂 MIDI 系统

5. 通用编号标准

就像与 MIDI 通道 0 到 15 之间被显示成 1 至 16，许多 MIDI 设备从 1 开始显示代号。在另一方面，这种做法是从来没有规范，一些设备使用截然不同的标准。通用 MIDI 标准如表 2-12 所示。

表 2-12 通用 MIDI 乐器声音

钢琴	1 Acoustic Grand Piano 大钢琴 2 Bright Acoustic Piano 亮音大钢琴 3 Electric Grand Piano 电钢琴 4 Honky-Tonk Piano 酒吧钢琴 5 Rhodes Piano 练习音钢琴 6 Chorused Piano 合唱加钢琴 7 Harpsichord 拨弦古钢琴 8 Clavinet 击弦古钢琴
打击乐器	9 Celesta 钢片琴 10 Glockenspiel 钟琴 11 Music Box 八音盒 12 Vibraphone 电颤琴 13 Marimba 马林巴 14 Xylophone 木琴 15 Tubular Bells 管钟 16 Dulcimer 扬琴
风琴	17 Hammond Organ 击杆风琴 18 Percussive Organ 打击型风琴 19 Rock Organ 摇滚风琴 20 Church Organ 管风琴 21 Reed Organ 簧风琴 22 Accordion 手风琴 23 Harmonica 口琴 24 Tango Accordian 探戈手风琴
吉他	25 Acoustic Guitar (nylon) 尼龙弦吉他 26 Acoustic Guitar(steel) 钢弦吉他 27 Electric Guitar (jazz) 爵士乐电吉他 28 Electric Guitar (clean) 清音电吉他 29 Electric Guitar (muted) 弱音电吉他 30 Overdriven Guitar 驱动音效吉他 31 Distortion Guitar 失真音效吉他 32 Guitar Harmonics 吉他泛音
贝司	33 Acoustic Bass 原声贝司 34 Electric Bass(finger) 指拨电贝司 35 Electric Bass(pick) 拨片拨电贝司 36 Fretless Bass 无品贝司 37 Slap Bass 1 击弦贝司 1 38 Slap Bass 2 击弦贝司 2 39 Synth Bass 1 合成贝司 1 40 Synth Bass 2 合成贝司 2

续表

弦乐独奏	41 Violin 小提琴 42 Viola 中提琴 43 Cello 大提琴 44 Contrabass 低音提琴 45 Tremolo Strings 弦乐震音 46 Pizzicato Strings 弦乐拨奏 47 Orchestral Harp 竖琴 48 Timpani 定音鼓
合唱合奏	49 String Ensemble 1 弦乐合奏 1 50 String Ensemble 2 弦乐合奏 2 51 SynthStrings 1 合成弦乐 1 52 SynthStrings 2 合成弦乐 2 53 Choir Aahs 合唱“啊”音 54 Voice Oohs 人声“嘟”音 55 Synth Voice 合成人声 56 Orchestra Hit 乐队打击乐
铜管乐器	57 Trumpet 小号 58 Trombone 长号 59 Tuba 大号 60 Muted Trumpet 弱音小号 61 French Horn 圆号 62 Brass Section 铜管组 63 Synth Brass 1 合成铜管 1 64 Synth Brass 2 合成铜管 2
哨片乐器	65 Soprano Sax 高音萨克斯 66 Alto Sax 中音萨克斯 67 Tenor Sax 次中音萨克斯 68 Baritone Sax 上低音萨克斯 69 Oboe 双簧管 70 English Horn 英国管 71 Bassoon 大管 72 Clarinet 单簧管
吹管乐器	73 Piccolo 短笛 74 Flute 长笛 75 Recorder 竖笛 76 Pan Flute 排笛 77 Bottle Blow 吹瓶口 78 Skakuhachi 尺八 79 Whistle 哨 80 Ocarina 洋埙
合成主音	81 Lead 1 (square) 合成主音 1(方波) 82 Lead 2 (sawtooth) 合成主音 2(锯齿波) 83 Lead 3 (calliope lead) 合成主音 3(汽笛风琴) 84 Lead 4 (chiff lead) 合成主音 4 (吹管) 85 Lead 5 (charang) 合成主音 5(吉他) 86 Lead 6 (voice) 合成主音 6(人声) 87 Lead 7 (fifths) 合成主音 7(五度) 88 Lead 8 (bass+lead) 合成主音 8(低音加主音)

续表

合成柔音	89 Pad 1 (new age) 合成柔音 1(新时代) 90 Pad 2 (warm) 合成柔音(暖音) 91 Pad 3 (polysynth) 合成柔音 3(复合成) 92 Pad 4 (choir) 合成柔音 4(合唱) 93 Pad 5 (bowed) 合成柔音 5(弓弦) 94 Pad 6 (metallic) 合成柔音 6(金属) 95 Pad 7 (halo) 合成柔音 7(光环) 96 Pad 8 (sweep) 合成柔音 8(扫弦)
合成特效	97 FX 1 (rain) 合成特效 1(雨) 98 FX 2 (soundtrack) 合成特效 2(音轨) 99 FX 3 (crystal) 合成特效 3(水晶) 100 FX 4 (atmosphere) 合成特效 4(大气) 101 FX 5 (brightness) 合成特效 5(亮音) 102 FX 6 (goblins) 合成特效 6(小妖) 103 FX 7 (echoes) 合成特效 7(回声) 104 FX 8 (sci-fi) 合成特效 8(科幻)
名族乐器	105 Sitar 锡塔尔 106 Banjo 班卓 107 Shamisen 三味线 108 Koto 筝 109 Kalimba 卡林巴 110 Bagpipe 风笛 111 Fiddle 古提琴 112 Shanai 唢呐
打击乐	113 Tinkle Bell 铃铛 114 Agogo 拉丁打铃 115 Steel Drums 钢鼓 116 Woodblock 木块 117 Taiko Drum 太鼓 118 Melodic Tom 嗵鼓 119 Synth Drum 合成鼓 120 Reverse Cymbal 镲波形反转
声音特效	121 Guitar Fret Noise 磨弦声 122 Breath Noise 呼吸声 123 Seashore 海浪声 124 Bird Tweet 鸟鸣声 125 Telephone Ring 电话铃声 126 Helicopter 直升机声 127 Applause 鼓掌声 128 Gunshot 枪声

实际代号应为列表中的代号减 1。

6. 选择 MIDI 还是选择数字音频

MIDI 数据一般用于下列几种情况：

(1)由于无法获得足够的 RAM 存储器、硬盘存储空间、CPU 处理能力或带宽而不能使用数字音频。

(2)拥有高质量的 MIDI 生源。

(3)你对将要发布的应用软件机器具有完全的控制和管理，因此你的用户将会具有高性能的 MIDI 播放硬件。

(4)无需处理口语对话。

数字音频一般用于下列情况：

(1)你无法控制回放硬件。

(2)你拥有处理数字文件的计算资源和带宽。

(3)你需要处理口语对话。

2.6　WAV 文件格式

波形音频文件格式(Waveform Audio File Format)(*.WAV)是 Microsoft 为 Windows 设计的多媒体文件格式 RIFF(The Resource Interchange File Format，资源交换文件格式)中的一种(另一种常用的为 AVI)。RIFF 由文件头、数据类型标识及若干块(chunk)组成。表 2-13 是 WAV 文件的基本格式。

表 2-13　WAV 文件的基本格式

<table>
<tr><th colspan="2">类型</th><th>内容</th><th>变量名</th><th>大小</th><th colspan="2">取值</th></tr>
<tr><td colspan="2" rowspan="2">RIFF 头</td><td>文件标识符串</td><td>fileId</td><td>4 B</td><td colspan="2">“RIFF”</td></tr>
<tr><td>头后文件长度</td><td>fileLen</td><td>4 B</td><td colspan="2">非负整数(=文件长度−8)</td></tr>
<tr><td colspan="2">数据类型标识符</td><td>波形文件标识符</td><td>waveId</td><td>4 B</td><td colspan="2">“WAVE”</td></tr>
<tr><td rowspan="10">格式块</td><td rowspan="2">块头</td><td>格式块标识符串</td><td>chkId</td><td>4 B</td><td colspan="2">“fmt ”</td></tr>
<tr><td>头后块长度</td><td>chkLen</td><td>4 B</td><td colspan="2">非负整数(= 16 或 18)</td></tr>
<tr><td rowspan="8">块数据</td><td>格式标记</td><td>wFormatTag</td><td>2 B</td><td colspan="2">非负短整数(PCM=1)</td></tr>
<tr><td>声道数</td><td>wChannels</td><td>2 B</td><td colspan="2">非负短整数(= 1 或 2)</td></tr>
<tr><td>采样率</td><td>dwSampleRate</td><td>4 B</td><td colspan="2">非负整数(单声道采样数/秒)</td></tr>
<tr><td>平均字节率</td><td>dwAvgBytesRate</td><td>4 B</td><td colspan="2">非负整数(字节数/秒)</td></tr>
<tr><td>数据块对齐</td><td>wBlockAlign</td><td>2 B</td><td colspan="2">非负短整数(不足补零)</td></tr>
<tr><td>采样位数</td><td>wBitsPerSample</td><td>2 B</td><td colspan="2">非负短整数(PCM 时才有)</td></tr>
<tr><td>扩展域大小</td><td>extSize</td><td>2 B</td><td>非负短整数</td><td rowspan="2">可选扩展块(PCM 时无)</td></tr>
<tr><td>扩展域</td><td>extraInfo</td><td>extSize B</td><td>扩展信息</td></tr>
</table>

续表

类型		内容	变量名	大小	取值
数据块	块头	数据块标识符串	chkId	4 B	“data”
		头后块长度	chkLen	4 B	非负整数
	块数据	波形采样数据	x 或 xl、xr	chkLen B	左右声道样本交叉排列；样本值为整数（整字节存储，不足位补零）；整个数据块按 blockAlign 对齐

其中 wFormatTag＝1 时为无压缩的 PCM（Pulse Code Modulation，脉冲编码调制）标准格式（即等间隔采样、线性量化）。对 wFormatTag≠1 的压缩格式，这里不作要求。多字节整数的低位在前（同 Intel CPU），单字节样本值 v 为无符号整数（0～255），实际样本值应为 v-128；多字节样本值本身就是有符号的，可直接使用表中的参数。另外，平均字节率的计算需要利用下式完成。

$$dwAvgBytesRate \overset{\text{必须}}{=} wChannels \times dwSampleRate \times \left[\frac{wBitsPerSample + 7}{8}\right]$$

2.7 常用音频处理软件

1. Windows 自带的录音机

Windows 系统中，单击“开始”，依次选择“附件”→“娱乐”→“录音机”，即可打开如图 2-27 所示的录音机软件，可以完成基本的录音。保存的声音文件为“ *. wav”。

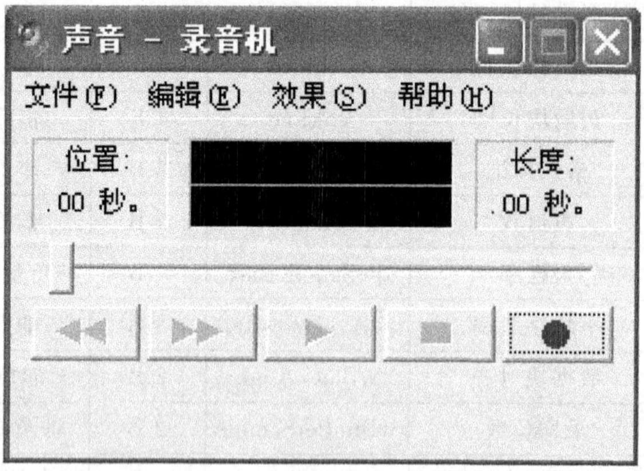

图 2-27 Windows 自带的录音机

2. Cool Edit 音乐处理软件

是一个非常出色的数字音乐编辑器和 MP3 制作软件。不少人把 Cool Edit 形容为音频"绘画"程序。用户可以用声音来"绘"制:音调、歌曲的一部分、声音、弦乐、颤音、噪音或是调整静音。而且它还提供有多种特效为用户的作品增色:放大、降低噪音、压缩、扩展、回声、失真、延迟等。用户可以同时处理多个文件,轻松地在几个文件中进行剪切、粘贴、合并、重叠声音操作。使用它可以生成的声音有:噪音、低音、静音、电话信号等。该软件还包含有 CD 播放器。其他功能包括:支持可选的插件;崩溃恢复;支持多文件;自动静音检测和删除;自动节拍查找;录制等。另外,它还可以在 AIF、AU、MP3、Raw PCM、SAM、VOC、VOX、WAV 等文件格式之间进行转换,并且能够保存为 RealAudio 格式。但是需要注意的是,它不可以处理 mid 格式的声音文件,因为该软件是基于波形的处理软件,而不是针对计算机命令来完成声音的编辑处理的。

Cool Edit 软件的界面如图 2-28 所示。

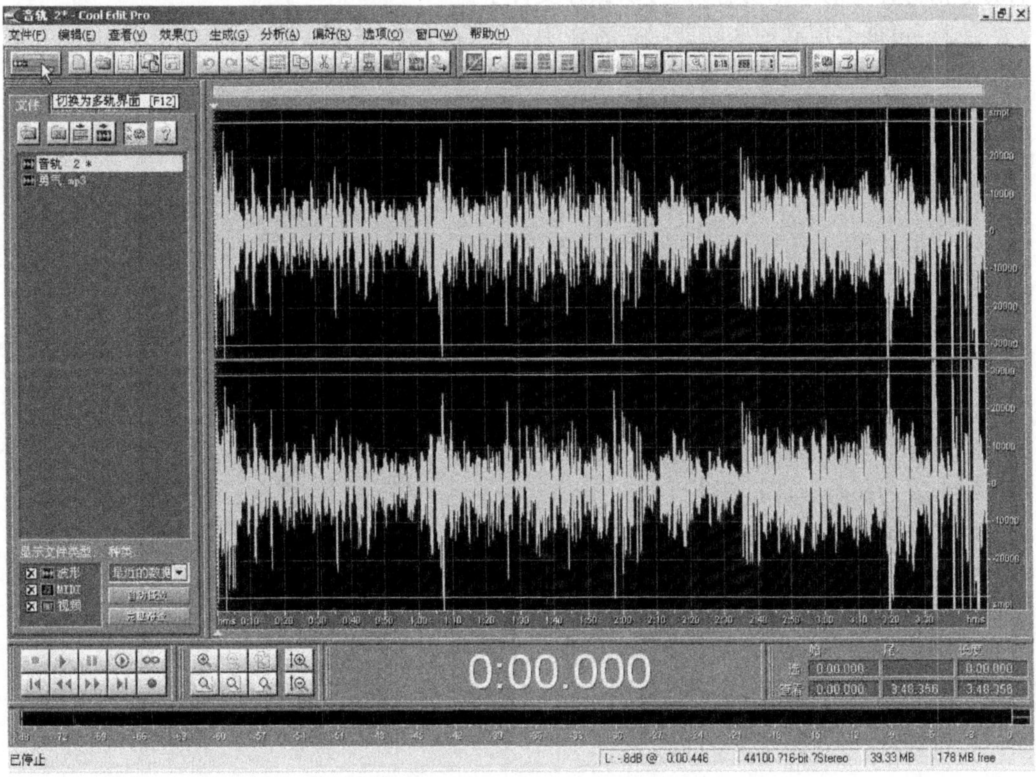

图 2-28 Cool Edit 界面

2.8 综合案例——个性化手机铃声制作

内容:用自己的声音制作个性的手机铃声。

材料:

(1)事先找好的伴奏音乐。

(2)事先录制好的自己的清唱歌声。

(3)事先安装好的 Cool Edit 声音编辑软件。

制作过程简述:

(1)启动 Cool Edit 软件,进入多音轨编辑界面。

(2)在第一轨当中,右击,选择"插入"→"音频文件",在对话框中找到材料 1(事先录制好的伴奏音乐),将其插入到第一个音轨当中,此时可以播放伴奏音。

(3)在第二轨当中,右击,选择"插入"→"音频文件",在对话框中找到材料 2(事先录制好的自己的清唱歌声),将其插入到第二个音轨当中,此时可以播放清唱的歌声。

(4)在多音轨界面下,可以同时播放两个音轨的合成声音,通过调整时间段,使自己清唱的节拍与伴奏的节拍吻合,就可以保存文件了。

注意:可能会用到一些功能,如:若清唱的声音可能比较小,此时,需要在音轨 2 中单独增加信号的幅度;也可以利用声音的淡入淡出效果,使你的歌曲听起来更具有专业效果;在没有清唱时,如果录制了噪音在里面,可以直接将该时间段的波形设为 9;保存文件时,最好将其保存为 mp3。

习题 2

1. 声音信号的频率范围是多少,话音信号的频率范围是多少?
2. 声音信号的采样频率是怎样确定的?
3. 声音的掩蔽效应是什么?
4. 话音编译码器有哪几种类型?
5. 波形编译码器的代表性算法有哪些?
6. "波形编译码器话音质量最高,数据量也最大。"这句话对吗? 为什么?

第 3 章 颜色科学

3.1 概述

3.1.1 光与颜色

从物理学角度来说，人们认为颜色是人的视觉系统对可见光的感知结果，感知到的颜色由光波的频率决定。光波是一种具有一定频率范围的电磁辐射，其波长覆盖的范围很广。电磁辐射中只有一小部分能够引起眼睛的兴奋而被感觉，其波长在 380～780 nm 的范围里。眼睛感知到的颜色和波长之间的对应关系如图 3-1 所示。纯颜色通常使用光的波长来定义，用波长定义的颜色叫做光谱色（spectral colors）。人们已经发现，用不同波长的光进行组合时可以产生相同的颜色感觉。

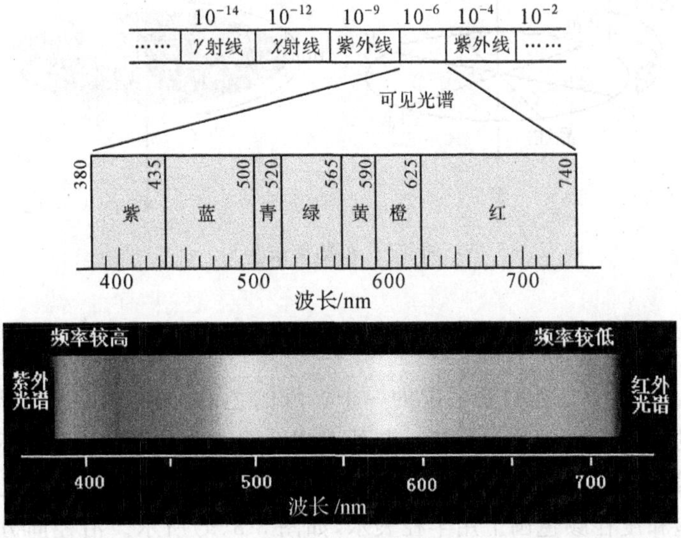

图 3-1 光谱色

虽然人们可以通过光谱功率分布来精确地描述颜色，也就是用每一种波长的功率（占总功率的一部分)在可见光谱中的分布来描述，但因为眼睛对颜色的采样仅用相应于红、绿和蓝三种锥体细胞，因此这种描述方法就产生了很大冗余。这些锥体细胞采样得到的信号通过大脑产生不同颜色的感觉，这些感觉由国际照明委员会(Commission Internationale de l'clairage / International Commission on Illumination，CIE)作了定义，用颜色的三个特性来区分颜色。这些特性是色调、饱和度和明度，它们是颜色所固有的并且是截然不同的特性。

1. 色调

色调(hue)又称为色相，指颜色的外观，用于区别颜色的名称或颜色的种类。色调是视觉系统对一个区域呈现的颜色的感觉。对颜色的感觉实际上就是视觉系统对可见物体辐射或者发射的光波波长的感觉。这种感觉就是与红、绿和蓝三种颜色中的哪一种颜色相似，或者与它们组合的颜色相似。色调取决于可见光谱中的光波的频率，它是最容易把颜色区分开的一种属性。

色调用红、橙、黄、绿、青、蓝、靛、紫等术语来刻画。苹果是红色的，这"红色"便是一种色调，它与颜色明暗无关。色调的种类很多，如果要仔细分析，可有 1000 万种以上，但普通颜色专业人士可辨认出的颜色大约可达 300～400 百种。黑、灰、白则为无色彩。

色调有一个自然次序：红、橙、黄、绿、青、蓝、靛、紫(red，orange，yellow，green，cyan，blue，indigo，violet)。在这个次序中，当人们混合相邻颜色时，可以获得在这两种颜色之间连续变化的色调。色调在颜色圆上用圆周表示，圆周上的颜色具有相同的饱和度和明度，但它们的色调不同，如图 3-2 所示。

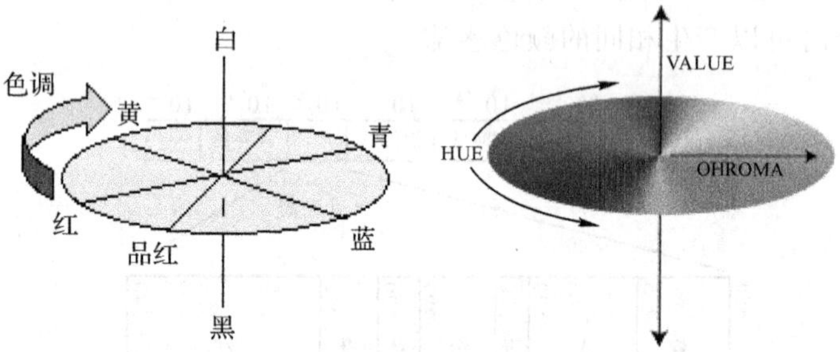

图 3-2　色调表示法

2. 饱和度

饱和度(saturation)是相对于明度的一个区域的色彩，是指颜色的纯洁性，它可用来区别颜色明暗的程度。当一种颜色掺入其他光成分愈多时，就说颜色愈不饱和。完全饱和的颜色是指没有掺入白光所呈现的颜色。例如，仅由单一波长组成的光谱色就是完全饱和的颜色。饱和度在颜色圆上用半径表示，如图 3-3(a)所示。沿径向方向上的不同颜色具有相同的色调和明度，但它们的饱和度不同。例如，在图 3-3(b)所示的七种颜色，它们具有相同的色调和明度，但具有不同的饱和度，左边的饱和度最浅，右边的饱和度最深。

（注意：因本书为单色印刷，所以需要观察本图或其他彩色图的读者欢迎来信索取。）

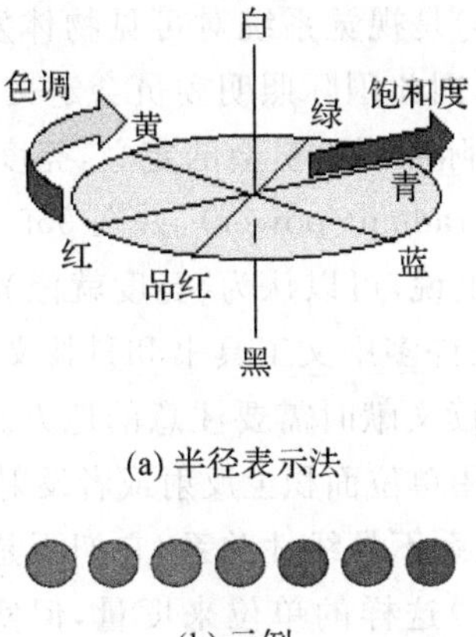

(a) 半径表示法

(b) 示例

图 3-3　饱和度表示法

3. 亮度

在许多中文书籍和英汉词典工具书中，brightness、ightness 和 luminance 都被翻译成“亮度”。在英文科技文献中，这些术语是有差别的。为了反映它们所表达的不同含义，在本教材中分别用“明度”表示 brightness，用“亮度”表示 luminance，用“光亮度”表示 lightness。

（1）明度

根据国际照明委员会的定义，明度（brightness）是视觉系统对可见物体辐射或者发光多少的感知属性。例如，一根点燃的蜡烛在黑暗中看起来要比白炽光下亮。虽然明度的主观感觉值目前还无法用物理设备来测量，但可以用亮度（luminance）即辐射的能量来度量。颜色中的明度分量不同于颜色（即色调（hue）），也不同于饱和度（saturation）（即颜色的强度（intensity））。

有色表面的明度取决于亮度和表面的反射率。由于感知的明度与反射率不是成正比，而认为是一种对数关系，因此在颜色度量系统中使用一个数值范围（例如，0～10）来表示明度。明度的一个极端是黑色（没有光），另一个极端是白色，在这两个极端之间是灰色。

在许多颜色系统中，明度常用垂直轴表示，如图 3-4(a)所示。例如，图 3-4(b)所示的七种颜色，它们具有相同的色调和饱和度，但它们的明度不同，底部的明度最小，顶部的明度最大。

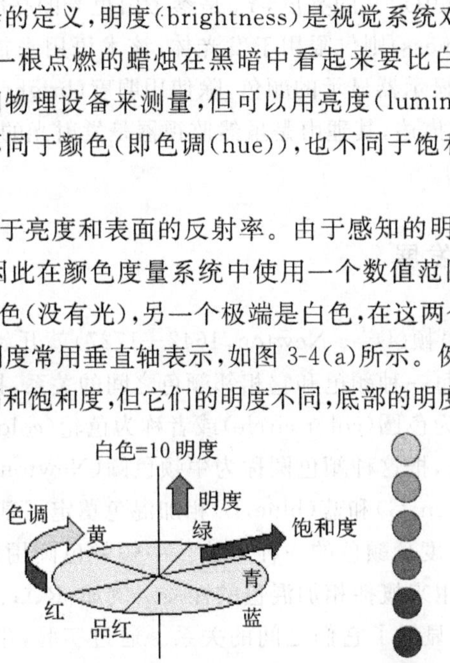

(a) 垂直轴表示法　　(b) 示例

图 3-4　明度表示法

(2)亮度

如前所述,明度(brightness)是视觉系统对可见物体发光多少的感知属性,它和人的感知有关。由于明度很难度量,因此国际照明委员会定义了一个比较容易度量的物理量,称为亮度(luminance)。根据国际照明委员会的定义,亮度是用反映视觉特性的光谱敏感函数加权之后得到的辐射功率(radiant power),并在 555 nm 处达到了峰值,它的幅度与物理功率成正比。从这个意义上说,可以认为"亮度就像光的强度"。在英文科技文献中,光的强度用"intensity"表示,但在许多中文工具书和科技文献中把"intensity"和"luminance"都翻译成"亮度",这是我们在阅读文献时需要注意的地方。在 CIE XYZ 系统中,亮度用 Y 表示。亮度的值是可度量的,它用单位面积上反射或者发射的光的强度表示。

顺便指出,明度和亮度的关系不是线性关系,它们不是同义词。此外,严格地说,亮度应该使用像烛光/平方米(cd/m^2)这样的单位来度量,但实际上是用指定的亮度,即白光作参考,并把它标称化为 1 或者 100 个单位。例如,监视器用亮度为 80 cd/m^2 的白光作参考,并指定 Y=1。

(3)光亮度

根据国际照明委员会的定义,光亮度是人的视觉系统对亮度(luminance)的感知响应值,并用 L^* 表示。CIE 把 L^* 定义为亮度的立方根:

$$L^* \begin{cases} 116\times\sqrt[3]{Y/Y_n}-16,(Y/Y_n)>0.008856 & (3\text{-}1) \\ 903.3\times\sqrt[3]{Y/Y_n},(Y/Y_n)\leqslant 0.008856 & (3\text{-}2) \end{cases}$$

其中,Y 是 CIE XYZ 系统中定义的亮度,Y_n 是参考白色光的亮度。光亮度用作颜色空间的一个维,而明度(brightness)则仅限用于发光体,该术语用来描述反射表面或者透射表面。有人认为,对计算机显示器显示的颜色,除使用明度(brightness)之外,也可使用光亮度(lightness)这个术语来描述,其理由是虽然监视器是发射光的物体,但显示的颜色是相对于监视器的白光而言的。

3.1.2 颜色科学发展

在 1666 年,23 岁的牛顿(Isaac Newton,1642—1727)就开始研究颜色。在光和颜色的实验中,牛顿认识到了每一种颜色和它相邻颜色之间的关系,把红色和紫色首尾相接就形成了一个圆,这个圆称为色圆(color circle)或者称为色轮(color wheel),如图 3-5 所示。人们为纪念他所作的贡献,把这种颜色圆称为牛顿色圆(Newton color circle)。牛顿色圆为揭示红(red,R)、绿(green,G)和蓝(blue,B)相加混色奠定了基础。

牛顿发明的颜色圆是度量颜色的一种方法。牛顿颜色圆用圆周表示色调,圆的半径表示饱和度,它可方便地用来概括相加混色的性质。例如,R、G、B 是相加基色,而它们的互补色是 C、M、Y,图 3-5 显示了它们之间的关系。通过实验,牛顿还揭示了一个重要的事实:白光包含所有可见光谱的波长,并用棱镜演示了这个事实。

在 1802 年,托马斯·杨(Thomas Young,1773—1829)认为人的眼睛有三种不同类型的颜色感知接收器,大体上相当于红、绿和蓝三种基色的接收器。

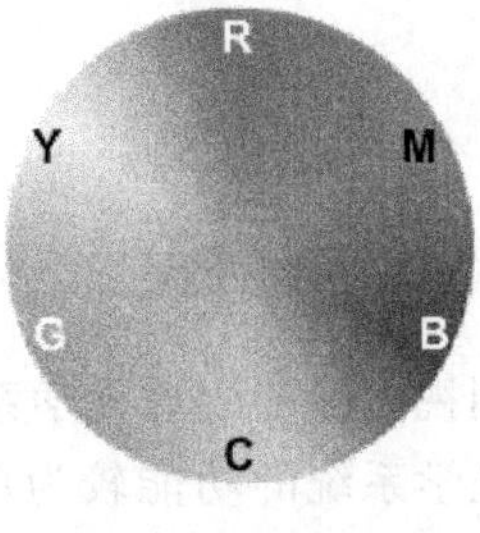

图 3-5　牛顿色圆

人们发现杨的看法非常重要。根据这种看法，使用三种基色相加可产生范围很宽的颜色。其后，赫姆霍尔兹(Hermann von Helmholtz，1821—1894)把这个想法用于定量研究，因此有时把他们的想法称为杨-赫姆霍尔兹理论。

19 世纪 60 年代，麦克斯维尔(Maxwell，James Clerk，1831—1879)探索了三种基色的关系，并且认识到三种基色相加产生的色调不能覆盖整个感知色调的色域，而使用相减混色产生的色调却可以。他认识到彩色表面的色调和饱和度对眼睛的敏感度比明度低。麦克斯维尔的工作可被认为是现代色度学的基础。

在 20 世纪 20 年代，人们对科学家们提出的理论进行了详细的实验。实验表明，红、绿和蓝相加混色的确能够产生某个色域里的所有可见颜色，但不能产生所有的光谱色(单一波长构成的颜色)，尤其是在绿色范围里。后来已经发现，如果加入一定量的红光，所有颜色都可以呈现，并用三色激励值(tristimulus values)表示 R、G、B 基色，但必须允许红色激励值为负值。

在 1931 年，国际照明委员会定义标准颜色体系时，规定所有的激励值应该为正值，并且都应该使用 x 和 y 两个颜色坐标表示所有可见的颜色。现在大家熟悉的 CIE 色度图(CIE chromaticity diagram)就是用 xy 平面表示的马蹄形曲线，它为大多数定量的颜色度量方法奠定了基础。

长期以来，眼睛中的不同锥体对颜色的吸收性能一直是一种猜想，直到 1965 年前后人们才通过详细的生理学实验进行验证。实验的结果验证了托马斯·杨的假设，在眼睛中的确存在三种不同类型的锥体。

3.2　颜色视觉与颜色感知

如前所述，能被人眼直接接收而引起颜色视觉的光辐射称为可见光，其波长范围为 380 nm～780 nm。但是物体的颜色不仅取决于物体辐射对人眼产生的物理刺激，而且还受到人眼视觉特性的影响。因此，有必要从生理学及心理学的角度来了解人眼的构造和颜色视觉的机理以及各种颜色感知现象。

3.2.1 颜色视觉机理

1. 眼睛

人类的视觉系统包括从角膜到视网膜的眼球光学系统和从视网膜到大脑视皮层的视觉神经网络系统两大部分。眼球光学系统的功能较为单一，只是把客观景物真实地成像于视网膜；视觉信息的处理，实际完成于从视网膜到大脑皮层的各级神经元。

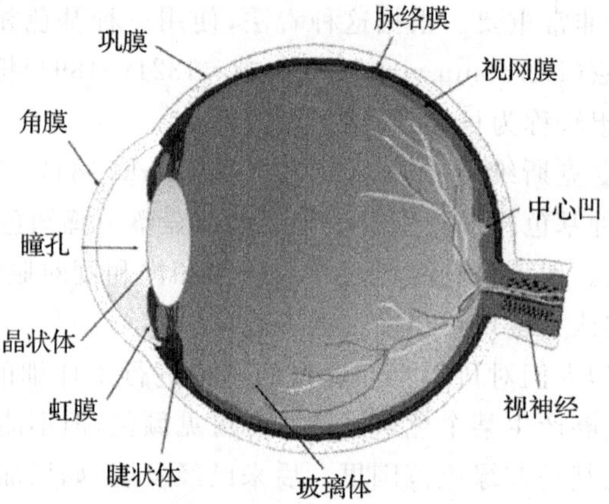

图 3-6 人眼水平剖面图

图 3-6 所示的即为人眼水平剖面图。眼球呈球状，直径约为 20 mm。眼球的最前面是透明的角膜，里面依次为房水液、虹膜、晶状体、玻璃体与视网膜。虹膜构成一直径可变的圆孔，即瞳孔。晶状体是个双凸的光学透镜，其前后面的曲率半径可调。光线从外界进入眼球，通过眼球光学系统成像于视网膜，由视网膜接收光信号并转换成电信号。为了使外界的物体正好在视网膜上成清晰像，需不断改变晶状体的曲率，特别是晶状体前面的曲率，以调节整个眼球光学系统的屈光能力。瞳孔的直径随着入射光强度、观察距离、情绪等因素而改变。白天光线充足时，瞳孔直径平均为 2 mm，夜晚黑暗中瞳孔直径扩大至 8 mm。但是，人眼可以接收小到几个光子，大至斜射太阳光的光强刺激，动态范围超过一亿倍，而瞳孔直径最多只能扩大四五倍。因此瞳孔对光强度的适应能力无论如何是不充分的。从这种意义上来说，敏感度的调节主要是由视网膜的适应能力来承担。

当眼球光学系统将外界景物成像于视网膜上，视网膜随即将随着空间和时间变化的光分布转换成生物电信号。视网膜的厚度只有 0.1～0.5 mm，但结构十分复杂。它的主要部分属于神经性结构，其中细胞通过突触相互联系。一般按主要的细胞层次将视网膜分为四层进行描述，如图 3-7 所示。从靠近脉络膜的一侧算起，视网膜最外层是色素细胞层，含有黑色素和维生素 A，对相邻的感光细胞起着营养和保护作用。此层内侧为感光细胞层。此层包含丰富的视锥细胞和视杆细胞，起着感光成像的决定性作用。再接下来就是双极细胞层和神经节细胞层，都是视觉信息传导的初级阶段。各级细胞之间存在着复杂的联系，视觉信息最初在感光细胞层中变为生物电信号后，将在视网膜复杂的神经元网络中进行初步加工和处理。

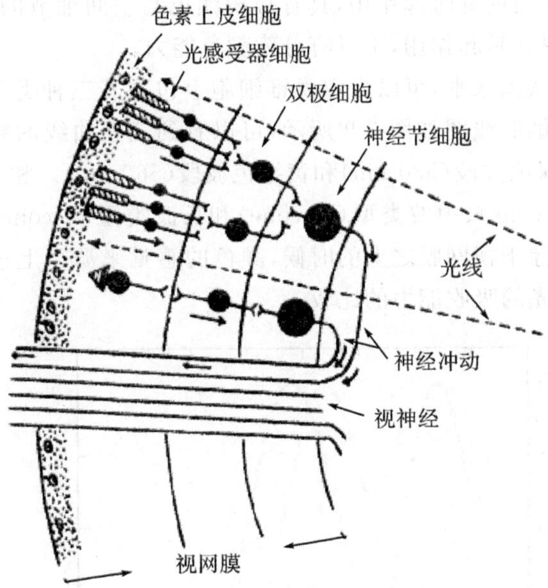

图 3-7　视网膜结构示意

视细胞在形态上可分为四部分，由外向内依次称为外段、内段、核部和终足，如图 3-8 所示。外段是感受光的部分，含有视色素，视色素规则排列在圆盘状的多层膜上。严格地说，在视网膜内，视细胞超越外界膜突出到外侧的部分，即视细胞的外段和内段部分，被称

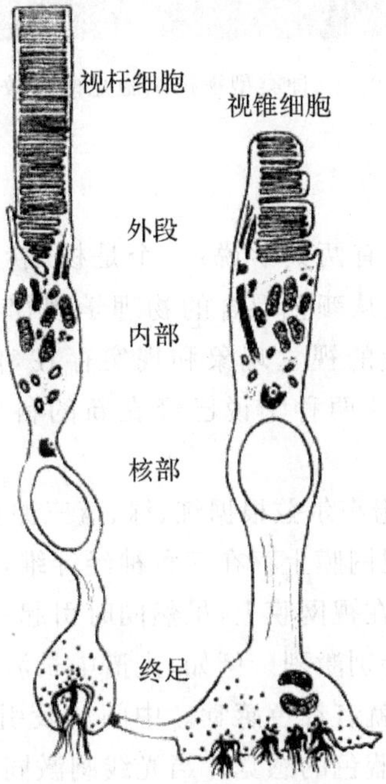

图 3-8　视细胞结构示意

为杆状体或者锥状体。把具有杆状体的视细胞称为视杆细胞，而具有锥状体的视细胞称为视锥细胞。人类视网膜上大约有十多亿个视锥细胞，七百万个视杆细胞。前者分布于视网膜中央凹部位，在明视觉时起作用，具有分辨颜色与空间细节的功能；后者分布于视网膜周边部位，在暗视觉时起作用，不具有分辨颜色能力。

根据目前的研究认识水平，可以肯定视锥细胞上包含着三种类型的光接收器。这三种光接收器的光谱灵敏曲线图如图 3-9 所示，可以看到三条曲线的峰值分别位于光谱的紫色波段(420 nm)、绿色波段(530 nm)和黄绿色波段(560 nm)。相应地把这三种光接收器简称为短波类型(S-cone)、中波类型(M-cone)和长波类型(L-cone)。当外界的光线通过眼球的屈光系统成像于视网膜之上的时候，颜色的感觉来源于上述的三种类型的视锥细胞在不同波段对色光的吸收能力的比较。

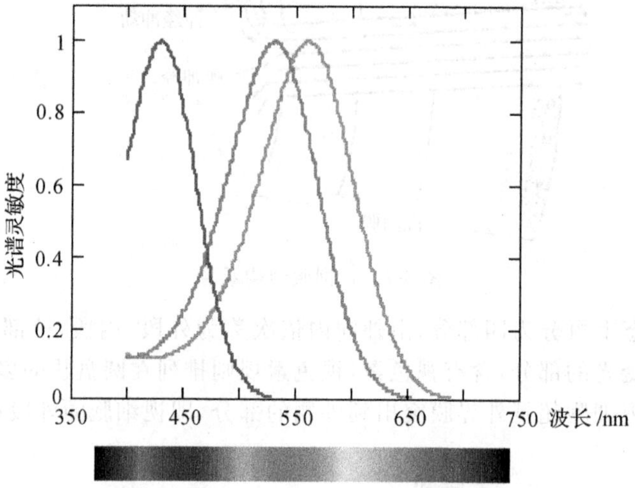

图 3-9 三种类型视锥细胞光谱灵敏曲线

2. 颜色视觉理论

现代色彩的视觉理论主要有两大学说：一个是杨-赫姆霍尔兹的三色学说，一个是赫林的四色学说。三色学说是从颜色混合的物理学规律出发，四色学说是从视觉现象出发。两个学说都能解释大量的视觉现象和现实存在，但也都有各自无法圆满之处。随着现代神经生理学的发展，这两种学说已经在新的科学成果基础上相互补充，逐步得到了统一。

1807 年，托马斯·杨和赫姆霍尔兹根据红、绿、蓝三原色光混合可以产生各种色调及灰色的色彩混合规律，假设在视网膜上存在三种神经纤维，每种神经纤维的兴奋都能引起一种原色的感觉。当光线作用在视网膜上，虽然同时引起三种纤维的兴奋，但由于光的波长不同，其中一种纤维的兴奋特别激烈。例如，光谱中长波段的光同时刺激红、绿、蓝三种纤维，但红纤维的兴奋最强烈，就有红色感觉。中间波段引起绿纤维最强烈的兴奋，就有了绿色的感觉。短波段能引起蓝色的感觉。当光线刺激同时引起了三种纤维强烈兴奋的时候，就产生白色感觉。当发生某一颜色感觉时，虽然一种纤维兴奋最强烈，但另外两种纤维也同时兴奋，也就有三种纤维在活动，所以每种颜色都有白光成份，即有明度感觉。1860 年又补充认为，光谱色混合中，混合色是三种纤维按特定比例同时兴奋的结果。对光谱的每一波长，三种纤维都有其特有的兴奋水平，产生相应的色觉。红、绿两种纤维同时兴奋引起黄色感觉，红、蓝两种纤维同时兴奋引起品红色感觉，绿、蓝两种纤维同时兴奋引起青色感觉。这学说现被称为杨-赫姆霍尔兹学说，或三色学说。三色学说的主要缺点是不能圆满地解释色盲现象。

1878 年，赫林观察到颜色现象总是以红-绿、黄-蓝、黑-白成对发生的。他假设了颜色的对立学说，又称四色学说。赫林假定视网膜中存在三对视素：白-黑视素、红-绿视素、黄-蓝视素。这三对视素的代谢作用包括建设（同化）和破坏（异化）两种对立的过程。光刺激破坏白-黑视素，引起神经活动，产生白色感觉；无光刺激时，白-黑视素便重新建设起来，所引起的活动产生黑色的感觉。对红-绿视素：红光起破坏作用，绿光起建设作用。因为各种颜色都有一定的明度，即含有白光的成分，所以每一颜色不仅影响其本身视素的活动，而且也影响了白-黑视素的活动。当补色混合时，某一对视素的两种对立过程（破坏和建设）形成平衡，因此不产生与该视素有关的颜色感觉。但是各种颜色都有白色的成分，所以能引起白-黑视素的破坏作用，而产生白色或灰色感觉。同样道理，当所有颜色都同时作用到各种视素时，红-绿、黄-蓝视素的对立过程都达到平衡，而只有白-黑视素的活动，所以就引起白色或灰色的感觉。赫林学说最大的缺点是对三原色光以不同比例混合能产生光谱各种颜色这一现象没能力说明，而这一物理现象恰恰是现代色度学的基础。

以上两种学说，曾对立了一个多世纪，一度三色学说曾占优势，因为它实用意义比较大。然而近一、二十年来，由于新的实验材料的出现，人们对于这两种学说有了新的认识，每一学说只是对问题的一个方面获得了正确的认识，两者不是不可调和的，通过两者的相互补充才能对颜色的视觉获得较全面的认识。

现代视觉生理学发现，在视网膜中确实存在三种不同颜色的感受器，即感受蓝光的视锥细胞、感受绿光的视锥细胞和感受红光的视锥细胞。每种视锥细胞具有不同的光谱敏感特性。还有一些研究发现，有一类细胞对可见光谱的全部色光都发生反应。而在视网膜深处的另外一些细胞对红光发生正电位反应，对绿光发生负电位反应，还有的细胞对黄光发生正电位反应，对蓝光发生负电位反应。因而在视觉神经系统中可以分出三种反应：光反应（L）、红-绿反应（R-G）、黄-蓝反应（Y-B）。这四种对立的感光细胞很符合赫林的四色学说。

因此可以认为：在视网膜上的锥形细胞体是一个三色的机制，视觉信息在大脑皮层视区的传导通路中变化成四色机制。具体来说，颜色视觉过程可分为几个阶段：第一阶段，视网膜上有三种独立的锥形感色物质（视锥细胞），它们有选择地吸收光谱不同波长的辐射，同时又能单独产生黑和白的反应。在强光作用下产生白的反应，外界无光刺激时是黑的反应。第二阶段，神经兴奋由锥形感受器向视觉中枢的传递过程中，这三种反应又重新组合，最后形成三对“对立”性的神经反应，即红或绿、黄或蓝、黑或白的反应。这种色彩视觉过程的设想，称为阶段学说。

3.2.2 颜色心理现象

1. 颜色的感情

颜色能使看的人产生某些不同的感觉。这虽然是出于人们的主观意念，并且因人们的年龄、性别、文化素养、生活习惯以及宗教信仰等的不同而异，但是其中却不乏许多共同的东西。也就是说，人们对颜色的感受，有许多地方是相同的，多媒体设计者还是应该从颜色能使人产生感情的特点，去选择色彩。

一般人们所认为的象征某种感情的色彩有如下几种类型：

(1)兴奋色与沉静色

纯粹的红、橙、黄色给人以兴奋感，称为兴奋色；纯粹的靛、蓝色给人以沉静感，称为沉静色。降低它们的纯度，可以降低它们的兴奋性和沉静性。白色和黑色以及纯度高的色能给人以紧张感，灰色以及纯度低的色，给人以舒适感。设计色彩时要得到强烈的华丽感，可以用红色系列的色；要获得文雅、沉着的色感，可以使用蓝色系列的色。

(2)华丽色与朴素色

有些色使人感到辉煌而华丽，有些色则使人感到朴实淡雅。通常纯度高的色，显得华丽，纯度低的显得朴素。从明度方面看，明亮色显得华丽，暗色显得朴素。白色和金银色虽然显得华丽，但是通过黑色的使用既可使配色华丽，也可使配色朴素。比如，当两种以上的色配合时，使用色相差较大的纯色和白、黑时，因有某种明度差的对比，而显得华丽、光彩。相反，用低纯度色同黑、白配合时，就显得朴素深沉。

(3)活泼色和忧郁色

充满明亮阳光的房间会有一种轻快活泼的气氛，而光线较暗的地方会有一种苦闷忧郁的气氛。这是因为在阳光下看到了红、橙、黄等暖色为中心的纯色和明色，而在阴暗的室内所看到的是近于蓝色系中的冷色和浑浊色，因而感到忧郁、阴闷。也就是说，活泼和忧郁都是以明度的明暗为主，随着纯度的高低、色相的冷暖而产生的感觉。白色与其他纯色组合时显得活泼；用黑色相配，则显得忧郁；灰色的感觉是中性的。

(4)软色和硬色

掺了白灰色的明浊色有柔软感；相反，纯色与掺了黑的色显得坚硬，即柔软或坚硬同色彩的明度和纯度有关。明浊色柔软，纯度高的纯色和暗清色显得坚硬，明清色和暗浊色介于二者之间，无彩色的黑和白是坚硬色，灰色则是柔软色。

2. 颜色的联想

当我们看颜色的时候，常常回忆过去的经历，把颜色与这些经历结合起来。根据颜色的刺激想起与它有关的事物，称为颜色联想。看色人的经验、记忆、知识影响看色人的联想。因而随看色人的性格、生活环境、教养、职业等不同也有区别，看色人所处时代、民族、年龄和性别的差异，同样影响联想。

懂得颜色对于观看者会产生什么样的联想，这一点在拟定颜色计划时，有非常重要的意义。我们通过色的恰当用法，把作者的思想传达给看色的人并使其审美活动得以实现；反之，如果使用方法不当，产生不良的联想就会带来相反的效果。因此为发挥配色效果，切实了解颜色联想的一般倾向是不可忽视的问题。

联想分为具象联想、抽象联想、共感联想三种情况，这些颜色联想取决于颜色性质，主体感受，创作指向三个方面。

(1)颜色的具象联想

具象联想是指由颜色的刺激而联想到某些具体事物。具象联想与人的幼儿时代关系密切，如绿色使人想到树木、草地、森林；白色使人想到白云、闪电；红色使人想到太阳、火焰；蓝色使人想到天空、海洋，这类联想是由颜色性质相同所产生的，属于浅层的感性心像共鸣，日本色彩家家田敢调查了不同年龄段的男女对八种主要色彩的具象联想结果(见表 3-1)。

表 3-1　颜色的具体联想

年龄(性别) 色	小学生(男)	小学生(女)	青年(男)	青年(女)
白	雪、白纸	雪、白兔	雪、白云	雪、砂糖
灰	鼠、灰	鼠、阴天	灰、混凝土	阴云、冬天
黑	炭、夜	毛发、炭	夜、阳伞	墨、套服
红	苹果、太阳	郁金香、洋服	红旗、血	口红、红鞋
橙	桔、柿	桔、胡萝卜	橙子、肉汁	桔、砖
褐	土、树干	土、巧克力	皮包、土	栗、靴
黄	香蕉、向日葵	菜花、蒲公英	月、雏鸡	柠檬、月
黄绿	草、竹	草、叶	嫩草、春	嫩叶、衬里
绿	树叶、山	草、草坪	树叶、蚊帐	草、毛衣
蓝	天空、海洋	天空、水	海、秋空	大海、潮水
紫	葡萄、紫菜	葡萄、桔梗	裙子、礼服	茄子、藤

(2)颜色的抽象联想

抽象联想与成人关系紧密，颜色抽象联想是指由颜色感觉所引起的情感和意象的联想，如绿色可以使人联想到生命、和平；红色可联想到革命、激情、热情或危险、冲动、卑俗；蓝色可联想到博大、智慧或冷淡、薄情；白色可联想到纯洁、神圣或悲惨、轻飘等。这类抽象联想属于主题感受诱导出的深层理性思维活动的产物。表 3-2 是家田敢的色彩的抽象联想调查表。

表 3-2　颜色的抽象联想

年龄(性别) 色	青年(男)	青年(女)	老年(男)	老年(女)
白	清洁、神圣	洁白、纯洁	洁白、纯真	洁白、神秘
灰	忧郁、绝望	忧郁、阴森	荒废、平凡	沉默、死亡
黑	死亡、刚健	悲哀、坚实	生命、严肃	阴沉、冷漠
红	热情、革命	热情、危险	热烈、卑俗	热烈、幼稚

续表

年龄(性别) / 色	青年(男)	青年(女)	老年(男)	老年(女)
橙	焦躁、可怜	卑俗、温情	甘美、明朗	欢喜、华美
褐	雅致、古朴	雅致、沉静	雅致、坚实	古朴、素雅
黄	明快、活泼	明快、希望	光明、明亮	光明、明媚
黄绿	青春、和平	青春、新鲜	新鲜、跃动	新鲜、希望
绿	永恒、新鲜	和平、理想	深远、和平	希望、公平
蓝	无限、理想	永恒、理智	冷漠、薄情	平静、悠久
紫	高尚、古朴	优雅、高贵	古朴、优美	高贵、消极

(3)共感联想

指颜色视觉引导出其他领域的感觉或反向的颜色心理联想形式，如暗红色引导出低沉嘶哑声的色听联想，浊红色引导出噪音、苦闷嗡嗡声的色听联想，纯黑色引出沉重、浑厚幽深的色听共感联想等。所以，有人说音乐是听得见的颜色，如倾听贝多芬的第 23 钢琴奏鸣曲《热情》那热烈奔放的旋律时，列宁将它描述为橙红色的调子。如将双手同时插入同温度的红色水和蓝色水中，结果测试者感知到的温度有差别：红色水温度高而蓝色水温度低，这类情况属色触共感联想所致。日本的《色彩认识论》一书，系统地表述了色觉与其他感觉的对应关系，颜色共感联想调查表见表 3-3、表 3-4。

表 3-3 色听联想和色触联想

感觉 / 色彩	色听联想				色触联想			
	纯色	清色	暗色	浊色	纯色	清色	暗色	浊色
红	吼叫	震动	低沉	噪音	烫	温暖	铿锵	粗糙
	热闹	情语	嘶哑声	苦闷	热	酥松	牢固	坚硬
	呐喊	轻快旋律		嗡嗡声		丰满		干燥
橙	高音	悠扬	浑厚	呜咽	温热	暖和	厚	绒毛
	嘹亮声	明朗声	悲壮	沉重	发烧	平滑	仿古	沙土
	轰隆声	呱呱声	砒砒声	哄哄声	有弹性	酥	干枯	不光滑
黄	明快	悦耳	回声	昏沉	光滑	弱	滑腻	温暖
	响亮	悠扬	沉闷	沙哑	光亮	流动	垃圾	污粘
	尖锐	哈哈声	喃喃声			绵绵	痒痒的	脏
黄绿	清晰	轻柔	迟钝	沙沙响	细软	细嫩	粗糙	温湿
	轻快	明细	昏沉	慢板	平滑	薄	搓磨	粗糙
	清脆	婴儿声		唠叨		柔嫩		

续表

感觉/色彩	色听联想				色触联想			
	纯色	清色	暗色	浊色	纯色	清色	暗色	浊色
绿	平静	清雅	沉静	阴郁	清凉	轻松	生硬	脏湿
	安稳	柔和	稳重	低沉	凉爽	平坦	阴凉	阴森
			叨叨声					
青绿	清畅	清脆	泉	烦闷	滑溜溜	清爽	潮湿	滑润润
	安逸	飘逸	松风	溪流	活生生	细腻	冷	黏稠
				嘿嘿				
青	嘹亮	优雅	悠远	沉重	流动	舒松	滑滑的	黏滑
	和谐	轻快	深远	超脱	冰冷	凉爽	光泽	粗硬
	优美	柔美	稳重	呼呼声		舒畅	硬	泥污
青紫	刺耳	尖叫	惨叫	悲鸣	柔滑	柔软	坚硬	粘板
	嘹亮	澎湃	严肃	轰轰声	滑润	轻软	硬板	泥泞
	高远之声	呼叫	恸哭				厚实	粗糙
紫	哑铃	柔美	咕咕声	磁性声	绒绒的	细润	毛绒	灰尘
	幽深	含蓄的乐曲	喳喳声	呻吟	丰润	软绵绵	皱皱的	鲁钝
	古韵		重响	老人声			粗皮	垢泥
赤紫	啁啾	哼声	呷呷声	哽咽	毛刺	滑嫩	地毡	铁锈
	娇艳声	嘻嘻声	咀嚼	嘘唏	温润	粉粉的	痒痒的	酥软
		娇柔声	呼啸		玫瑰			温暖
白	宁静				清沾			
	休止	—	—	—	光亮	—	—	—
	肃静				平坦			
灰	沙沙声				灰灰			
	消沉声				粗糙			
	无声	—	—	—	无光泽	—	—	—
黑	沉重				摸不着			
	浑厚				失落之声			
	幽深	—	—	—	厚硬	—	—	—

表 3-4 色味联想和色嗅联想

色彩＼感觉	色味联想				色嗅联想			
	纯色	清色	暗色	浊色	纯色	清色	暗色	浊色
红	辣	甜蜜	焦	巧克力味	浓香	艳香	脆味	恶臭
	甜蜜	蜜	涩味	五香味	酸鼻	幽香	浓郁	霉味
	糖精味	醇美	茶	腐朽味	野香		烧焦	腥味
橙	酸辣	甘	苦涩	碱	浓郁的	温香	腐臭	泥土味
	甜	甜美	烟味	杂味	奇香	淡香	酸味	郁香
	胡椒	蜂蜜	熏味	反胃		醇香	氨味	
黄	甘甜	淡甘味	碱	涩	芳香	清香	腐臭	腐臭
	甜腻	清甜	醋苦	酸苦味	纯香	飘香	焦味	异味
		乳酪	醋	醇酸	甜香	橄榄	烤味	
黄绿	酸	酸甜	酸醋	酸涩	芬芳	清香	干霉味	臭霉味
	未熟	涩	苦涩	干腐	清香	香嫩	腐臭	乏味
								药味
绿	涩	微涩	涩涩的	苦	新鲜	薄荷味	毒气	污臭
	酸涩	淡涩	干涩	苦涩	香草味	凉	窒息	恶臭
		香油						
青绿	清凉可口	新鲜美味	苦涩	恶心	香凉	薄荷味	气闷	发霉
	反涩	甜酸	腐烂	酸臭	果香	青草味	腐臭	呛鼻
			咸					腐朽
青	生涩	清泉	油腻	怄气	原野之香	淡酸	鱼腥味	霉湿
	酸脆	淡水	呕吐	脏腻	烈香	药味	臭气	煤气味
						凉湿味		锈味
青紫	甘苦	碳酸	碱	苦臭	浓烈的幽香	娇香	火药味	烂臭
	酸辣	酸碱	艰涩	腐坏	芬郁	烧香	焦炭味	霉气
			晦涩	发酵				
紫	酸甜	淡酸	臭油味	焦煳	娇香	兰花香	蚊香	腐酸
	酸醋	甘涩	烟臭	泥土味	浓烈的香气	香梅	五香	狐臭
			佳酿					
赤紫	甜蜜	花蜜	枣香	杂酱	娇香	玫瑰香	腌渍味	腐臭
	甘蜜	蜜乳	醇酒	椒	艳香	雅艳之香	腥味	酱味
	香甜		酱油	劣碱				

续表

色彩＼感觉	色味联想				色嗅联想			
	纯色	清色	暗色	浊色	纯色	清色	暗色	浊色
白	味精				桂花香			
	无味	—	—	—	无臭	—	—	—
	平淡				清香			
灰	水泥味				灰尘			
	烟味				夜来香			
	铅味	—	—	—		—		—
黑	焦苦				煤炭			
	焦味				黑烟			
		—	—	—	黑香	—	—	—

3. 颜色的象征

颜色的象征是由于传统习惯而形成的，比如经常以某个颜色表示某种特定的内容，于是，这种色就成了某事物的象征。颜色的象征在世界范围内也有共性的东西，但由于民族习惯等的不同也有不少差别。

例如红是火的色彩，意味着热情奔放。红刚巧又是血的色彩，因而又表示爱国精神或者革命。在西方，据说耶稣的血是葡萄酒色，所以，红又表示圣餐和祭奠；红色又因其意味着危险，而被用作交通信号的停止色，消防车色等；深红色意味着嫉妒或暴虐，被认为是恶魔的象征，而粉红色则象征健康。

黄色常同月光联系在一起。在中国古代被定为帝王用色，一般人不许使用。在古代罗马也被当做高贵的色。然而在欧美，由于某些原因，黄色却被看做是最下等的色，起初把恶徒叫做“黄狗”，后来又轻蔑地把胆小鬼和庸俗恶劣的新闻称为“黄色的”。

绿色是大自然草本的色彩，所以意味着自然和生长，同时也是未成熟人的象征。在西方，绿色意味着嫉妒和恶魔。所谓“嫩手”是指缺乏工作经验的人。此外，绿色一般还用来象征和平与安全。

蓝色是幸福色，表示希望。在西方，蓝色表示贵族，一提到蓝的血，就意味着名门血统，所以蓝色是身份的象征。但是蓝色又是绝望的同义词，“蓝色的音乐”实质就是“悲伤的音乐”。在日本，用蓝色来表示青年、青春或少年等刚走上生活道路的一代人。

紫色是高贵庄重的色。在过去的中国和日本，作为表示等级的服色，紫色是最高级的。至今在仪式方面仍采用紫幕和方绸巾。在古希腊时代，紫色作为国王的服装色使用。

白色意味着纯粹和洁白，表示和平与神圣。日本的道士和和尚都穿着白衣服。中国和印度的所谓白蛇和白牛，都是吉祥和神圣的象征。所谓“弄清黑白”，就是指要辨明是非善恶。所以，白还意味着洁白善良。还有，白还是沉默的反义词，古文中的“说”就写成“白”、“自白”等，多是由此引申出来的。

黑是不吉利色，意味着不好，表示黑暗与地狱，像“黑名单”。在中国自古以来就有方位色，东是蓝，南是红，中央是黄，西是白，北是黑。在西方，基督教的祭日也用黑色表示。红与绿象征圣诞节祭，黄和紫象征复活节祭，茶色是感恩节祭。

3.2.3 颜色错视现象

由于环境的不同，以及光、形、色等各种因素的某些干扰，加上生理上和心理上的原因，人们对客观物体的知觉往往发生错误，对所观察的现象常常会做出错误的判断，这就是错觉。对颜色的观察，由于同样的原因，也会发生这样的错觉，那就是颜色的错视现象。在进行多媒体彩色设计的时候，应该考虑颜色错视的因素。

1. 颜色的对比错视

观察两种或两种以上不同的并列色时，会发现这些并列颜色之间所产生的相互影响，使它们的色调，或明度，或纯度发生某些变化。又有时，先观察一种色，接着再转而观察另一色时，会感到后一色因受前一色的影响而在色调上产生某种变化。这种由于受到别色影响而产生与单一观察时不同的色感现象，叫做颜色的对比错视。前一种情况称为同时对比错视；后一种现象称为连续对比错视或先后对比错视。

颜色的对比错视是颜色的一种重要特性。德国大诗人歌德说过："同时对比决定颜色的美学效果"。

(1)同时对比错视

一色受同时存在于视野中的另一色的影响所引起的颜色三要素的变化在两个色上同时显示出来，这种现象称作颜色的同时对比错视。同时对比错视以颜色的并存和对比为产生条件，以补色现象为基本原理。同时对比现象，在并列色的交界线处尤为显著，这种现象又称为边缘对比。

①色调对比变化。

不同色调的颜色并列，各色的色调趋向于对方的补色，这是一种色的相互排斥的现象。互补两色并列，其结果是各自的色调和鲜艳性格突出，如红、绿同对对比，则红色更红、绿色更绿。在对比色的明度接近时，上述情况尤为明显。

②明度对比变化。

不同明度的颜色并列或包围与被包围时，由于互相排斥的结果，使明者更明，暗者更暗，并在两色交界线处更为明显。黑色与白色是明度的两极，其对比效果更加强烈，黑色显得更黑，白色显得更白。当各种有彩色与黑色同时对比时，均趋向于明度更高的同种色。暖色与黑色同时对比，暖色趋向于比其自身明度更高的暖色，且纯度提高，更显得鲜明，而黑色则趋向于对方的补色，如表 3-5 所示。

表 3-5 与黑色同时对比的变化

与黑色对比的色	黄	青	绿	红	橙
黑色的变化趋向	紫	橙	红	绿	青
对比色的色调变化	—	—	—	橙	黄
对比色的纯度变化	更鲜明				

各种有彩色同白色同时对比时，均趋向于明度更低的同种色，且纯度降低，带灰色，而白色则趋向于对方的补色，如表 3-6 所示。

表 3-6 与白色同时对比的变化

与白色对比的色	青	橙	红	绿	黄	紫
白色的变化趋向	橙	青	绿	红	紫	黄
对比色的变化趋向	灰青	灰橙	灰红	灰绿	黄褐	灰紫

各种有彩色同中性灰色同时对比时，明度较高者比原来更鲜明，明度较低者比原来更深暗。

③纯度对比变化。

不同纯度的有彩色同时对比，其结果是，纯度高的更高，纯度低的更低，即鲜的更鲜，灰的更灰。显示出其纯度的排斥特性。原色与复合色同时对比，原色的纯度更高，而复合色的纯度则更低。对比色的纯度差异愈大，则一鲜一灰更为悬殊。这就是说，在配色中，鲜明的色与带灰的不鲜明的色总是相互衬托，相互点缀，相互加强的。对多媒体彩色设计来说，鲜明色与带灰色同等重要。因为没有带灰色的衬托，便无从体现出鲜明。而要表现出颜色的鲜艳辉煌，离开灰色的陪衬，也是不可能的。同样，大面积的不鲜明色，如果缺少一定分量的鲜艳色的点缀和装饰，前者则变得灰暗、沉闷而没有生气。

(2)连续对比错视

对某颜色注视片刻(如约 10 秒钟以后)，迅速把视线转移至另一颜色，则感到该颜色变得略带先见色的补色色调，即先看红色，再看黄色，则黄色变为黄绿色。这就是连续对比错视。通常把先见色称为初见色，而后看的受影响而发生变化的色称为次见色。连续对比错视是一种视觉残留现象，是由视觉生理所引起的。这是由于人们视觉器官中的色觉神经接收外来刺激而引起的兴奋和抑制过程不能迅速恢复正常所致。

连续对比所产生的次见色的变化程度比同时对比显得弱些，因为连续对比仅是一种色幻觉的结果。实际上，在见到次见色时，初见色已不在视野之中，而同时对比的作用却始终在同一视野中，即其对比条件始终存在。

(3)同时对比的应用

同时对比现象在多媒体彩色设计中几乎是不可避免的。在设计中，必须充分估计到同时对比所可能产生的结果，把同时对比的特有效果作为一种设计手段来运用，或加强，或抑制其对比作用。如提高对比双方的明度，或提高其明度差异，可以削弱同时对比的影响。在一色中加入适量对方色，以“中和”对比影响，也可以达到上述效果。相反，如果增加对比双方的纯度差异，利用同时对比的互相排斥作用，加强同时对比的影响，使配色达到艳丽、活泼、瞩目、生动的效果。此外，缩短对比双方的边界线长度，令对比双方的边界线含糊不清，或增大双方的面积比，均可起破坏同时对比中的补色现象，使同时对比受到抑制。

2. 颜色的大小错视——颜色的膨胀和收缩

歌德在《论色彩的科学》的著作中，对颜色的大小错视有如下的论述：“深色彩的东西看起来要比同样大小的鲜明色彩的东西小。假如把画在黑色背景上的白圆点跟画在白色背景上的同样大小的黑圆点同时放在一起看，会觉得黑圆点要比白圆点小 1/5，如把黑圆点适当地放大，那么两种圆点看起来就仿佛相等了。穿深色衣服的人要比穿鲜明色衣服的时候显得瘦些。从门框后面看一只灯，可以看到正对那灯的门框旁边仿佛缺了一些。放在烛光前面一支在正对烛光的地方会显示出有一个凹痕。日出和日落时，地平线上都仿佛有一个凹陷似的。”

这段话概括起来就是：同等大小的体形，白色的显大，黑色的显小。色彩也同样如此：明度高的色显大，明度低的色显小；暖色显大，而冷色则显小。这是因为人眼对各种颜色的亮度反映不同的结果。

颜色的大小错视特别在纺织物的彩色设计上具有实际的意义。比如在设计明底色暗花时，就要考虑到花的面积会显小，而对于暗底色上的明花，则花的面积会显大，这时就应注意整个画面上色的平衡。又如在条格织物设计中选择线的粗细时，就必须考虑到这种色彩的膨胀和收缩的特性。亮色的嵌线易显，应稍细些；而暗色嵌线则可以稍微粗些。否则就不明显而达不到预期的效果。如果是要求织物上显现宽度相同的明暗条纹，为避免上述的大小错视，必须在相邻的两条纹之间加入细的过渡条纹。

3. 颜色的冷暖错视

颜色对于人们之所以会产生冷或暖的错视，完全是由于人们的不同联想而造成的。人们在自己的生活实践中，接触各种各样的物体，这些物体具有各自的固有色彩，久而久之，这种物体同色彩之间的固定联系便在人们的意识中固定下来，因而一看到颜色，就会立刻联想到某一物体或某些物体。如天空是蔚蓝的，骄阳是火红的，海水是青绿色的等。所以一看到红黄色就联想到太阳与火焰，从而感觉温暖；看到青绿色就联想到天空、海水、草地、树林，因而感觉寒冷和凉爽。因而，在颜色科学中将红、橙、黄等色称为暖色；而将蓝、青、紫等色称为冷色。无彩色中的黑属于暖色系，而白则属冷色系，因为白色使人联想到冰雪。颜色的冷暖有时又是相对的。如以红色为例，玫瑰红比曙红冷些，曙红又比大红冷些，这说明暖色中又有偏冷的多个层次。同样，深蓝比普蓝暖些，湖蓝又比深蓝暖些，这又说明冷色中也有偏暖的多个层次。

4. 颜色的轻重错视

颜色的轻重错视也是起因于人们的各种联想。如对于涂上白色的物体，看上去显得轻，而对于涂以黑色的物体，看上去显得沉重，这是由于人们看到白色时，会自然而然联想到白云、棉絮等轻物质，而看到黑色就会联想到钢铁和煤炭等重物质。可见颜色有轻、重感是由于颜色的明度。明色(浅色)感觉轻，暗色(深色)感觉重。明度相同时，纯度高的感觉轻，纯度低的感觉重；纯度高的暖色感觉重，而纯度低的冷色感觉轻。所以在服装搭配设计上，为造成一种上轻下重的稳定感，通常上衣用明色(明度高的色)而下部则用暗色(明度低的色)。反之，则造成一种比较活泼的动感效果。

5. 颜色的距离错视

在观察同一距离的不同颜色时，感到暖色和明色的距离比冷色和暗色近，这种距离错视以色调和明度的影响为最大。一般明度高的暖色系色彩感觉凸出而扩大，如红、橙、黄等暖色系称为近感色或前进色；明度低的冷色系感觉后退缩小，如蓝、蓝绿冷色系称为远感色或后退色。

颜色的这种远近错视，在平面图案的配色上具有十分重要的意义。比如花布的色彩配置中巧妙运用色彩的明暗对比，能够使整个画面产生远近的层次，使平面的色彩具有立体感。设计条格织物时，如果条格同底色的明暗对比不强，或用明度接近的色，则整个布面显得平淡，而且含混不清，这种配色给人的感觉是“淡而无味”。相反，如果在深的底色上，配以中、浅两色的条格，由于色彩在明度上有深、中、浅（即暗、中、明）三种差别，而产生了距离上的错觉，从而使得浅、中色的条格犹如远离底色而跃向前面，形成近、中、远三个层次，整个画面不仅条格轮廓分明，而且有深度，有立体感，打破了“平淡无味”的弊病。由于同样的原因，有的产品设计中，常常需要在暗部添加一点恰当的深色（黑、酱色、藏青、深咖啡），以免沉闷含混。同样，在一片深灰色调中常常有必要加一点提花的明亮色，这种在深色和明色中的强烈对比使画面产生明显的层次，起到画龙点睛的作用。

3.3　颜色的混合及度量

为了传输和交流颜色信息，首先必须能准确地表述颜色，这就需要一种描述颜色的语言或系统。颜色系统有混色系统和颜色感知系统之分。混色系统是以原色的定义和着色工艺为基础的，后面所要讲到的 CIE 色度系统就是基于每一种颜色都能用三个选定的原色以适当的比例混合而成这一原理，用三刺激值来定量地描述颜色，它是应用心理物理学的方法来表示在特定条件下的颜色量，可用于颜色的计算和测量。颜色感知系统是从一套视觉感知的定义开始的，基于视觉判断对自然界存在的各种颜色进行分类和排列而形成的体系，即所谓的色序系统（color order system）。

3.3.1　颜色的混合

将不同的颜色混合在一起而形成另外一种颜色的过程称为混色。彩色印刷、彩色摄影、彩色电视、彩色复制等领域的颜色再现都是基于三原色原理的混色过程。颜色混合的方法通常分为加法混色和减法混色两个大类。

颜色可以分为如光源发出的光那样的发光色（luminous color）和从物体表面发射或者透过物体的光那样的非发光色（non-luminous color）两大类。因此，颜色的混合也有发光色的混色和非发光色的混合之分。当发光色混合时，随着参与混合的成分色数量的增加，混合成的颜色的明亮度相加增大而变得更亮，所以称为加法混色（additive color mixing)；而对于产生非发光色的色料或滤色片，随着参混成分数量的增加，混合色的明亮度相减降低而变暗，因而称之为减法混色(subtractive color mixing)。

一个能发出光波的物体称为有源物体，它的颜色由该物体发出的光波决定，并且使用RGB相加混色模型。电视机和计算机显示器使用的阴极射线管(cathode ray tube,CRT)就是一个有源物体。CRT使用3个电子枪分别产生红(Red)、绿(Green)和蓝(Blue)三种波长的光，并以各种不同的相对强度综合起来产生颜色，如图3-10所示。组合这三种光波以产生特定颜色就叫做相加混色，因为这种相加混色是利用R、G和B颜色分量产生颜色，所以称为RGB相加混色模型。相加混色是计算机应用中定义颜色的基本方法。

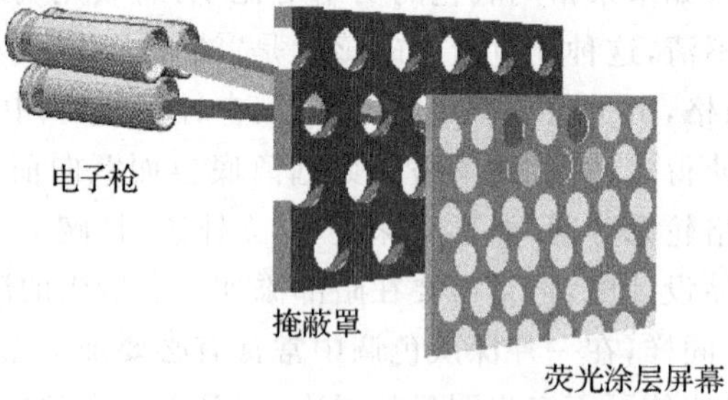

图 3-10　彩色显像产生颜色的原理

从理论上讲，任何一种颜色都可用三种基本颜色按不同的比例混合得到。三种颜色的光强越强，到达我们眼睛的光就越多，它们的比例不同，我们看到的颜色也就不同，没有光到达眼睛，就是一片漆黑。当三基色按不同强度相加时，总的光强增强，并可得到任何一种颜色。某一种颜色和这三种颜色之间的关系可用下面的式子来描述：

颜色＝R(红色的百分比)＋G(绿色的百分比)＋B(蓝色的百分比)　(3-3)

当三基色等量相加时，得到白色；等量的红绿相加而蓝为0值时得到黄色；等量的红蓝相加而绿为0时得到品红色；等量的绿蓝相加而红为0时得到青色。这些三基色相加的结果如图3-11所示。

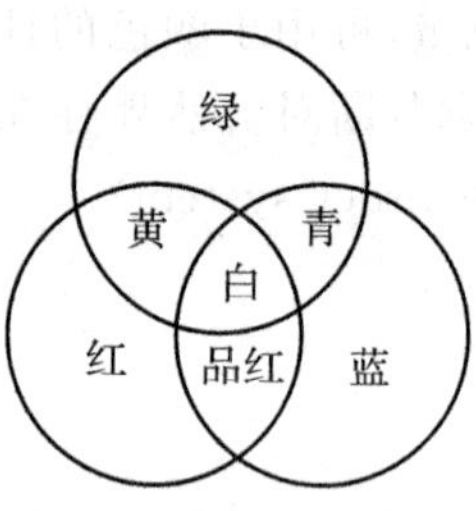

图 3-11　相加混色

一幅彩色图像可以看成由许多的点组成的，如图3-12所示。图像中的单个点称为像素(pixel)，每个像素都有一个值，称为像素值，它表示特定颜色的强度。一个像素值往往用R、G、B三个分量表示。如果每个像素的每个颜色分量用二进制的1位来表示，那么每个颜色的分量只有“1”和“0”这两个值。这也就是说，每种颜色的强度是100%，或者是0%。在这种情况下，每个像素所显示的颜色是8种可能出现的颜色之一，如表3-7所示。

图 3-12 一幅图像由许多像素组成

表 3-7 相加色

RGB	颜色
000	黑
001	蓝
010	绿
011	青
100	红
101	品红
110	黄
111	白

对于标准的电视图形阵列(Video graphics array,VGA)适配卡的16种标准颜色,其对应的R、G、B值如表3-8所示。在微软公司的Windows操作系统中,用代码0～15表示。在表中,代码1～6表示的颜色比较暗,它们是用最大光强值的一半产生的颜色;9～15是用最大光强值产生的。

表 3-8 16色VGA调色板的值

代码	R	G	B	H	S	L	颜色
0	0	0	0	160	0	0	黑(Black)
1	0	0	128	160	240	60	蓝(Blue)
2	0	128	0	80	240	60	绿(Green)
3	0	128	128	120	240	60	青(Cyan)
4	128	0	0	0	240	60	红(Red)
5	128	0	128	200	240	60	品红(Magenta)

续表

代码	R	G	B	H	S	L	颜色
6	128	128	0	40	240	60	褐色(Dark yellow)
7	192	192	192	160	0	180	白(Light gray)
8	128	128	128	160	0	120	深灰(Dark Gray)
9	0	0	255	160	240	120	淡蓝(Light blue)
10	0	255	0	80	240	120	淡绿(Light green)
11	0	255	255	120	240	120	淡青(Light cyan)
12	255	0	0	0	240	120	淡红(Light Red)
13	255	0	255	200	240	120	淡品红(Light Magenta)
14	255	255	0	40	240	120	黄(yellow)
15	255	255	255	160	0	240	高亮白(Bright white)

在表 3-8 中，每种基色的强度是用 8 位表示的，因此可产生 $2^{24}=16777216$ 种颜色。但实际上要用一千六百多万种颜色的场合是很少的。在多媒体计算机中，除用 RGB 来表示图像之外，还用色调-饱和度-亮度(Hue-Saturation-Lightness，HSL)颜色模型。

在 HSL 模型中，H 定义颜色的波长，称为色调；S 定义颜色的强度(Intensity)，表示颜色的深浅程度，称为饱和度；L 定义掺入的白光量，称为亮度。用 HSL 表示颜色的重要性，是因为它比较容易为画家所理解。若把 S 和 L 的值设置为 1，当改变 H 时就是选择不同的纯颜色；减小饱和度 S 时，就可体现掺入白光的效果；降低亮度时，颜色就暗，相当于掺入黑色。因此在 Windows 中也用了 HSL 表示法，16 色 VGA 调色板的值也表示在表 3-8 中。

一个不发光波的物体称为无源物体，它的颜色由该物体吸收或者反射哪些光波决定，用 CMY 相减混色模型。用彩色墨水或颜料进行混合，绘制的图画就是一种无源物体，用这种方法生成的颜色称为相减色。在理论上说，任何一种颜色都可以用三种基本颜料按一定比例混合得到。这三种颜色是青色(Cyan)、品红(Magenta)和黄色(Yellow)，通常写成 CMY，称为 CMY 模型。用这种方法产生的颜色之所以称为相减色，乃是因为它减少了为视觉系统识别颜色所需要的反射光。

在相减混色中，当三基色等量相减时得到黑色；等量黄色(Y)和品红(M)相减而青色(C)为 0 时，得到红色(R)；等量青色(C)和品红(M)相减而黄色(Y)为 0 时，得到蓝色(B)；等量黄色(Y)和青色(C)相减而品红(M)为 0 时，得到绿色(G)。三基色相减结果如图 3-13 所示。

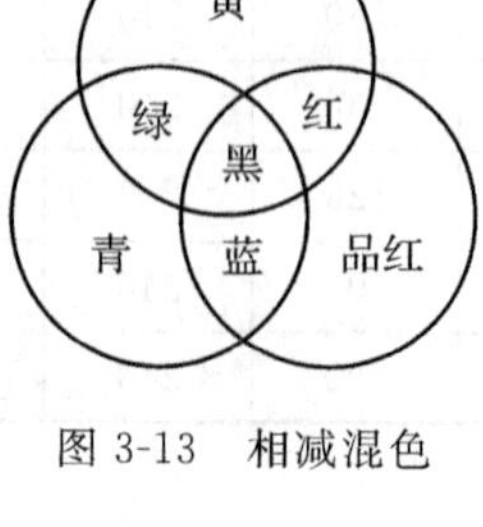

图 3-13 相减混色

彩色打印机采用的就是这种原理，印刷彩色图片也是采用这种原理。按每个像素每种颜色用 1 位表示，相减法产生的 8 种颜色如表 3-9 所示。由于彩色墨水和颜料的化学特性，用等量的三基色得到的黑色不是真正的黑色，因此在印刷术中常加一种真正的黑色(black ink)，所以 CMY 又写成 CMYK。

表 3-9　相减色

青色	品红	黄色	相减色
0	0	0	白
0	0	1	黄
0	1	0	品红
0	1	1	红
1	0	0	青
1	0	1	绿
1	1	0	蓝
1	1	1	黑

相加色与相减色之间有一个直接关系，如表 3-9 所示。利用它们之间的关系，可以把显示的颜色转换成输出打印的颜色。相加混色和相减混色之间成对出现互补色。例如，当 RGB 为 1∶1∶1 时，在相加混色中产生白色，而 CMY 为 1∶1∶1 时，在相减混色中产生黑色。从另一个角度也可以看它们的互补性。从表 3-10 中可以看到，在 RGB 中的颜色为 1 的地方，在 CMY 对应的位置上，其颜色值为 0。例如 RGB 为 0∶1∶0 时，对应 CMY 为 1∶0∶1。

表 3-10　相加色与相减色的关系

相加混色	相减混色	生成的颜色
RGB	CMY	
000	111	黑
001	110	蓝
010	101	绿
011	100	青
100	011	红
101	010	品红
110	001	黄
111	000	白

3.3.2　色序系统

色序系统以感知原理为基础，通常要有足够的视觉试验才可以证实其体系是正确和清晰的。因此,色序系统是组织颜色感知的概念性体系,是描述感知色表的某些定义和法则的集合。换而言之,色序系统是将颜色按照感知色表的特性在颜色空间进行有序的排列所构成的体系。

最早的颜色分类出自牛顿于1704年根据其色散实验给出的牛顿光谱色环。而后最具代表性的色序系统是孟塞尔颜色系统和奥斯瓦尔多颜色系统。孟赛尔(Albert H. Munsell,1858—1919)美国杰出的艺术家和教授,是1905年发表的著名论文 *Color Notation*(颜色表示法)和1915年发表的著名论文 *Atlas of the Munsell Color System*(Munsell颜色制图谱)的作者。他开发了第一个广泛被接受的色序系统(color order system),人们把它称为孟赛尔色序系统(Munsell color-order system)或者叫孟赛尔颜色系统(Munsell color system),对颜色作了精确的描述并用在他的教学中。孟赛尔色序系统也是其他色序系统的基础。

孟赛尔颜色系统是精确指定颜色和显示各种颜色之间关系的一种方法。每种颜色都有色调(hue)、明度值(value)和色度(chroma)这三种属性。孟赛尔对这三种属性建立了一个与视觉感知特性相一致的数值范围。孟赛尔颜色簿(Munsell Book of Color)显示了在这些数值范围内的一套色块,每个色块用数值表示。在合适的照明和观看条件下,任何表面的颜色都可以同这套色块进行比较,从而确定它是属于什么颜色。

1905年提出并在1943年修改的孟赛尔颜色系统使用色调、饱和度和和明度表示颜色的三种属性,如图3-14(b)所示。色调被分成红(R)、黄(Y)、绿(G)、蓝(B)、紫(P),这五种色叫做主色调(principal hues),如图3-14(a)所示。在主色调之间插入红-黄、黄-绿、绿-蓝、蓝-紫,紫-红5种色调,连同5个主色调共10个色调,分别用R(Red),YR(Yellow-Red),Y(Yellow),GY(Green-Yellow),G(Green),BG(Blue-Green),B(Blue),PB(Purple-Blue),P(Purple)和RP(Red-Purple)表示,并且把它们放在等间隔的扇区上。度量颜色明暗的明度值(value)从白到黑被分成11个等级,度量颜色的饱和度或者叫纯度的色度(Chroma)被分成15等级。孟赛尔制中的颜色用三个符号表示,写成HVC(Hue,Value,Chroma)。例如明亮的红色应该是5R 4/14,其中5R是色调,4是明度值,而14是色度。

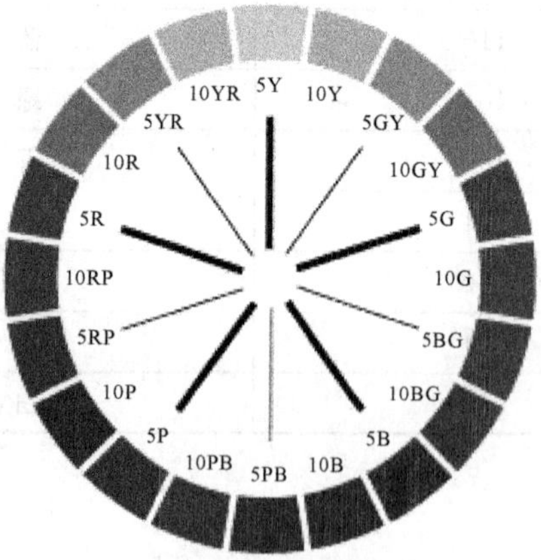

(a) 色调

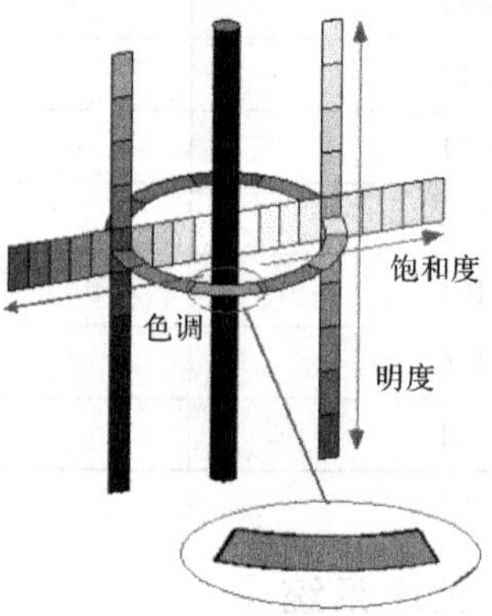

(b) 颜色属性

图3-14 孟赛尔颜色系统

孟赛尔系统引起普遍重视的原因主要是：

(1)更清楚地把明度(指 Munsell value)从色调和饱和度(指 Munsell chroma)中区分开来。这样就可以用二维空间表示颜色，如色圆。

(2)统一了对颜色的认识，使颜色样本之间的距离与感知的颜色差异相一致。

(3)为颜色交流语言提供了一个清晰而不含糊的表示法。在 Munsell 颜色系统中，每一种颜色都有一个指定的位置。

德国化学家奥斯瓦尔多(Wilhelm Ostwald，1853—1932)在 1916 年出版了 *The Colour Primer*(颜色入门)，1918 年出版了 *The Harmony of Colours*(颜色的融合)。奥斯瓦尔多是根据对颜色起决定作用的波长、纯度和亮度来映射色调、饱和度和明度的值。奥斯瓦尔多假设色调有 8 种主色调组成，分别是黄色(Yellow)、橙色(Orange)、红色(Red)、紫色(Purple)、蓝色(Blue)、青绿色(Turquoise)、海绿色(Seagreen)和叶绿色(Leafgreen)，每一种再细分成 3 种，共 24 种，安排在如图 3-15 所示的色圆上。奥斯瓦尔多制使用垂直轴表示亮度，从黑色、灰色到白色。

这些参数的数值通过一个盘色度计(disc colorimeter)来产生，如图 3-15(b)所示。奥斯瓦尔多颜色空间中的点用 C(full color)、W(white)和 B(black)来分别表示全色、白色和黑色，表示它们在一个圆上所占的百分比。例如，某一点的数值是 30，25，45，它所表示的含义是全色占 30%、白色占 25%和黑色占 45%。

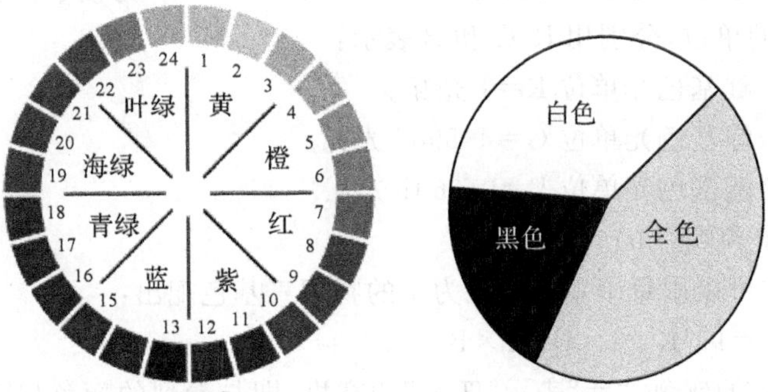

(a) 色调　　(b) 盘色度计

图 3-15　奥斯瓦尔多色圆和颜色表示法

3.3.3　CIE1931 RGB 色度系统

按照三基色原理，颜色实际上也是物理量，人们对物理量就可以进行计算和度量。根据这个原理就产生了用红、绿和蓝单光谱基色匹配所有可见颜色的想法，并且做了许多实验。1931 年国际照明委员会综合了不同实验者的实验结果，得到了 RGB 颜色匹配函数(color matching functions)，如图 3-16 所示。图上的横坐标表示光谱波长，纵坐标表示用以匹配光谱各色所需要的$\bar{r}_\lambda$，$\bar{g}_\lambda$ 和 $\bar{b}_\lambda$ 三基色刺激值，这些值是以等能量白光为标准的系数，是观察者实验结果的平均值。从图 3-16 中可以看到，为了匹配在 438.1 nm 和 546.1 nm 之间的光谱色，$\bar{r}_\lambda$ 出现负值。这就意味匹配这段的光谱色时，混合颜色需要使用补色才能匹配。还可以看到，使用正的$\bar{r}_\lambda$，$\bar{g}_\lambda$ 和 $\bar{b}_\lambda$ 值提供的色域还是比较宽的，但用 RGB 相加混色原理的 CRT 则不能显示所有的颜色。

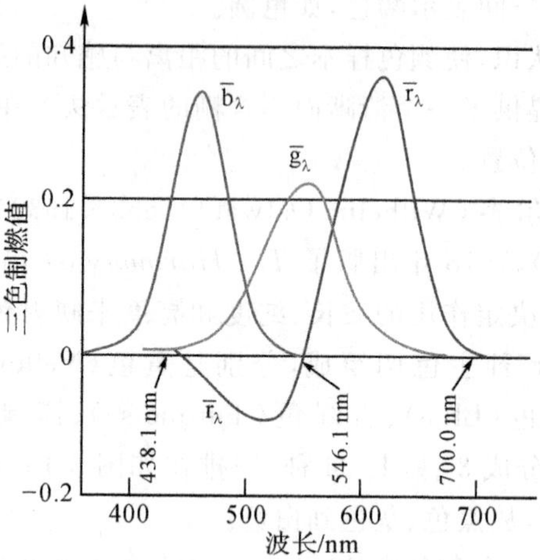

图 3-16 CIE1931 RGB 颜色匹配曲线(RGB Color Matching Curves)

国际照明委员会把红、绿和蓝三种单色光的波长分别定义为 700 nm(R)、546.1 nm(G)和 435.8 nm(B)。通过颜色匹配实验，用红、绿和蓝三基色光匹配成白光 E_w 时，所需要的红、绿和蓝基色光的光通量之比为 1∶4.5907∶0.0601。为便于计算，根据这个比例规定了三基色光的单位，分别用 R，G 和 B 表示：

1 个红基色光单位 R=1 光瓦。 (3-4)

1 个绿基色光单位 G=4.5907 光瓦。 (3-5)

1 个蓝基色光单位 B=0.0601 光瓦。 (3-6)

其中，1 光瓦=680 流明(lm)。

标准白光 E_w 可以用每个基色单位为 1 的物理三基色配出：

$$C_{E_w} = 1\times R + 1\times G + 1\times B \tag{3-7}$$

式中，C_{E_w} 表示白光的颜色，"＝"表示"匹配"的意思，即与看到的颜色相同，"＋"表示混合的意思。如果每个基色分量同时增加到 k 倍，配出的光仍然是标准白光 E_w，只是光通量增大 k 倍就是。

根据三基色原理，任意一种颜色 C 可以用下式匹配：

$$C = rR + gG + bB \tag{3-8}$$

式中的系数 r，g，b 分别为红、绿和蓝三基色的比例系数，也就是三种单位基色光的光通量的倍数。它们的大小决定颜色光 C 的光通量，三者之间的比例决定它的颜色。因为三基色的总光通量必须与被表示的颜色相等，因此 r，g，b 之和必等于 1，即

$$r + g + b = 1 \tag{3-9}$$

例如，某一种颜色表示为

$$C = 0.06R + 0.63G + 0.31B \tag{3-10}$$

观察 R，G 和 B 三基色的比例系数可以发现，该式表示的颜色主要表现为绿色，因为绿色的成分所占的比例比较大。

3.3.4 CIE1931 XYZ 标准色度系统

CIE XYZ 系统是国际照明委员会定义的一种颜色空间。它的坐标有时也叫做 CIE 刺激值(tristimulus values),表示三种基色的量(用百分比表示),它们是想象的相加基色 X,Y 和 Z。与 RGB 不同,XYZ 颜色系统不是设备相关的颜色系统,而是设备无关的颜色系统,是根据视觉特性和使用颜色匹配实验结果定义的颜色系统。该颜色系统规定,X,Y 和 Z 基色都是用正数去匹配所有的颜色,并且用 Y 值表示人眼对亮度(luminance)的响应。

从图 3-16 中可以看到,使用红、绿和蓝三基色系统匹配某些可见光谱颜色时,需要使用基色的负值,但使用起来不方便。由于任何一种基色系统都可以从一种系统转换到另一种系统,因此人们可以选择想要的任何一种基色系统,以避免出现负值,而且使用也方便。1931 年国际照明委员会根据颜色科学家贾德(Judd)的建议,采用了一种新的颜色系统,叫做 CIE XYZ 系统。这个系统采用想象的 X,Y 和 Z 三种基色,它们与可见颜色不相应。CIE 选择的 X,Y 和 Z 基色具有如下性质:

(1)所有的 X,Y 和 Z 值都是正的,匹配光谱颜色时不需要一种负值的基色。

(2)用 Y 值表示人眼对亮度(luminance)的响应。

(3)如同 RGB 模型,X,Y 和 Z 是相加基色。因此,每一种颜色都可以表示成 X,Y 和 Z 的混合。

根据视觉的数学模型和颜色匹配实验结果,国际照明委员会制定了一个称为“1931 CIE 标准观察者(1931 CIE Standard Observer)”的规范,实际上是用三条曲线表示的一套颜色匹配函数(color matching function),因此许多文献中也称为“CIE 1931 标准匹配函数(CIE 1931 Standard Color Matching Functions)”。在颜色匹配实验中,规定观察者的视野角度为 2°,因此也称 2°标准观察者的三基色刺激值(tristimulus values)曲线。

CIE 1931 标准匹配函数如图 3-17 所示。图中的横坐标表示可见光谱的波长,纵坐标表示 X、Y 和 Z 基色的相对值。图中的 $\bar{x}_\lambda$、$\bar{y}_\lambda$ 和 $\bar{z}_\lambda$ 是颜色匹配系数,三条曲线表示 X、Y 和 Z 三基色刺激值如何组合以产生可见光谱中的所有颜色。例如,要匹配波长为 450 nm 的颜色(蓝 / 紫),需要 0.33 单位的 X 基色,0.04 单位的 Y 基色和 1.77 单位的 Z 基色。

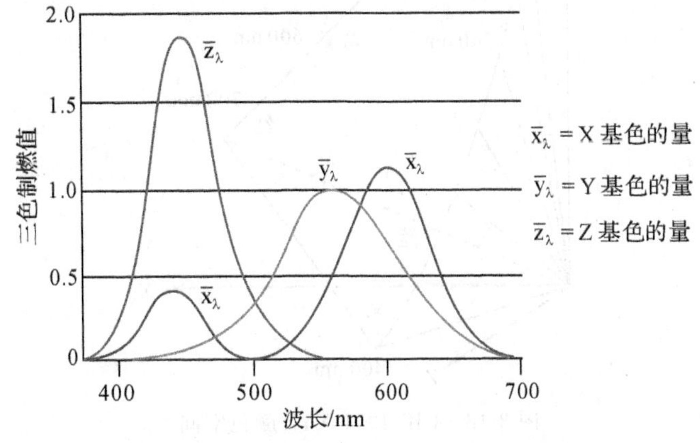

图 3-17　CIE 1931 标准颜色匹配函数

$\bar{x}_\lambda$、$\bar{y}_\lambda$ 和 $\bar{z}_\lambda$(1931CIE X、Y 和 Z 基色)是 $\bar{r}_\lambda$、$\bar{g}_\lambda$ 和 $\bar{b}_\lambda$(1931CIE R、G 和 B 基色)的线性组合。从 RGB 空间转换到 XYZ 空间时使用下式：

$$\begin{bmatrix} X \\ Y \\ Z \end{bmatrix} = \begin{bmatrix} 0.489989 & 0.310008 & 0.20 \\ 0.176962 & 0.812400 & 0.01 \\ 0.000000 & 0.010000 & 0.99 \end{bmatrix} \begin{bmatrix} R \\ G \\ B \end{bmatrix} \tag{3-11}$$

从 XYZ 空间转换到 RGB 空间时使用下式：

$$\begin{bmatrix} R \\ G \\ B \end{bmatrix} = \begin{bmatrix} 2.364700 & -0.896580 & -0.468083 \\ -0.515150 & 1.426409 & -0.088746 \\ -0.005203 & -0.014407 & 1.009200 \end{bmatrix} \begin{bmatrix} X \\ Y \\ Z \end{bmatrix} \tag{3-12}$$

与 CIE RGB 类似，CIE XYZ 也有 X，Y 和 Z 三基色刺激值的概念。这个概念建筑在两种理论基础之上，一种是人的眼睛有红、绿和蓝三种感受器，另一种是所有颜色都被看成是三种基色混合而成的。根据普通人眼的颜色匹配能力，1931 年国际照明委员会定义了一个标准观察者(Standard Observer)，其视野角或者叫做视场角(viewing angle)为 2°。因此，X，Y 和 Z 三基色刺激值就使用标准观察者的颜色匹配函数和实验数据进行计算。

计算得到的数值(X，Y，Z)可以用如图 3-18 所示的三维图表示。图 3-18 中只表示了从 400 nm (紫色)到 700 nm (红色)之间的三基色刺激值，而且所有数值都落在正 XYZ 象限的锥体内。由图 3-18 可看到：

(1)所有的坐标轴都不在这个实心锥体内。

(2)相应于没有光照的黑色位于坐标的原点。

(3)曲线的边界代表纯光谱色的三基色刺激值，这个边界叫做光谱轨迹(spectral locus)。

(4)光谱轨迹上的波长是单一的，因此其数值表示可能达到的最大饱和度。

(5)所有的可见光都在锥体上。

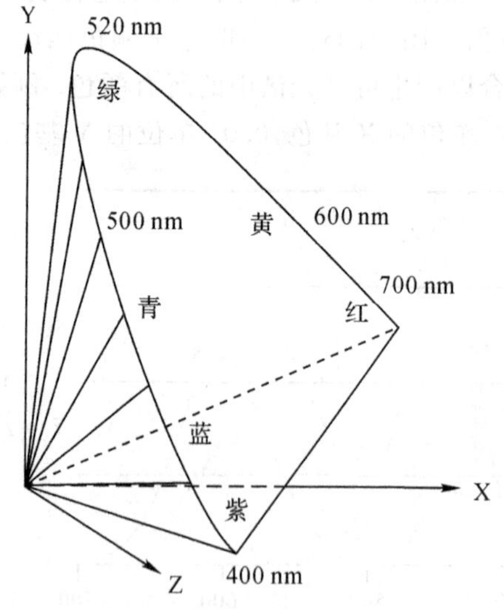

图 3-18 CIE 1931 XYZ 颜色空间

(引自 http://www.man.ac.uk/MVC//ITTI/Col/colour_announce.html)

如同 RGB 模型，在 XYZ 中任一种颜色都可用三种基色单位表示，其配色方程就变成：

$$C = XX + YY + ZZ \tag{3-13}$$

式中，C 表示颜色，X、Y 和 Z 为三个基色单位；X、Y 和 Z 均为正的基色系数；合成的颜色光的色度由 X、Y 和 Z 的比值确定。当 X=Y=Z 时，合成白光 E_w，总的辐射能量=X+Y+Z。

测量光源的光谱和获得 X，Y 和 Z 三种基色值的过程是自动完成的。一种叫做分光辐射度计(spectroradiometer)的仪器测量每个波长间隔的明度，在仪器内部存储有每个波长间隔的标准观察者匹配函数值，通过微处理机计算后可直接读出 X，Y 和 Z 三种基色值。

3.3.5　CIE1931 色度图

1. 从 XYZ 到 xyY

CIE XYZ 的三基色刺激值 X，Y 和 Z 对定义颜色很有用，其缺点是使用比较复杂，而且不直观。因此，1931 年国际照明委员会为克服这个不足而定义了一个叫做 CIE xyY 的颜色空间。

定义 CIE xyY 颜色空间的根据是，对于一种给定的颜色，如果增加它的明度，每一种基色的光通量也要按比例增加，这样才能匹配这种颜色。因此，当颜色点离开原点(X=0,Y=0,Z=0)时，X ∶ Y ∶ Z 的比值保持不变。此外，由于色度值仅与波长(色调)和纯度有关，而与总的辐射能量无关，因此在计算颜色的色度时，把 X，Y 和 Z 值相对于总的辐射能量=(X+Y+Z)进行规格化，并只需考虑它们的相对比例，因此，

$$x = \frac{X}{X+Y+Z} \tag{3-14}$$

$$y = \frac{Y}{X+Y+Z} \tag{3-15}$$

$$z = \frac{Z}{X+Y+Z} \tag{3-16}$$

x、y、z 称为三基色相对系数，于是配色方程可规格化为

$$x + y + z = 1 \tag{3-17}$$

由于 x，y，z 三个相对系数之和恒为 1，这就相当于把 XYZ 颜色锥体投影到 X+Y+Z=1 的平面上，如图 3-19 所示。

由于 z 可以从 x+y+z=1 导出，因此通常不考虑 z，而用两个系数 x 和 y 表示颜色，并绘制以 x 和 y 为坐标的二维图形。这就相当于把 X+Y+Z=1 平面投射到(X，Y)平面，也就是 Z=0 的平面，这就是 CIE xyY 色度图。

在 CIE xyY 系统中，根据颜色坐标(x，y)可确定 z，但不能仅从 x 和 y 导出三种基色刺激值 X，Y 和 Z，还需要使用携带亮度信息的 Y，其值与 XYZ 中的 Y 刺激值一致，因此，

$$X = \frac{x}{y}Y, Y = Y, Z = \frac{1-x-y}{y}Y \tag{3-18}$$

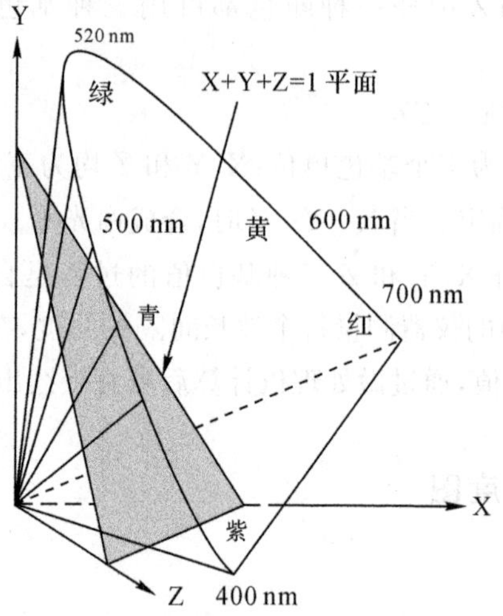

图 3-19　1931 CIE 颜色空间上的 X+Y+Z=1 平面

2. CIE 1931 色度图

(1) xyY 色度图

CIE xyY 色度图是从 XYZ 直接导出的一个颜色空间，它使用亮度 Y 参数和颜色坐标 x,y 来刻画颜色。xyY 中的 Y 值与 XYZ 中的 Y 刺激值一致，表示颜色的亮度或者光亮度，颜色坐标 x、y 用来在二维图上指定颜色，这种色度图叫做 CIE 1931 色度图(CIE 1931 Chromaticity Diagram)，如图 3-20(a)所示，图(b)是它的轮廓图。图(a)中的 A 点在色度图上的坐标是 x=0.4832,y=0.3045，它的颜色与红苹果的颜色相匹配。

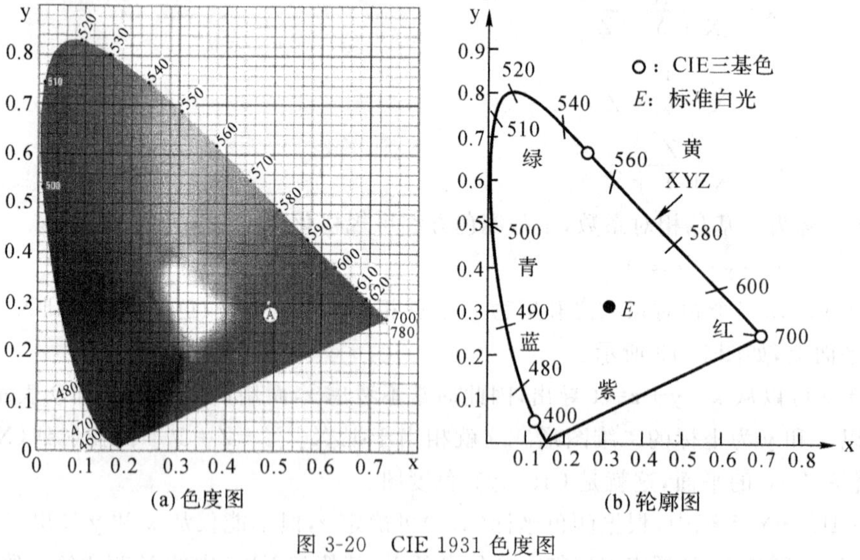

图 3-20　CIE 1931 色度图

图 3-20CIE 1931 色度图是用标称值表示的 CIE 色度图，x 表示红色分量，y 表示绿色分量。图 3-20(b)中的 E 点代表白光，它的坐标为(0.33,0.33)；环绕在颜色空间边沿的

颜色是光谱色，边界代表光谱色的最大饱和度，边界上的数字表示光谱色的波长，其轮廓包含所有的感知色调。所有单色光都位于舌形曲线上，这条曲线就是单色轨迹，曲线旁标注的数字是单色（或称光谱色）光的波长值；自然界中各种实际颜色都位于这条闭合曲线内；RGB 系统中选用的物理三基色在色度图的舌形曲线上。

（2）色度图上看色调

利用 CIE xyY 色度图可直观地表示出彩色的色调和饱和度，如图 3-21 所示。*E* 代表等能白光，饱和度为 0；舌形上谱色光的饱和度最高，都为 100%；标准白光 *E* 的坐标点 *W* 与谱色轨迹上波长为 λ 的某点 *M* 作一连线，等能白光和 *M* 点处的单色光相混合得到的所有彩色都落在 *WM* 线上，*WM* 线上各点的彩色均有与 *M* 点相同的色调，只是渗入白光的程度不同，这样的直线称为等色调波长线。由 *W* 点与谱色轨迹上任一点相连的直线都是等色调波长线，或称为主色调波长线，直线上任何一点的波长均与谱色轨迹上那点的单色波长相同。如 *M* 点的波长为 540 nm，*WM* 线上各彩色点的波长均为 540 nm。

在等色调波长线 *WM* 上，彩色光越靠近 *W* 点，表示白光成分越多，饱和度越低，到 *W* 点则成为白光；相反，彩色光越靠近谱色轨迹，则表示白光成分越少，饱和度越高，即颜色越纯。在各等色调线上各彩色点的饱和度，可以用 *W* 点到该点的长度与 *W* 点到谱色点的长度之比来表示。饱和度相同的各点连线称为等饱和度线。

因此，利用 CIE 1931 色度图上的等色调线和等饱和度线，可以从色度图上直观地看出一种彩色的色调和饱和度。

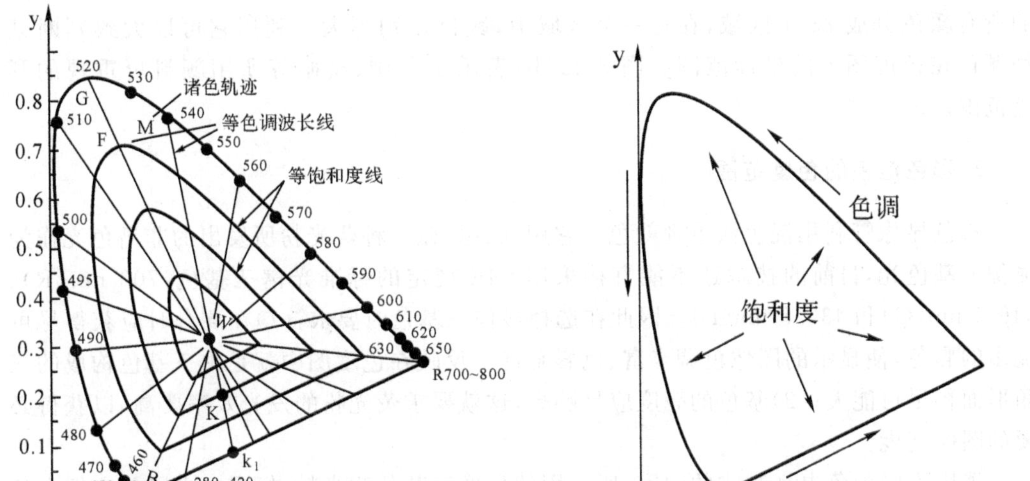

图 3-21　CIE 1931 色度图中的等色调波长线和等饱和度线

（3）色度图上看色域

在色度图中，闭合曲线所包围的区域叫做色域（gamut）。色域应该是指由三维的颜色空间所包围的一个区域，但在 CIE 1931 色度图上用两维空间表示。在显示设备中，色域是指显示设备所能显示的所有颜色的集合。有一些颜色是不能由显示设备发出的红、绿和蓝三种荧光混合而成的，因此就不能显示这些颜色。

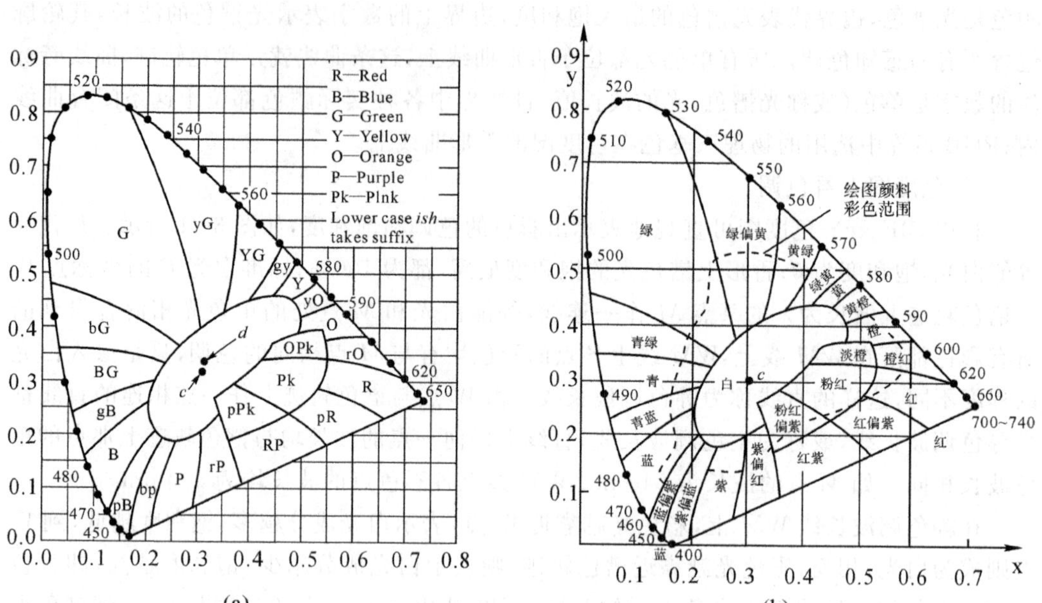

(a) (b)

图 3-22 XYZ 系统色域图

利用 CIE 1931 色度图可以表示各种颜色的色域，如图 3-22(a)所示。在色度图上，白光区域以外的其他部分代表不同的颜色。有一种区分颜色的方法就是把色度图上的所有颜色分成 23 个区域，在每一个区域中，颜色差别不大。利用它可以大致判断某种颜色在色度图上的坐标范围。图 3-22(b)表示了印刷、绘画等所用颜料可重现的彩色范围。

3. 彩色电视的色度范围

彩色显像管利用混色法重现颜色。它用红、绿、蓝三种荧光粉所发出的非谱色光作为显像三基色光，目前的技术还不能直接采用 CIE 规定的标准光谱三基色：700 nm(R)、546.1 nm(G)和 435.8 nm(B)。因此在选择显像三基色时要求：(1)在混合时应获得尽可能多的彩色，使显示的图像色调丰富、色彩鲜艳。反映在色度图中就是由三基色构成的三角形面积尽可能大；(2)基色的亮度应足够亮，这就要求荧光粉的发光效率要高，以获得必要的图像亮度。

采用不同彩色电视制式的国家，所选用的显像三基色荧光粉、标准白光以及它们在色度图上的坐标并不相同，如表 3-11 所示。根据表 3-11 所列显像三基色的色度坐标，可以确定它们在色度图中的位置。若把 NTSC 制和 PAL 制所选用的三基色 R、G 和 B 三点连起来构成一个三角形，在三角形中的任何一种颜色都可以用 R、G 和 B 来匹配，这个三角形的面积就反映显像管能重现的彩色的最大范围。图 3-23 表示了 NTSC 和 PAL 颜色电视重现颜色的范围。为做一个粗略的比较，图 3-24 表示打印设备、电视和电影等设备重现颜色的范围。

表 3-11　显像三基色的色度坐标

制式		NTSC 制				PAL 制			
基色与光源		R_N	G_N	B_N	C_E	R_P	G_P	B_P	D_{65}
色坐标	x	0.67	0.21	0.14	0.31	0.64	0.29	0.15	0.313
	y	0.33	0.71	0.08	0.316	0.33	0.6	0.06	0.329

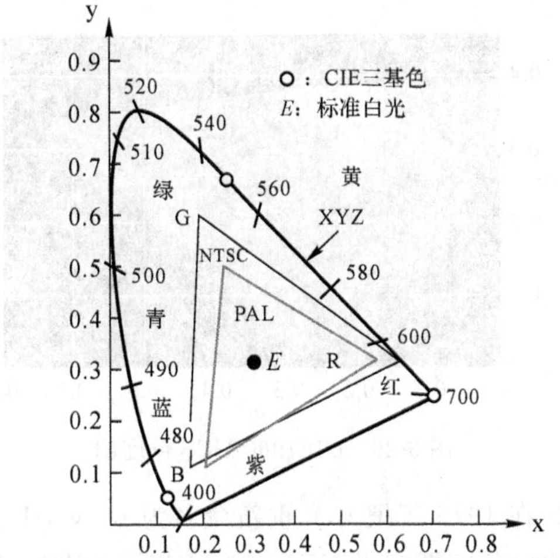

图 3-23　NTSC 和 PAL 电视重现的颜色范围

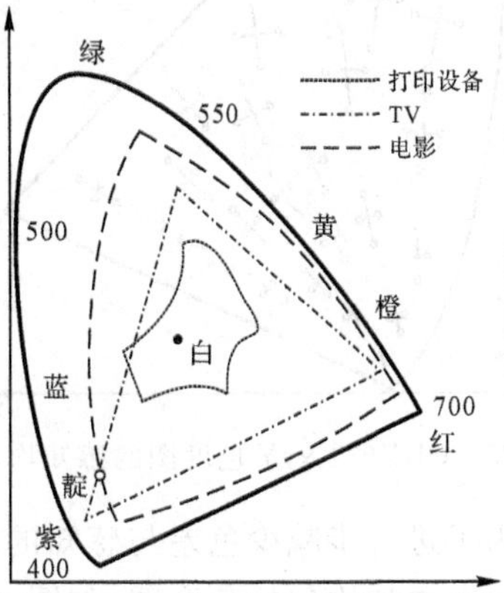

图 3-24　几种设备重现的颜色范围

3.3.6　均匀颜色空间

1. 均匀色度图

CIE1931 xyY 二维色度图有个比较明显的缺点：在颜色空间中两种颜色之间的距离与这对两种颜色感知的色差有差异。为理解这个问题，请参看图 3-25。图 3-25 中的每一条线段表示一对颜色，按照 1931 CIE2°标准观察者标准，这两种颜色是感觉相同的颜色。从图 3-25 中可以看到，在不同区域中的线段长度是不相等的，而且差别也比较大，说明对颜色的感知是不均匀的。比较短的线段表示对颜色的变化更敏感，线段长度的差别表示色度图中各部分之间的畸变量。

针对这个问题，CIE 首先提出了均匀色度图（uniform chromaticity scale diagram, UCS diagram）的概念，即在色度图上距离相同的等亮度颜色所感知的差异也相等。CIE 在 1960 年正式推荐了 CIE1960 均匀色度坐标图，即通常所说的 CIE1960 USC 色度图，如图 3-26 所示。与图 3-25 所示的 CIE1931 色度图相比，蓝色-红色部分伸长了，白光光源移动了，绿色部分减少了。在此图中，色度横坐标为 u，色度纵坐标为 v，所以该色度图也称为 uv 色度图。该色度坐标可按下式从 CIE 1931 xyY 经过线性变换之后得到。其中的 Y 与 XYZ 或者 xyY 中的 Y 相同。u 和 v 坐标定义如下：

$$u=\frac{2x}{6y-x+1.5}$$
$$v=\frac{3y}{6y-x+1.5} \quad (3\text{-}19)$$

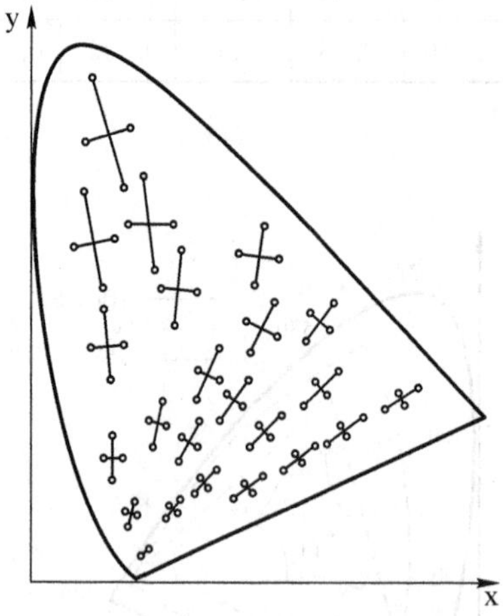

图 3-25 CIE1931 xyY 色度图的感知均匀性

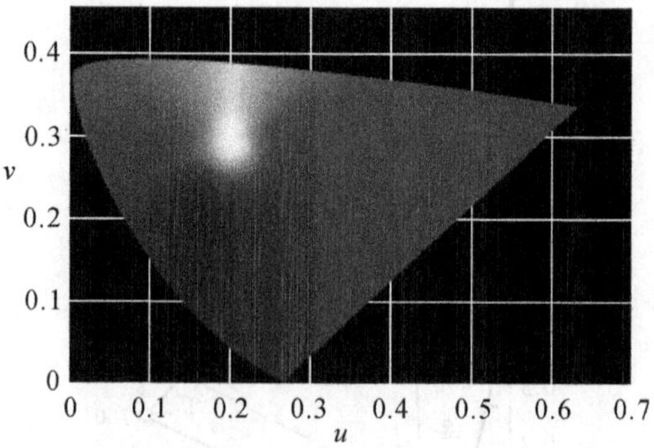

图 3-26 CIE1960 UCS 色度图

为了进一步减少色差与感知的非线性，CIE 在 1976 年把 u，v 重新命名为 u′，v′，于是得到一个更加均匀的色度图，如图 3-27 所示，这个色度图叫做 CIE1976 UCS 色度图。其中的 Y 没有改变，u′和 v′坐标定义如下：

$$u'=u=\frac{2x}{6y-x+1.5}$$
$$v'=1.5v=\frac{4.5y}{6y-x+1.5} \quad (3\text{-}20)$$

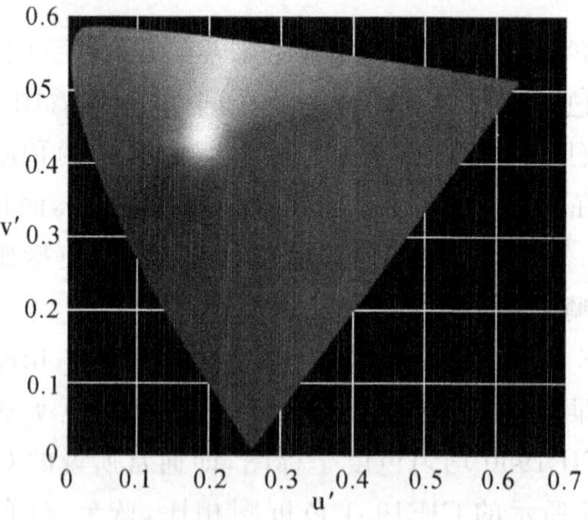

图 3-27 CIE1976 UCS 色度图

2. 均匀颜色空间

在前面讨论的均匀色度图中并未涉及有关颜色的亮度（或者明度）的均匀性问题，所以即使采用如(u',v',Y)代替(x,y,Y)，尽管色度坐标的均匀性提高了，但亮度的均匀性却没有变化。因此，应考虑将均匀色度坐标和均匀亮度坐标组合起来，形成一个均匀的三维空间，所以称之为均匀颜色空间(uniform color space)。

(1)CIELUV 颜色空间

CIE 借用了 Munsell 的思想，定义了一个均匀亮度坐标(uniform lightness scale)L^*，其值从 0(黑色)～100(白色)。CIE 使用 L^* u'和 v'定义了一个 $L^*u^*v^*$ 空间，称为 CIELUV 颜色空间，或简称为 Luv 颜色空间，也称 CIE 1976 $L^*u^*v^*$ 颜色空间。这个颜色空间定义的三个量 L^*，u^* 和 v^* 如下：

$$L^* = \begin{cases} 116\left(\dfrac{Y}{Y_n}\right)^{\frac{1}{3}} - 16, & \dfrac{Y}{Y_n} > 0.008856 \\ 903.3\left(\dfrac{Y}{Y_n}\right)^{\frac{1}{3}}, & \dfrac{Y}{Y_n} \leqslant 0.008856 \end{cases} \tag{3-21}$$

$$\begin{aligned} u^* &= 13L^*(u' - u'_n) \\ v^* &= 13L^*(v' - v'_n) \end{aligned} \tag{3-22}$$

其中，

$$\begin{aligned} u' &= \frac{4X}{X+15Y+3Z} = \frac{4x}{-2x+12y+1} \\ v' &= \frac{9Y}{X+15Y+3Z} = \frac{9y}{-2x+12y+1} \\ u'_n &= \frac{4X_n}{X_n+15Y_n+3Z_n} \\ v'_n &= \frac{9Y_n}{X_n+15Y_n+3Z_n} \end{aligned} \tag{3-23}$$

X_n、Y_n、Z_n、u'_n 和 v'_n 是 CIE 标准照明体的三刺激值及其在 CIE1976 UCS 图中的色度坐标，其中 $Y_n=100$。

在 CIELUV 颜色空间中，任意两种颜色之间的差别叫做色差(color difference)。色差是颜色位置之间的距离，用 ΔE^* 表示。CIELUV 使用下面的色差方程计算两种颜色之间的色差。

$$\Delta E^*_{uv} = [(\Delta L^*)^2 + (\Delta u^*)^2 + (\Delta v^*)^2]^{\frac{1}{2}} \tag{3-24}$$

其中，ΔL^*、Δu^* 和 Δv^* 是两种颜色在 L^*、u^* 和 v^* 方向的差。

CIELUV 颜色空间比 CIE XYZ 感觉更加均匀，因此得到广泛应用，尤其是在加混色的领域，像电视机、显示器和受控光源等。

(2)CIELAB 颜色空间

除此之外，CIE 还在 1976 年同时推荐了主要用于如表面色料工业等减混色的表示和评价的 CIE1976 $L^*a^*b^*$ 颜色空间，也称之为 CIELAB 颜色空间。CIELAB 使用 L^*、a^* 和 b^* 坐标轴定义 CIE 颜色空间。其中，L^* 值代表光亮度，其值从 0(黑色)～100(白色)。a^* 和 b^* 代表色度坐标，其中 a^* 代表红-绿轴，b^* 代表黄-蓝轴，它们的值从 0 到

10。$a^* = b^* = 0$ 表示无色，因此 L^* 就代表从黑到白的比例系数。

从三基色刺激值 X，Y 和 Z 值计算 L^*，a^* 和 b^* 可按照如下所示的变换式计算：

$$L^* = \begin{cases} 116\left(\dfrac{Y}{Y_n}\right)^{\frac{1}{3}} - 16, & \dfrac{Y}{Y_n} > 0.008856 \\ 903.3\left(\dfrac{Y}{Y_n}\right), & \dfrac{Y}{Y_n} \leqslant 0.008856 \end{cases} \tag{3-25}$$

$$a^* = 500\left[f\left(\frac{X}{X_n}\right) - f\left(\frac{Y}{Y_n}\right)\right] \tag{3-26}$$

$$b^* = 200f\left[\left(\frac{Y}{Y_n}\right) - f\left(\frac{Z}{Z_n}\right)\right] \tag{3-27}$$

其中，

$$f(t) = \begin{cases} t^{\frac{1}{3}}, & t > 0.008856 \\ 7.787t + \dfrac{16}{116}, & t \leqslant 0.008856 \end{cases} \tag{3-28}$$

X_n，Y_n 和 Z_n 是 CIE 标准照明体的三刺激值，其中 $Y_n = 100$。

在 CIELAB 颜色空间中，色差用 ΔE^* 表示，颜色空间用 ΔE CIEL* a* b* 表示。因此，

$$\Delta E^* = (\Delta L^{*2} + \Delta a^{*2} + \Delta b^{*2})^{1/2} \tag{3-29}$$

其中，ΔL^* 表示亮度差，Δa^* 表示红-绿色差，Δb^* 表示黄-蓝色差。

通常人们使用“色度(chroma) 差”和“色调(hue) 差”这两个术语，而不使用 Δa^* 和 Δb^* 。用 ΔC^* 表示色度差，ΔH^* 表示色调差时，色差 ΔE^* 就写成：

$$\Delta E^* = (\Delta L^{*2} + \Delta C^{*2} + \Delta H^{*2})^{\frac{1}{2}} \tag{3-30}$$

3.4 常用颜色空间及其转换

最近一百多年以来，为了满足各种不同用途的需求，人们已经开发了许多不同名称的颜色空间，尽管目前几乎所有的颜色空间都是从 RGB 颜色空间导出的，但随着科学和技术的进步，人们还在继续开发形形色色的颜色空间。可以说表示颜色的颜色空间的数目是无穷的，而且可以说，现有的颜色空间还没有一个完全符合人的视觉感知特性、颜色本身的物理特性或者发光物体和光反射物体的特性。

本节选择了几种使用比较普通且与多媒体技术密切相关的颜色空间，介绍它们之间的转换关系。在所介绍的这些颜色空间中，有些颜色空间彼此之间可直接转换，有些则要通过与设备无关的颜色空间进行转换。各种不同颜色空间之间进行转换的目的各不相同，有的是为了艺术家选择颜色的方便，有的是为了减少图像的数据量，有的是为了满足显示系统的要求。这就要求我们正确地选择颜色空间和颜色空间之间的转换关系，或者自己开发适合特定用途的颜色空间。

3.4.1 RGB 与 CMY 颜色空间

虽然 RGB 和 CMY 空间都是与设备相关的空间，而前者用在显示器上，后者用在打印设备上，另外，CMYK 用在印刷设备中。可见不同的应用需要不同的颜色空间，所以它们之间有时需要相互转换。

RGB 是在三基色理论基础上开发的相加混色颜色空间。使用 RGB 生成颜色容易实现，因此在使用阴极射线管(CRT)的图像显示系统中得到广泛的应用。RGB 颜色空间是与设备相关的，视觉对颜色的感知是非线性的，而且颜色的指定并不直观。

CMY 也是在三基色理论基础上开发的颜色空间，不过它是相减混色颜色空间。该空间主要用在印刷和打印系统。CMYK(cyan magenta yellow black)中的黑色是为改善打印质量而增加的颜色分量。使用 CMY(K)生成颜色容易实现，但把 RGB 颜色空间表示的颜色正确地转换到 CMY(K)空间则不容易。CMY(K)颜色空间是与设备相关的，视觉对颜色的感知是非线性的，而且颜色的指定也不直观。

为把 RGB 转换成印刷用的 CMY 时，最简单的方法是把 RGB 转换到 CIE XYZ，然后再从 CIE XYZ 转换到 CMY(K)。在质量要求不高仅求转换简单的情况下，RGB 和 CMY(K)这两个颜色空间之间可考虑使用下面所述的转换关系进行转换。

1. RGB 和 CMY

(1)RGB→CMY

$$\begin{bmatrix} C \\ M \\ Y \end{bmatrix} = \begin{bmatrix} 1 \\ 1 \\ 1 \end{bmatrix} - \begin{bmatrix} R \\ G \\ B \end{bmatrix} \tag{3-31}$$

其中，R、G 和 B 的取值范围是[0,1]。

(2)CMY→RGB

$$\begin{bmatrix} R \\ G \\ B \end{bmatrix} = \begin{bmatrix} 1 \\ 1 \\ 1 \end{bmatrix} - \begin{bmatrix} C \\ M \\ Y \end{bmatrix} \tag{3-32}$$

其中，C，M 和 Y 的取值范围是[0,1]。

2. CMY 和 CMYK

(1)CMY→CMYK

$$\begin{aligned} &\text{Black} = \min(\text{Cyan}, \text{Magenta}, \text{Yellow}) \\ &\text{Cyan} = (\text{Cyan} - \text{Black})/(1 - \text{Black}) \\ &\text{Magenta} = (\text{Magenta} - \text{Black})/(1 - \text{Black}) \\ &\text{Yellow} = (\text{Yellow} - \text{Black})/(1 - \text{Black}) \end{aligned} \tag{3-33}$$

(2)CMYK→CMY

$$
\begin{aligned}
Cyan &= \min(1, Cyan*(1-Black)+Black) \\
Magenta &= \min(1, Magenta*(1-Black)+Black) \\
Yellow &= \min(1, Yellow*(1-Black)+Black)
\end{aligned}
\tag{3-34}
$$

在有些应用软件中，上面描述的转换关系有所不同。

3. RGB 和 CMYK

(1)RGB→CMYK

$$
\begin{aligned}
B &= \min(1-R, 1-G, 1-B) \\
C &= (1-R-B)/(1-B) \\
M &= (1-G-B)/(1-B) \\
Y &= (1-B-B)/(1-B)
\end{aligned}
\tag{3-35}
$$

(2)CMYK→RGB

$$
\begin{aligned}
R &= 1-\min(1, C*(1-B)+B) \\
G &= 1-\min(1, M*(1-B)+B) \\
B &= 1-\min(1, Y*(1-B)+B)
\end{aligned}
\tag{3-36}
$$

3.4.2 计算机图形颜色空间

HSV(hue, saturation and value)、HSL/HLS(hue, saturation and lightness)、HSI (hue, saturation and intensity)、HSB (hue, saturation and brightness)、HCI (hue, chroma/colourfulness, intensity)和 HVC (hue, value and chroma)等都是类似的颜色空间，它们都是从 RGB 颜色空间变换而来的，而且都是与设备相关的颜色空间。它们的优点是指定颜色方式非常直观，很容易选择所需要的色调(颜色)，稍微调整它的饱和度与亮度就可改变颜色。这些颜色空间都是想把亮度从颜色信息中分离出来，这种假想的分离似乎在应用(如像图像处理)中有些优点，而且每一种颜色空间都声称比其他的好。

HSV、HSL/HLS、HSI、HSB、HCI、HVC 等颜色空间是一种以色调为基础的颜色空间。这些颜色空间在计算机应用软件中得到广泛应用。例如，Photoshop 采用的颜色空间是 HSB，Apple Color Picker 中用的颜色空间是 HSL。它们之间除了光亮度和明度的取值范围有所差别之外(如 HSL 中用光亮度(lightness)，而 HSB 中用明度(brightness))，其他都基本相同。由于这些颜色空间中的颜色分量值几乎都是直接从 RGB 导出的，因此它们之间的转换关系都很直观。虽然 RGB 模型很适合用于计算机的外部设备，例如监视器和扫描仪，但它用于编辑颜色时就显得不直观。此外，这些颜色空间只是把色调、饱和度和亮度/明度的次序进行重新排列或者重新标记，没有实质性的变化。但在使用之前需要将它们的含义和可能的取值范围搞清楚。

许多计算机应用软件采用的颜色空间与 Munsell 系统紧密相关，HBS 就是其中的一例。它的饱和度(saturation)与 Munsell 中的色度(chroma)相对应，而明度(brightness)与颜色的值(value)相对应。要注意的是，不像 Munsell 系统在感觉上是均匀的，在 HSB

系统中颜色之间的距离与视觉感知是非均匀的。虽然 HSB 和 Munsell 的 HVC 都是根据相同的想法开发的，但它们所采用的表示符号不同。在 HSB 系统中，色调沿颜色圆从 0°～359°，饱和度和明度都用百分比表示，从 0%～100%。在 Munsell 的 HVC 系统中，色调虽然用角度，但用"2.5R"这样的符号表示从红色开始算起的色调为 2.5 级(step)，Munsell 的值和色度(相应于明度和饱和度)都用 0～10 的数字表示。

1. HSV 和 RGB

HSV(hue，saturation and value)是根据颜色的直观特性由 A. R. Smith 在 1978 年创建的一种颜色空间，也称六角锥体模型(hexcone model)，如图 3-28 所示。在这个颜色空间中，色调 H：用角度度量，取值范围为 0°～360°。从红色开始按逆时针方向计算，红色为 0°，绿色为 120°，蓝色为 240°。它们的补色是：黄色为 60°，青色为 180°，品红为 300°。饱和度 S：取值范围为 0.0～1.0。亮度值 V：取值范围为 0.0(黑色)～1.0(白色)。纯红色是 H=0，S=1，V=1；S=0 表示非彩色，在这种情况下，色调未定义。当 R、G、B 和 H、V 的范围都是 0.0～1.0 时，这些值常用 8 位表示，它们的值取 0～255 之间的整数。

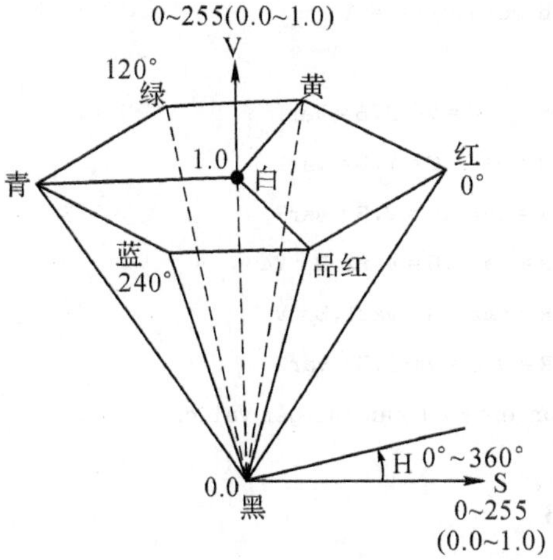

图 3-28 HSV 颜色空间

自从 HSV 颜色空间出现之后，已经出现了几种大同小异的 RGB 和 HSV 颜色空间之间的转换算法，它们之间没有转换矩阵，但可对算法进行描述。

(1)RGB→HSV

```
Given RGB values,find the max and min.
V = max
S = (max - min) / max
If S = 0,H is undefined
  else
    R1 = (max - R) / (max - min)
    G1 = (max - G) / (max - min)
    B1 = (max - B) / (max - min)
```

```
    if R = max and G = min,H = 5 + B1
        else if R = max and G not = min,H = 1 - G1
          else if G = max and B = min,H = R1 + 1
              else if G = max and B not = main,H = 3 - B1
                else if R = max,H = 3 + G1
                  else H = 5 - R1
H = H * 60 (converts to degrees so S and V lie between 0 and 1,H between 0 and 360)
```

(2)HSV→RGB

```
Convert H degrees to a hexagon section
hex = H / 360
main_colour = int(hex)
sub_colour = hex - main_colour
var1 = (1 - S) * V
var2 = (1 - (S * sub_colour)) * V
var3 = (1 - (S * (1 - sub_colour))) * V
then
    if main_colour = 0,R = V,G = var3,B = var1
    if main_colour = 1,R = var2,G = V,B = var1
    if main_colour = 2,R = var1,G = V,B = var3
    if main_colour = 3,R = var1,G = var2,B = V
    if main_colour = 4,R = var3,G = var1,B = V
    if main_colour = 5,R = V,G = var1,B = var2
        where int(x) converts x to an integer value.
```

2. HSL/HSB 和 RGB

HSL(hue,saturation and lightness)/HSB(hue,saturation and brightness)颜色空间用于定义台式机图形程序中的颜色,而且它们都是利用三条轴定义颜色。HSL 与 HSV 很相似,都是用六角形锥体表示颜色,如图 3-29 所示。与 HSV 相比,HSL 采用光亮度(lightness)作坐标,而 HSV 采用亮度(luminance)作标准值;HSL 颜色饱和度最高时的光亮度 L 定义为 0.5,而 HSV 颜色饱和度最高时的亮度值则为 1.0。

(1)RGB→HSL

步骤 1:把 RGB 值转换成[0,1]中数值

例:R=0.83,G=0.07,B=0.07

步骤 2:找出 R,G 和 B 中的最大值

本例中,maxcolor=0.83,mincolor=0.07

步骤 3:L=(maxcolor+mincolor)/2

本例中,L=(0.83+0.07)/2=0.45

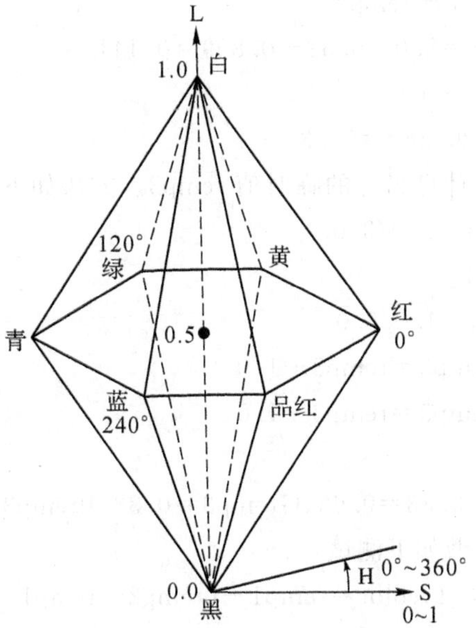

图 3-29　HSL 颜色空间

步骤 4：如果最大和最小的颜色值相同，即表示灰色，那么 S 定义为 0，而 H 未定义并在程序中通常写成 0。

步骤 5：否则，测试 L：

If L ＜ 0.5，S＝(maxcolor－mincolor)/(maxcolor＋mincolor)

If L ＞＝0.5，S＝(maxcolor－mincolor)/(2.0-maxcolor－mincolor)

本例中，L＝0.45，因此，S＝(0.83－0.07)/(0.83＋0.07)＝0.84

步骤 6：If R＝maxcolor，H＝(G－B)/(maxcolor－mincolor)

If G＝maxcolor，H＝2.0＋(B－R)/(maxcolor－mincolor)

If B＝maxcolor，H＝4.0＋(R－G)/(maxcolor－mincolor)

本例中，R＝maxcolor，所以 H＝(0.07－0.07)/(0.83－0.07)＝0

步骤 7：从第 6 步的计算看，H 分成 0～6 区域。RGB 颜色空间是一个立方体，而 HSL 颜色空间是两个六角形锥体，其中的 L 是 RGB 立方体的主对角线。因此，RGB 立方体的顶点：红、黄、绿、青、蓝和品红就成为 HSL 六角形的顶点，而数值 0～6 就告诉我们 H 在哪个部分。H 用[0°，360°]中的数值表示，因此，H＝H * 60.0；如果 H 为负值，则加 360°。

(2) HSL→RGB

步骤 1：If S＝0，表示灰色，定义 R，G 和 B 都为 L

步骤 2：否则，测试 L：

If L ＜ 0.5，temp2＝L * (1.0＋S)

If L ＞＝0.5，temp2＝L＋S－L * S

例如，如果 H＝120，S＝0.79，L＝0.52，则，

temp2＝(0.52＋0.79)－(0.52 * 0.79)＝0.899

步骤 3:temp1＝2.0 * L－temp2

在本例中,temp1＝2.0 * 0.52－0.899＝0.141

步骤 4:把 H 转换到 0～1

在本例中,H＝120/360＝0.33

步骤 5:对于 R、G、B,计算另外的临时值 temp3。方法如下:

for R,temp3＝H＋1.0/3.0

for G,temp3＝H

for B,temp3＝H－1.0/3.0

if temp3 ＜ 0,temp3＝temp3＋1.0

if temp3 ＞ 1,temp3＝temp3－1.0

在本例中,

Rtemp3＝0.33＋0.33＝0.66,Gtemp3＝0.33,Btemp3＝0.33－0.33＝0

步骤 6:对于 R、G、B,做如下测试:

If 6.0 * temp3 ＜ 1,color＝temp1＋(temp2－temp1) * 6.0 * temp3

Else if 2.0 * temp3 ＜ 1,color＝temp2

Else if 3.0 * temp3 ＜ 2,

color＝temp1＋(temp2－temp1) * ((2.0/3.0)－temp3) * 6.0

Else color＝temp1

在本例中,

3.0 * Rtemp3 ＜ 2,因此 R＝0.141＋(0.899－0.141) * ((2.0/3.0－0.66) * 6.0＝0.141

2.0 * Gtemp3 ＜ 1,因此 G＝0.899

6.0 * Btemp3 ＜ 1,因此 B＝0.141＋(0.899－0.141) * 6.0 * 0＝0.141

3. HSI 和 RGB

HSI(Hue,Saturation and Intensity)颜色空间也是一种直观的颜色模型。色调 H 用角度表示,例如红橙黄绿青蓝紫等色调,角度从 0°(红)→120°(绿)→240°(蓝)→360°(红);颜色的纯度即饱和度分成低(0%～20%)、中(40%～60%)和高(80%～100%),低饱和度产生灰色而不管色调,中饱和度产生柔和的色调(pastel),高饱和度产生鲜艳的颜色(vivid color);强度是颜色的明度,取值范围从 0%(黑)～100%(最亮)。强度也指亮度(luminance)或者光亮度(lightness)。

(1)RGB→HIS

RGB→HSI(Gonzalez and Woods)的算法如下:

```
I = 1/3(R + G + B)
S = 1 - (3/(R + G + B)) * a              //其中的 a = min(R,G,B)
H = cos^( - 1)((0.5 * ((R - G) + (R - B))) / ((R - G)^2 + (R - B) * (G - B))^(0.5))
If S = 0,H = 0                        //表示 H 无意义
If (B/I) > (G/I) then
```

```
H = 360 - H          //H 用角度表示,并用 H = H/360 进行标称化处理
```

(2) HSI→RGB

首先用 H＝360 * H 把 H 换算成用角度表示，然后继续以下的程序计算：

```
If  0 < H <= 120 then
B = 1/3(1 - S)
R = 1/3(1 + ((S cos H) / (cos(60 - H))))
G = 1 - (B + R)
If 120 < H <= 240 then
H = H - 120
R = 1/3(1 - S)
G = 1/3(1 + ((S cos H) / (cos(60 - H))))
B = 1 - (R + G)
If 240 < H <= 360 then
H = H - 240
G = 1/3(1 - S)
B = 1/3(1 + ((S cos H) / (cos(60 - H))))
R = 1 - (G + B)
```

3.4.3　电视系统颜色空间

YUV、YIQ、Y'CbCr/Y'Cb'Cr'、Y'PbPr/Y'Pb'Pr' 和 YCC 等颜色空间是为电视系统开发的。这些颜色空间是亮度和色度(luminance-chrominance)分离的电视播送颜色空间(television transmission color spaces)。

YUV 是 PAL 和 SECAM 模拟彩色电视制式采用的颜色空间，其中的 YUV 不是哪几个英文单词的组合词，而是符号，Y 表示亮度，UV 用来表示色差，U、V 是构成彩色的两个分量；YIQ 是 NTSC 模拟彩色电视制式采用的颜色空间，其中的 Y 表示亮度，I、Q 是两个彩色分量；Y'CbCr 和 Y'PbPr 是数字电视采用的标准，在 ITU－R BT. 601 和 BT. 709等推荐标准中有明确的定义。无论是数字的还是模拟的颜色空间，这些颜色空间都把 RGB 颜色空间分离成亮度和色度，目的是为了更有效地压缩图像的数据量，以便充分利用传输通道的带宽或者节省存储容量。这些颜色空间都是与设备相关的，而且在闭环系统中的使用条件也相当严格。

现以 YUV 为例。YUV 表示法的重要性是它的亮度信号(Y)和色度信号(U、V)是相互独立的，也就是 Y 信号分量构成的黑白灰度图与用 U、V 信号构成的两幅单色图是相互独立的。由于 Y、U 和 V 是独立的，所以可以对这些单色图分别进行编码。此外，黑白电视能接收彩色电视信号也就是利用了 YUV 分量之间的独立性。

YUV 表示法的另一个优点是可以利用人眼的特性来降低数字彩色图像所需要的存储容量。人眼对彩色细节的分辨能力远比对亮度细节的分辨能力低。若把人眼刚刚能分辨出的黑白相间的条纹换成不同颜色的彩色条纹，那么眼睛就不再能分辨出条纹来。由

于这个原因，就可以把彩色分量的分辨率降低而不明显影响图像的质量，因而就可以把几个相邻像素不同的彩色值当做相同的彩色值来处理，从而减少所需的存储容量。例如，要存储 RGB 8∶8∶8 的彩色图像，即 R、G 和 B 分量都用 8 位二进制数表示，图像的大小为 640×480 像素，需要的存储容量为 921,600 字节。如果用 YUV 来表示同一幅彩色图像，Y 分量仍然为 640×480，并且 Y 分量仍然用 8 位表示，而对每四个相邻像素(2×2)的 U，V 值分别用相同的一个值表示，那么存储同样的一幅图像所需的存储空间就减少到 460 800 字节。这实际上也是图像压缩技术的一种方法。

使用 YIQ 和 Y'CrCb 等颜色空间的道理与使用 YUV 的道理相同。

自从电视发明以来，为了更有效地压缩图像的数据量以充分利用传输通道的带宽或者节省存储空间，人们开发了许多颜色空间。例如，模拟 NTSC 彩色电视制式采用的 YIQ 颜色空间，PAL 和 SECAM 彩色电视制式采用的 YUV 颜色空间，数字电视系统则采用的 YCrCb 或者 Y'PbPr 颜色空间。这些颜色空间都是要把用 RGB 颜色空间表示的电视图像转换成用其他颜色空间表示的图像。

另一方面，现在所有的彩色显示器都采用 RGB 值来驱动，这就要求在显示每个像素之前必须把其他颜色模型中的颜色分量值转换成 RGB 模型中的 R、G 和 B 分量。由于显示电视图像用的 CRT(cathode-ray tube)的发光强度与它的输入电压之间不是线性关系，因此就需要在信号到达显示器之前对信号进行非线性变换。

图 3-30 表示电视系统用的颜色空间。图中的 0.5 表示摄像机的 γ 值，2.5 表示普通 CRT 的 γ 理论值。在 NTSC 制中，CRT 的 γ 指定为 2.2；在 PAL 制中，γ 指定为 2.8。但实际上，CRT 的 γ 为 2.35。

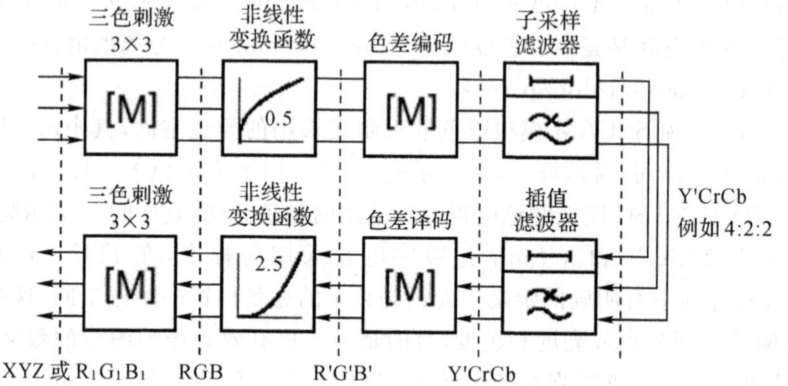

图 3-30 电视系统的颜色空间

线性的 XYZ 或者 $R_1G_1B_1$ 使用 3×3 变换矩阵 M 得到一个线性的 RGB 空间，通过非线性函数对每个颜色分量进行变换(γ 校正)，把线性的 R、G 和 B 变成了非线性的 R'、G' 和 B' 信号，再用一个 3×3 色差编码矩阵 M 得到非线性的色差分量。例如，Y'CrCb、Y'PbPr 或者 PhotoYCC 颜色空间中的非线性色差分量。如果需要，可使用颜色子采样滤波器得到经过子采样的色差分量。

经过各种变换之后的颜色分量通过通信通道传送对接收方，或者存储到存储器中。显示图像时，按照图中所示的从右到左的方向进行变换。

顺便要指出的是表示颜色空间中分量信号的符号。对同一个分量(例如亮度分量)，有些文献和资料使用带“'”(例如 Y')记号，有些使用不带“'”(例如 Y)的记号。因此读者需要留心作者所指的含义。例如在彩色电视制中，YIQ 应该表示没有经过校正的线性颜色信号组成的颜色空间，而 Y'I'Q' 则应该表示经过校正的非线性信号组成的颜色空间，但在许多文章和教科书中也没有加以区分。本教材使用带“'”表示非线性的信号或者由非线性信号组成的颜色空间，不带“'”表示线性信号或者由线性信号组成的颜色空间。但也有例外，例如 Y'CrCb 和 Y'PbPr 的正确符号应该是 Y'Cr'Cb' 和 Y'Pb'Pr'，但往往把色差分量的“'”省略了。

1. European Y'U'V'

Y'U'V' 是 European Y'U'V' 的简称。欧洲彩色电视(PAL 和 SECAM)制使用这种颜色空间。Y' 与感知亮度类似，但 U' 和 V' 携带的信号是颜色和部分亮度信号，这两个符号(U' 和 V')的含义与 CIE 1960 YUV 不同。

Y'U'V' 是欧洲广播联盟(European Broadcasting Union，EBU)制定的规范。在这个规范中，Y' 的带宽在欧洲是 5 MHz，而在英国是 5.5 MHz。在亮度和色差分离的电视系统中，U' 和 V' 信号分量有相同的带宽。它们的带宽可以高达 2.5 MHz，但在家用录像系统(video home system，VHS)中也可以低到 600 kHz 或者更低。CRT 的 γ 通常假设为 2.8，但摄像机的 γ 在所有系统中几乎都有相同的 γ 值，大约为 0.45，现提高到 0.5。与 ITU－R BT.601 不同，Y'U'V' 颜色空间采用的光源标准是“光源 D”(illuminants D)，叫做 D_{65}，而不是“光源 C”，它的色度坐标是，

$$(x_n, y_n) = (0.312713, 0.329016)$$

红、绿和蓝的坐标分别是

红：$x_r = 0.64, y_r = 0.33, z_r = 1 - x_r - y_r = 0.03$

绿：$x_g = 0.29, y_g = 0.60, z_g = 1 - x_g - y_g = 0.11$

蓝：$x_b = 0.15, y_b = 0.06, z_b = 1 - x_b - y_r = 0.79$

(1)EBU RGB 和 CIE XYZ

根据以上数据，可计算得到 RGB 和 CIE XYZ 颜色空间之间线性信号的转换关系，

$$\begin{bmatrix} X \\ Y \\ Z \end{bmatrix} = \begin{bmatrix} 0.431 & 0.342 & 0.178 \\ 0.222 & 0.707 & 0.071 \\ 0.020 & 0.130 & 0.939 \end{bmatrix} \begin{bmatrix} R \\ G \\ B \end{bmatrix} \tag{3-37}$$

和

$$\begin{bmatrix} R \\ G \\ B \end{bmatrix} = \begin{bmatrix} 3.063 & -1.393 & -0.476 \\ -0.969 & 1.876 & 0.042 \\ 0.068 & -0.229 & 1.069 \end{bmatrix} \begin{bmatrix} X \\ Y \\ Z \end{bmatrix} \tag{3-38}$$

(2)Y'U'V' 和 R'G'B'

在 Y'U'V' 颜色空间中，定义 U' 和 V' 两个色差信号分别为

$$\begin{aligned} U' &= 0.493(B' - Y') \\ V' &= 0.877(R' - Y') \end{aligned} \tag{3-39}$$

由此导出 R'G'B' 和 Y'U'V' 颜色空间之间非线性信号的转换关系，

$$\begin{bmatrix} Y' \\ U' \\ V' \end{bmatrix} = \begin{bmatrix} 0.299 & 0.587 & 0.114 \\ -0.147 & -0.289 & 0.436 \\ 0.615 & -0.515 & -0.100 \end{bmatrix} \begin{bmatrix} R' \\ G' \\ B' \end{bmatrix} \tag{3-40}$$

和

$$\begin{bmatrix} R' \\ G' \\ B' \end{bmatrix} = \begin{bmatrix} 1 & 0.000 & 1.140 \\ 1 & -0.396 & -0.581 \\ 1 & 2.029 & 0.000 \end{bmatrix} \begin{bmatrix} Y' \\ U' \\ V' \end{bmatrix} \tag{3-41}$$

请注意，许多文献使用 Y、U、V 而不用 Y'、U'、V' 表示经过 γ 校正的非线性亮度和色差。

2. American Y'I'Q'

Y'I'Q' 颜色空间用在北美的模拟 NTSC 彩色电视系统中。其中的 Y' 与感知亮度类似，I' 和 Q' 分量信号携带颜色信息和部分亮度信息。这个颜色空间中的 I' 和 Q' 分量信号与 Y'U'V' 颜色空间中的 U' 和 V' 分量信号有如下关系：

$$\begin{bmatrix} Q' \\ I' \end{bmatrix} = \begin{bmatrix} \cos 33^\circ & \sin 33^\circ \\ -\sin 33^\circ & \cos 33^\circ \end{bmatrix} \begin{bmatrix} U' \\ V' \end{bmatrix} \tag{3-42}$$

$$\begin{bmatrix} U' \\ V' \end{bmatrix} = \begin{bmatrix} \cos 33^\circ & -\sin 33^\circ \\ \sin 33^\circ & \cos 33^\circ \end{bmatrix} \begin{bmatrix} Q' \\ I' \end{bmatrix} \tag{3-43}$$

在 Y'I'Q' 颜色空间中，Y' 信号的带宽为 4.2 MHz，而 I' 和 Q' 信号早期使用的带宽分别为 0.5 MHz 和 1.5 MHz，而现在通常使用相同的带宽，均为 1 MHz。在 NTSC 彩色电视系统中，CRT 的 γ 通常假设为 2.2。在这个颜色空间中，采用的光源是光源 C，它的色度坐标是

$$(x_n, y_n) = (0.310063,\ 0.316158)$$

红、绿和蓝的坐标分别是

红：$x_r = 0.67, y_r = 0.33, z_r = 1 - x_r - y_r = 0.00$

绿：$x_g = 0.21, y_g = 0.71, z_g = 1 - x_g - y_g = 0.08$

蓝：$x_b = 0.14, y_b = 0.08, z_b = 1 - x_b - y_r = 0.78$

(1) NTSC RGB 和 CIE XYZ

根据以上数据，可计算得到 RGB 和 CIE XYZ 颜色空间之间线性信号的转换关系，

$$\begin{bmatrix} X \\ Y \\ Z \end{bmatrix} = \begin{bmatrix} 0.607 & 0.174 & 0.200 \\ 0.299 & 0.587 & 0.114 \\ 0.000 & 0.066 & 1.116 \end{bmatrix} \begin{bmatrix} R \\ G \\ B \end{bmatrix} \tag{3-44}$$

和

$$\begin{bmatrix} R \\ G \\ B \end{bmatrix} = \begin{bmatrix} 1.910 & -0.532 & -0.288 \\ -0.985 & 1.999 & -0.028 \\ 0.058 & -0.118 & 0.898 \end{bmatrix} \begin{bmatrix} X \\ Y \\ Z \end{bmatrix} \tag{3-45}$$

(2) NTSC R'G'B' 和 NTSC Y'I'Q'

在 Y'I'Q' 颜色空间中，定义 I' 和 Q' 两个色差信号分别为

$$
\begin{aligned}
I' &= -0.27(B'-Y')+0.74\ (R'-Y')\\
Q' &= 0.41(B'-Y')+0.48\ (R'-Y')
\end{aligned}
\tag{3-46}
$$

由此导出了 R'G'B' 和 Y'I'Q' 颜色空间之间非线性信号的转换关系，

$$
\begin{bmatrix} Y' \\ I' \\ Q' \end{bmatrix} = \begin{bmatrix} 0.299 & 0.587 & 0.114 \\ 0.596 & -0.274 & -0.322 \\ 0.212 & -0.523 & 0.311 \end{bmatrix} \begin{bmatrix} R' \\ G' \\ B' \end{bmatrix} \tag{3-47}
$$

和

$$
\begin{bmatrix} R' \\ G' \\ B' \end{bmatrix} = \begin{bmatrix} 1.000 & 0.956 & 0.621 \\ 1.000 & -0.272 & -0.647 \\ 1.000 & -1.105 & 1.702 \end{bmatrix} \begin{bmatrix} Y' \\ I' \\ Q' \end{bmatrix} \tag{3-48}
$$

(3)EBU Y'U'V' 和 NTSC Y'I'Q'

在过去的年代里，由于 NTSC 彩色电视制对基色的定义作了多次改动，现在已经与 EBU 的 Y'U'V' 颜色空间很类似。因此，在基色定义相同情况下可定义 EBU Y'U'V' 和 NTSC Y'I'Q' 之间非线性信号的转换关系，它们之间的关系如下，

$$
\begin{aligned}
\begin{bmatrix} I' \\ Q' \end{bmatrix} &= \begin{bmatrix} -(0.27/0.493) & (0.74/0.877) \\ (0.41/0.493) & (0.48/0.877) \end{bmatrix} \begin{bmatrix} U' \\ V' \end{bmatrix} \\
&= \begin{bmatrix} -0.547667343 & 0.843785633 \\ 0.831643002 & 0.547320410 \end{bmatrix} \begin{bmatrix} U' \\ V' \end{bmatrix}
\end{aligned}
\tag{3-49}
$$

和

$$
\begin{bmatrix} U' \\ V' \end{bmatrix} = \begin{bmatrix} -0.546512701 & 0.842540416 \\ 0.830415704 & 0.546859122 \end{bmatrix} \begin{bmatrix} I' \\ Q' \end{bmatrix} \tag{3-50}
$$

观察这两个转换矩阵可发现，矩阵中对应位置上的数值很接近，因此实际上人们使用相同的变换矩阵，即

$$
\begin{bmatrix} I' \\ Q' \end{bmatrix} = \begin{bmatrix} -0.547 & 0.843 \\ 0.831 & 0.547 \end{bmatrix} \begin{bmatrix} U' \\ V' \end{bmatrix} \tag{3-51}
$$

和

$$
\begin{bmatrix} U' \\ V' \end{bmatrix} = \begin{bmatrix} -0.547 & 0.843 \\ 0.831 & 0.547 \end{bmatrix} \begin{bmatrix} I' \\ Q' \end{bmatrix} \tag{3-52}
$$

(4)NTSC RGB 和 EBU RGB

在 NTSC RGB 信号和 EBU RGB 之间的转换关系可用下式，

$$
\begin{bmatrix} R_{ntsc} \\ G_{ntsc} \\ B_{ntsc} \end{bmatrix} = \begin{bmatrix} 0.6984 & 0.2388 & 0.0319 \\ 0.0193 & 1.0727 & -0.0596 \\ 0.0169 & 0.0525 & 0.8450 \end{bmatrix} \begin{bmatrix} R_{ebu} \\ G_{ebu} \\ B_{ebu} \end{bmatrix} \tag{3-53}
$$

和

$$
\begin{bmatrix} R_{ebu} \\ G_{ebu} \\ B_{ebu} \end{bmatrix} = \begin{bmatrix} 1.4425 & -0.3174 & -0.0768 \\ -0.0275 & 0.9351 & 0.0670 \\ -0.0271 & -0.0517 & 1.1808 \end{bmatrix} \begin{bmatrix} R_{ntsc} \\ G_{ntsc} \\ B_{ntsc} \end{bmatrix} \tag{3-54}
$$

3.5 颜色信息管理

3.5.1 颜色管理的原理

在成像系统中采用合适的硬件、软件和算法来控制和调整颜色的过程称为颜色管理(color mamagement)。目前,彩色扫描仪、数码照相机、CRT 和 LCD 显示器、喷墨打印机、电子照相术打印机、热染料转移和热蜡转移打印机等都是颜色管理的应用领域,如与主机相连的扫描仪、显示器和打印机所构成的彩色成像系统就是为系统的预期应用提供满意颜色质量的颜色管理系统。

任何产生高质量且稳定的有色产品的染色体系都必须对颜色进行管理。人们希望颜色管理系统能够通过软件调整来对调节不当的仪器、误用的材料、不可控的和常常为未知的照明与观察调节以及由于缺乏相关专业知识而引起的其他问题进行校正。颜色管理系统评价颜色正确性的方法应该是简单的。颜色管理系统应适用于不同媒介如 CRT、投影仪或打印纸等之间原件与复制品颜色的转换及其评价。当然,通过颜色管理系统的应用还应使各种颜色设备之间得到的颜色都是一致且正确的。

在了解颜色管理系统的原理之前,我们首先来认识设备相关色和设备无关色两个概念。如图 3-31 表示了一个包含数码相机、计算机和显示器的成像系统,其中数码相机记录景物的图像,并将这种向颜色复现系统中输入颜色信息的阶段称为分析阶段。经过计算机相关软件的适当处理,图像在显示器上被复现,并且具有与原景物匹配的色貌。这个过程称为颜色复现的合成阶段。

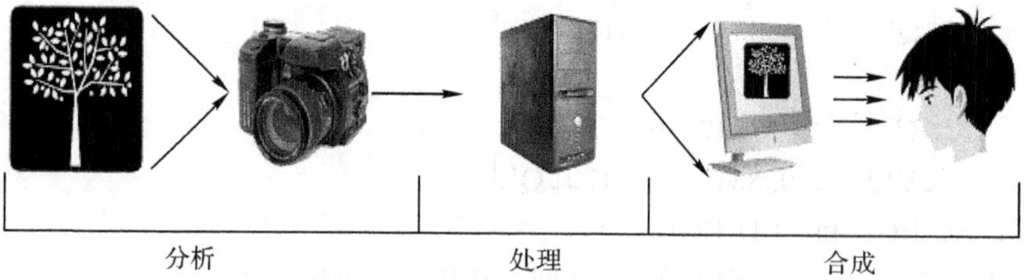

图 3-31　成像系统颜色复现的基本过程

如果上述分析阶段采用成像的色度计,即采用光谱灵敏度与 CIE 配色函数等阶的传感器对景物进行影像传输,那么该系统就对景物以色度值的形式进行了编码。这样,由于颜色的定义基于标准观察者,故对于实际的观察者其准确的色度和色貌匹配仍会产生相近的视觉匹配。同时,由于色度值是基于国际标准的,所以是可以比较和可以传递的。可见,色度计的采用使彩色成像系统的开放结构变得容易,即可以替换不同的设备仍能够保持颜色的准确匹配。这种由任何输入设备在标准色度系统下得到的原件的色度编码,并可由任何输出设备通过适当的解码而进行复现的编码方式，使图像颜色的定义不依赖于任何颜色设备，因此称为设备无关色(device-independent color)。与此相对，依赖于设备本身的 R、G、B 值等对颜色的描述则称之为设备相关色(device-dependent color)。

不依赖具体设备的颜色编码能与 CIE 标准观察者联系起来，因而是合适而有效的。如图 3-32 和图 3-33 表示了分别采用设备相关色编码和设备无关色编码两种方式下颜色转换连接的情况比较。其中图 3-32 为采用依赖于设备的编码方式，则需要 25 个连接即 5 个输入设备乘以 5 个输出设备。图 3-33 为不依赖于设备的基于色度的编码方式，需要 10 个连接分别对应于 5 个输入设备和 5 个输出设备。可见，当分析(输入)和合成(输出)设备数目增加时，采用设备无关色编码具有明显的优势。

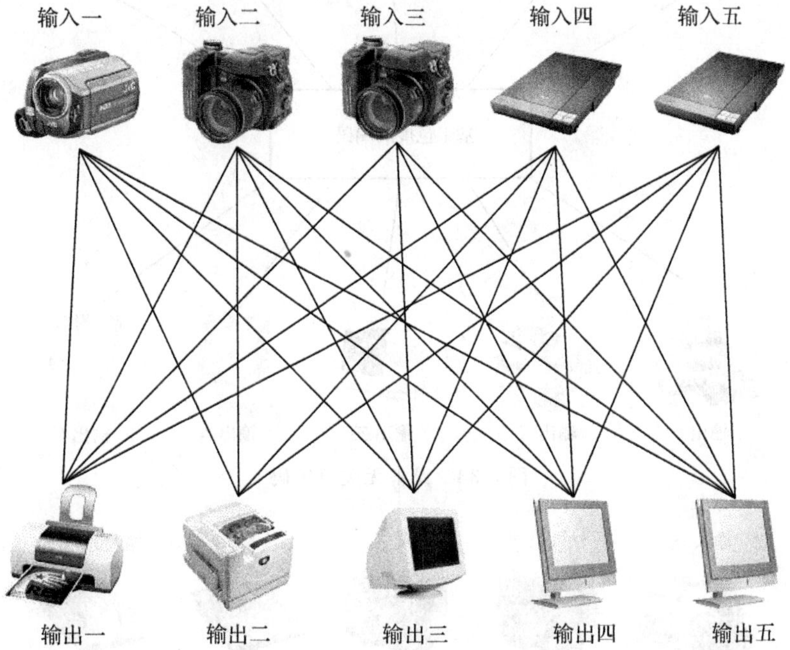

图 3-32　设备相关色编码

国际照明委员会(CIE)定义的三刺激值是最基本的标准色度值，所以这应该是构成不依赖于设备的颜色即设备无关色的基础，但是匹配三刺激值仅适用于在相似介质中的颜色匹配。换而言之，只有在相同的照明与观察条件下相同的色貌才相应于相等的三刺激值。如果照明与观察条件不同，必须采用色貌表示法来定义图像才能解决其颜色匹配的问题。因此，颜色管理系统与基于色度的表色模型相结合才可以简化相似和不相似介质的配色问题。

建立一个成功的颜色管理开放式结构系统应包括软件、硬件、照明与观察条件、测量几何条件、色貌模型、参照介质、编码描述空间以及质量尺度等的标准，该标准可以为多媒体影像工业提供工作框架。1993 年，由从事数字颜色工业的八个厂家联合成立了国际颜色协会(international color consortium，ICC)，来负责制定该框架，至今在世界范围内已有超过 70 个公司和组织成为了 ICC 的成员。其主要目的就是制定交叉设备平台的颜色管理系统(color management system,CMS)的结构和部件标准,包括定义设备的颜色和颜色显示特征等。CMS是对象(如图像、图形或文字)的颜色从当前的颜色空间到输出设备(如显示器、打印机)的颜色空间的转换技术。CMS提供了一种交换颜色信息的方法,用于在输入、输出和显示设备之间交换颜色信息。按照ICC的框架,采用描述连接空间(profile connection space,PCS)来替代图3-33中基于色度的编码,由设备描述(device profile)将依赖于设备的编码转换成对应于PCS的编码,如图3-34所示。

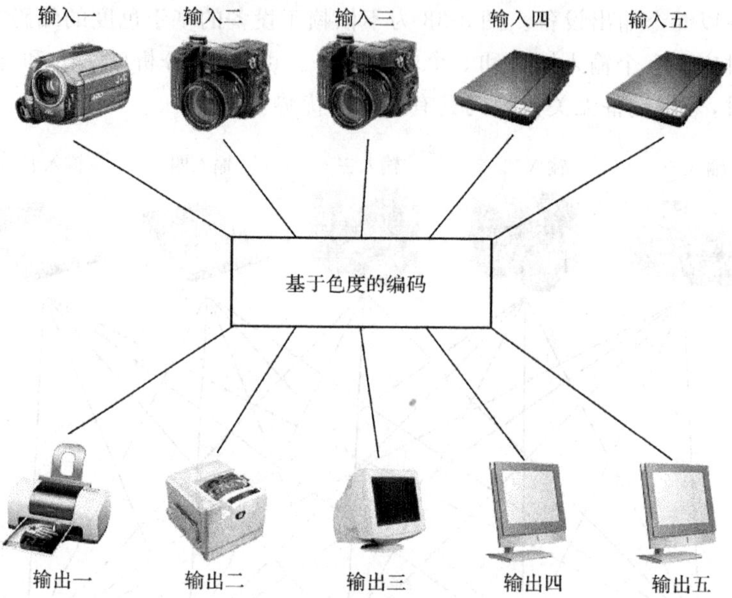

图 3-33 设备无关色编码

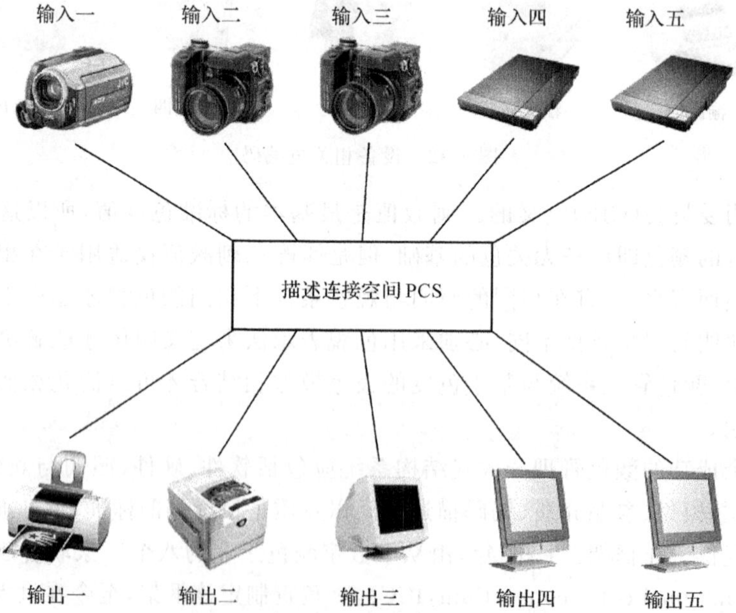

图 3-34 颜色管理系统示意图

3.5.2　ICC 设备描述文件

ICC 定义的文件叫做 ICC 设备描述文件(ICC device profile)，或简称 ICC 描述文件(ICC profile)。ICC 设备描述文件是一个标准格式文件，描述了一个设备在 CIE 颜色空间中的位置。颜色管理软件通过 Profile 文件完成颜色的转换、显示和管理工作。简单地说，颜色管理系统根据输入设备的 ICC Profile 将数据文件转移到 Profile 的颜色空间，再根据输出设备的 ICC Profile 把数据文件的颜色信息转移到输出设备的颜色空间，从而保证工作流程中颜色还原的一致性。

在多媒体影像系统中最重要的是输入设备(数码相机、扫描仪)、工作设备(显示器)和输出设备(打印机、激光照排机)三种 ICC Profile。这些 Profile 可以用专用的软硬件测量获得。

平面扫描仪都以一种有形的标准色标来创建扫描仪的 Profile。这个色标可以用已校准的颜色测量设备另加测量。目前常用的色标系列是 Koda、Fuji、Agfa 的 IT8 系列，色标由 264 个色块组成，代表了整个 CIE 颜色空间的采样，底部为 23 级中性灰梯尺。创建扫描仪的 Profile，先由扫描仪在测试状态下进行扫描，将扫描仪产生的色标上的每一块的 RGB 值与原有标准色标测量的 CIE 色度坐标进行比较，颜色管理软件就在于建立一个扫描仪的转换表。转换表是一个速查表，可用来将扫描仪上生成的 RGB 文件的某一点映射到 CIE 颜色空间中。RGB 文件与转换表一起用于颜色管理软件，赋予来自于扫描仪的图像实际意义。平面扫描仪的 CCD 光电耦合器灵敏度、滤色片的透光率及光源都会随着时间的推移而有所降低。因此，扫描仪的 Profile 文件要定期创建一次，以保证文件的正确性。

创建显示器的 Profile 文件，首先要确定操作者使用的显示器类型、工作室光照条件等。然后用精密的测色仪对显示屏的 RGB 色光进行测定，并将测量的色度值准确输入到转换表中或对三个发射极(CRT 类型)进行硬件调整，就可以创建新的显示器 Profile 文件。同时还要考虑印刷使用的油墨、纸张的使用情况，测出它们相应的色度值，反馈给显示器，再做适当的调整，以保证打印、印刷时颜色与显示器上所看到的颜色一致性。

输出设备的 Profile 文件的创建方法基本相同。按原定标准打印，用已经矫正过的扫描仪或测色仪读入打印稿的 RGB 值，与标准原稿相比较，输入新的参数到输出转换表中，然后进行校准，多次重复，得到准确地颜色信息，生成输出设备的 Profile 文件。这些设备特征参数描述文件均来自各设备的特性化与标准。颜色管理系统在编辑和使用这些设备特征化文件时，均会按照源目标 RGB(CMYK)图像文件到目标显示器 RGB 形式来表现。显示 RGB 源目标到目标彩色打印机 CMYK 之间，均以 CIE 颜色空间的形式来进行颜色管理。因此，这些设备特征文件的正确性和稳定性，直接影响颜色管理系统的工作质量。

3.5.3 常用颜色管理系统

颜色管理系统是指能够实现设备的校准及特征化，并在整个流程中实现各种设备间颜色转换工作的相关软硬件。颜色管理系统应确立一种参照标准，使各种设备的生产厂家都能够很方便地进行设备的特征化工作。现在已有很多成熟的颜色管理系统。

1. ColorSync

早期的电脑系统是没有颜色管理这个问题的。直到20世纪90年代苹果电脑推出了ColorSync1.0颜色管理软件，但仅局限于苹果设备之间的颜色控制。

ColorSync采用ICC标准，以CIELAB颜色空间模型作为颜色参考标准，是在Macintosh操作系统下应用的系统级颜色管理软件，能够为图像、出版和印刷行业提供快速、一致和精确的桌面颜色校准、检验与复制基本工具。利用ColorSync可以得到从屏幕显示、打印印刷到多媒体、网络等过程中重复的、始终如一的颜色效果，在实现颜色管理及描述具有很强的开放性，得到了广大软硬件开发商的大力支持。

ColorSync的结构主要包括三个部分。

(1)ICC标准描述文件(ColorSync Profile)

设备在出厂时，根据ICC标准为每一台设备提供Profile，以此来表现输入设备、输出设备等的颜色特性。有了标准的Profile，ColorSync就可以进行不同设备间的颜色转换计算了。

(2)颜色管理模块(Color Management Module)

CMM是ColorSync的核心部分，集成于Macintosh操作系统的控制板中，使所有的颜色匹配计算都可以在Macintosh系统上完成。通过ColorSync Profile计算，CMM实现了不同颜色空间的转换。

(3)应用软件界面(Application Programming Interface)

由于各种应用软件对颜色的表现力有所不同，从扫描控制、图像处理到排版，同一画面呈现的颜色有时会有很大差异。为了工作中能够掌握准确颜色，就需要将这些应用软件有效地进行颜色匹配。ColorSync可以通过ColorSync API对支持ColorSync的应用软件进行颜色匹配，从而达到颜色一致的目的。

2. Windows的颜色管理

早期的微软Windows是没有颜色管理功能的，直到Win95的出现才改变了过去不支持桌面出版的彩色制作要求。Win95采用ICM1.0提供颜色管理服务，只要应用软件支持ICM及彩色输入输出设备的特征被置入电脑系统内，颜色管理便可顺利进行。后续的Win98及WinXP等采用ICM2.0，都是利用ICC设备特征文件作颜色转换。

从WinVista开始，微软和佳能合作，共同推出了新一代的颜色管理系统Windows Color System(WCS)。WCS是在兼容目前使用的ICM颜色管理系统的基础上增加了CIECAM02色貌模型作为PCS颜色空间的新技术。WCS的颜色管理工作流程包括三个步骤：

(1)建立设备、视觉条件和色域映射的特性文件，包括设备 A 的模型特征文件，设备 A 的色貌模型特性文件，色域映射模型 C 的特性文件，设备 B 的模型特性文件和设备 B 的色貌模型特性文件。

(2)利用颜色架构和转换引擎 CITE(Color Infrastructure and Translation Engine)与制作的特性文件建立一个最佳的颜色转换，就如 ICM 颜色管理系统中的 CMM 一样，CITE 是 WCS 的核心，负责将源颜色转换为目标颜色。

(3)CITE 将建立的颜色转换应用到输入图像中，建立准确地供输出设备输出的图像文件。

WCS 第一次将色貌模型引入到颜色管理系统中，建立了一种全新的颜色管理理念，打破了沿用十几年的颜色管理模式，使用户能够预测不同视觉条件下的颜色效果。

3. 方正颜色管理系统

国产的颜色管理系统中，北大方正是其中的代表。北大方正从 1999 年 9 月正式推出了方正颜色管理系统，其采用 Kodak 公司的 ColorFlow 软件进行 ICC 文件的生成及校正工作，关键的颜色匹配工作在方正世纪 RIP 中实现，确保打印和印刷的一致。

方正颜色管理系统的工作流程如下：

(1)获取印刷设备的 ICC 文件

按正常的工艺流程得到一张印刷品，通过分光光度计将该印刷品上色块的三刺激值输入到 ColorFlow 中，通过计算机的运算得到当前油墨、纸张、印刷条件下的 ICC 文件。

(2)获取打印设备的 ICC 文件

在方正世纪 RIP 下打开连接打印机的 ICC 文件，按照正常的工艺以一定的分辨率得到一张打印稿。通过分光光度计将该印刷品上色块的三刺激值输入到 ColorFlow 中，得到当前打印机下墨水、纸张、分辨率条件下的 ICC 文件。

(3)使用 ICC 校色

启动方正世纪 RIP，进入 ICC 校色，在 RGB 源、CMYK 源和设备中选择对应的 ICC 文件，再根据不同的输出要求在呈色意向中选择所需的选项。

(4)打印修正

完成设置后通过打印机进行输出。一般情况下，第一次输出的打印稿与印刷品之间有一定的差异，这可通过 ColorFlow 软件对设备 ICC 文件进行适当的校正，以获取最终的与印刷品颜色一致的打印稿。

方正颜色管理系统对打印与印刷采用同一套 RIP，可保证颜色的一致性，并与众多数字打印设备兼容，输出 A3 到 A0 幅面的打印稿。

习题 3

1. 在开拓颜色科学方面，Newton，Thomas Young，Maxwell，Munsell，Ostwald 和 CIE 分别做出了哪些重要贡献？

2. 试举例描述一种颜色的心理现象和一种颜色的错视现象。

3. PAL 制彩色电视使用什么颜色模型？NTSC 制彩色电视使用什么颜色模型？计算机图像显示使用什么颜色模型？

4. 用 MATLAB 编写 RGB 到 HSL 和 HSL 到 RGB 颜色空间的转换程序。

第 4 章

静态数字图像基础

当你在网络上打开一个网页时，大多可以看到丰富多彩的信息，在你的屏幕上可以看到多媒体的组成，包含了各种的元素：文本、符号、位图、矢量图或者是三维的透视图，有供用户点击的奇妙按钮，有带动态视频的窗口。这些图片中有些是静止不动的，有些是动态变化的，它们一直吸引着你的眼球。图片可能色彩斑斓，蓝色与红色杂糅其中，或者是红绿蓝以原始的方式肆意挥洒。屏幕页面可能是优雅的，也可能恰恰相反，这就是图像，它不仅传达了丰富的信息，也可以带来震撼的感觉，它是观众和多媒体产品的所有内容之间的主要联系。

4.1 数字图像的种类

静态图像的尺寸可大可小，可以是彩色的，可以在屏幕上随机摆放，可以在几何上均匀分布，也可以奇形怪状。静态图像的内容可以是一个可爱的人物，可以是一个灰色格子的背景，也可以是简单的立方体，是一副工程制图，是你老板的一辆崭新奔驰。无论静态图像的形式怎样，在计算机上它们总是通过两种方式产生：矢量图(vector based image)和位图(bit mapped image)，无论静态图像的内容怎样，在颜色上也总是通过两种方式展现：灰度图和彩色图。

4.1.1 矢量图与位图

1. 矢量图

大多数的多媒体制作系统都允许用户使用矢量绘制对象，这些对象包括线条、矩形、椭圆形、多边形，以及由这些基本对象构成的复杂对象，甚至包括文本。

计算机辅助设计(CAD)程序，传统上都使用适量绘制的对象系统来创建建筑、机械等工程行业所需的、更高级复杂的几何透视图或三视图。图像艺术家采用矢量绘制对象用于印刷媒体。三维程序也采用矢量绘制图像，例如：为了旋转一个突出的商品 logo，在此过程中对位置和光影的调整必须通过数学算法来计算得到。

矢量图是用一系列计算机指令来表示一幅图，如画点、画线、画曲线、画圆、画矩形等。这种方法实际上是用数学方法来描述一幅图，然后变成许多的数学表达式，再编程，用语言来表达。在计算显示图时，也往往能看到画图的过程。绘制和显示这种图的软件通常称为绘图程序(draw programs)。

矢量图有许多优点，矢量对象是在运行时被创建出来的，即计算机按照收到的指令来绘制图像，而不是现实已经创建好的图像。这意味着当需要管理每一小块图像时，矢量图法会显得非常有效，目标图像的移动、缩小、放大、旋转、拷贝、属性的改变(如线条变宽变细、颜色的改变)也很容易做到，而且不会对分辨率或图像质量造成损害。一幅巨大的矢量图像可以被缩小到一张邮票的大小，在计算机显示器的分辨率下也许效果不好，但是如果采用彩色打印机输出，将会看到很好的图像。相同的或类似的图还可以把矢量对象当作图的构造块，并把它们存到图库中，这样不仅可以加速画的生成，而且可以减小矢量图文件的大小。

但是，当图变得很复杂时，计算机就要花费很长的时间去执行绘图指令。此外，对于一幅复杂的彩色照片(例如一幅真实世界的彩照)，恐怕就很难用数学来描述，因而就不用矢量法表示，而是采用点位图法表示，采用点位图能比采用大量矢量绘制对象构成相同画面带来更快的屏幕刷新性能。

2. 点位图

bit 是数字世界中最简单的元素，它是一个电子量，表示开或者关，黑或者白，真或者假。Map 是一个由这些数字构成的二维的矩阵。Bitmap(点位图)是由二维的小点构成的简单的矩阵，可以显示在计算机屏幕上或者被打印出来。

点位图法与矢量图法很不相同。其实，点位图是把一幅彩色图分成许多的像素，每个像素用若干个二进制位来指定该像素的颜色、亮度和属性。因此一幅图由许多描述每个像素的数据组成，这些数据通常称为图像数据，而将这些数据作为一个文件来存储，这种文件又称为图像文件。如要画点位图，或者编辑点位图，则用类似于绘制矢量图的软件工具，这种软件称为画图程序(paint programs)。

点位图的获取通常有以下几种方式：

(1)利用画图程序或画笔绘制一幅位图。

(2)利用抓屏程序从计算机屏幕上获得一幅位图，然后粘贴到画图程序或需要的应用程序中。

(3)用扫描仪或摄像机、录像机等视频采集设备，通过这些设备把模拟的图像信号变成数字图像数据，这些图像可以是照片、绘画或者是电视上的图像。

一旦获取点位图，此位图可以被复制、转换、电子邮件传送或者进行其他许多创新的处理。

3. 矢量图和位图

点位图文件占据的存储器空间比较大。影响点位图文件大小的因素主要有两个：即前面介绍的图像分辨率和像素深度。分辨率越高，就是组成一幅图的像素越多，则图像文件越大；像素深度越深，就是表达单个像素的颜色和亮度的位数越多，图像文件就越大。而矢量图文件的大小则主要取决图的复杂程度。

例如：利用矢量方法绘制的 200×200 大小的彩色正方形，包含的数据少于 30 字节。利用未压缩的位图的方法来描述相同大小的正方形。若颜色选择黑白二值(黑白图像需要最少的存储空间，因为其每个像素采用 1 bit 的深度)，那么这幅图片将需要 5000 字节(200×200/8，转换为字节时必须除以 8，因为一个字节由 8 bit 组成)。若颜色选择 256 色，那么这幅图片将需要 40,000 字节(200×200)。

正是因为这种文件尺寸上的优势，网页在插件(例如 Flash)中采用矢量图形能够大大提高下载的速度，并且当矢量图像用于动画时，可以比现实位图的网页更快地绘制出来。只有当你需要在屏幕上绘制上百个对象时，才会感觉到速度的下降，此时需要等待屏幕的刷新。

矢量图和点位图可以相互转换。

大多数的绘图程序都提供若干种可选文件格式来保存用户的图像，如果用户愿意，可以在保存图像时将若干矢量对象构成的图像转换为位图，还可以利用抓图工具将绘制的矢量图像存储为位图屏幕图像。将位图转换成矢量图像有些困难，但是还是有些程序和工具能够计算一个位图图像的边界或者图像内部颜色的轮廓，然后利用多边形来描述这些图像，这种过程称为自动跟踪。

4.1.2　灰度图和彩色图

1. 灰度图

灰度图(gray-scale image)按照灰度等级的数目来划分，可以划分为单色图像和灰度图像。

只有黑白两种颜色的图像称为单色图像，如图 4-1 所示。图中的每个像素的像素值用 1 位存储，因此它的值只有“0”或者“1”，那么一幅 640×480 的单色图像需要占据 37.5 KB 的存储空间。

如果每个像素的像素值用一个字节(8 bit)表示，灰度值的级数就相当于 256 级，每个像素可以是 0～255 之间的任何一个值，每一个值代表一个灰色的颜色。一幅标准灰度图像如图 4-2 所示。一幅 640×480 的灰度图像需要占据 300 KB 的存储空间。

图 4-1　标准单色图

图 4-2　标准灰度图

2. 彩色图像

彩色图像(color image)可按照颜色的数目来划分,例如:256 色图像和真彩色(2^{24} = 16777216 种颜色)等。

256 色标准图像中,每个像素的 R、G 和 B 值共用一个字节来表示,一幅 640×480 的 8 位彩色图像需要 300 KB 的存储空间,转换成的 256 级灰度图像后存储空间不变。

真彩色图像中,每个像素的 R、G 和 B 值各用一个字节来表示,则一个像素需要 24 位来表示,一幅 640×480 的真彩色图像需要 900 KB 的存储空间,转换成的 256 级灰度图像后存储空间为 300 KB。

许多 24 位彩色图像是用 32 位存储的,这个附加的 8 位叫做 alpha 通道,它的值叫做 alpha 值,它用来表示该像素如何产生特技效果。

使用真彩色表示的图像需要很大的存储空间,在网络传输也很费时间。由于人的视角系统的颜色分辨率不高,因此在没有必要使用真彩色的情况下就尽可能不用。

4.2 图像的三个基本属性

描述一幅图像需要使用图像的属性。图像的属性包含分辨率、像素深度、真/伪彩色。一幅图像需要占据多大的存储空间,与这些基本属性都有着很大的关联。

4.2.1 分辨率

平时我们经常会遇到分辨率这样的名词,分辨率有两种:显示分辨率和图像分辨率。

1. 显示分辨率

显示分辨率是指显示屏上能够显示出的像素数目。例如,显示分辨率为 640×480,这表示显示屏分成 480 行,每行显示 640 个像素,整个显示屏就含有 307200 个显像点。屏幕能够显示的像素越多,则说明该显示设备的分辨率越高,显示的图像质量也就越高。这种显示分辨率主要是针对计算机显示器来说的。

2. 图像分辨率

图像分辨率是指组成一幅图像的像素密度的度量方法。对同样大小的一幅图,如果组成该图的图像像素数目越多,则说明图像的分辨率越高,看起来就越逼真。相反,图像显得越粗糙。

当我们需要利用扫描仪来扫描一幅彩色图像时,通常要指定图像的分辨率,用每英寸多少点(dots per inch,DPI)来表示。如果用 300 DPI 来扫描一幅 8″×10″的彩色图像,就得到一幅 2400×3000 个像素的图像。分辨率越高,像素就越多。

图像分辨率与显示分辨率是两个不同的概念。图像分辨率是确定组成一幅图像的像素数目，而显示分辨率是确定显示图像的区域大小。如果显示屏的分辨率为 640×480，那么一幅 320×240 的图像只占显示屏的 1/4；相反，2400×3000 的图像在这个显示屏上就不能显示为一个完整的画面。

4.2.2 像素深度

像素深度是指存储每个像素所用的位数，图像深度表示每个像素的颜色表示值所占用的位数。像素深度和图像深度决定了灰度图像的每个像素可能有的灰度级数，或者确定彩色图像的每个像素可能有的颜色数。

例如，一幅彩色图像的每个像素用 R、G、B 三个分量表示，若每个分量用 8 位，那么一个像素共用 24 位表示，此时像素深度为 24，每个像素可以是 2^{24}（即 16,777,216）种颜色中的一种。此时像素深度即为图像深度。表示一个像素的位数越多，它能表达的颜色数目就越多，而它的深度就越深。

虽然像素深度或图像深度可以很深，但各种 VGA 的颜色深度却受到限制。例如，标准 VGA 仅支持 4 位 16 种颜色的彩色图像，但是多媒体应用中推荐至少用 8 位 256 种颜色。由于设备的限制，同时加上人眼分辨率的限制，一般情况下，不一定要追求特别深的像素深度。而且，像素深度越深，所占用的存储空间将越大。相反，如果像素深度太浅，会影响图像的质量，图像看起来让人觉得很粗糙和很不自然。

在用二进制数表示彩色图像的像素时，除 R、G、B 分量用固定位数表示外，往往还增加 1 位或几位作为属性（Attribute）位。例如：用 2 个字节共 16 位表示一个像素时，RGB 用 5∶5∶5 来表示，R、G、B 各占 5 位，剩下一位则是属性位。在这种情况下，像素深度为 16 位，而图像深度为 15 位。

属性位通常用来指定该像素应具有的性质。例如在 CD-I 系统中，采用 RGB 5∶5∶5 来表示的像素共 16 位，其最高位（b15）用作属性位，并把它称为透明（Transparency）位，记为 T。T 的含义可以这样来理解：假如当显示屏上已经有一幅图存在，另一幅图要重叠在上面时，T 位就用来控制原图能否被看见。例如定义 T=1，原图完全看不见；T=0，原图能完全看见。

在用 32 位表示一个像素时，若 R、G、B 分别用 8 位表示，剩下的 8 位常称为 α 通道（alpha channel）位，或称为覆盖（overlay）位、中断位或属性位。它的用法可用一个预乘 α 通道（premultiplied alpha）的例子说明。假如一个像素的四个分量（A，R，G，B）都用规一化的数值表示，（A，R，G，B）为（1，1，0，0）时显示红色。当像素为（0.5，1，0，0）时，预乘的结果就变成（0.5，0.5，0，0），这表示原来该像素显示的红色的强度为 1，而现在显示的红色的强度降了一半。

4.2.3 真/伪彩色与直接色

在编写图像显示程序、理解图像文件的存储格式时，搞清真彩色、伪彩色与直接色的含义有着直接的指导意义，将不会对出现诸如这样的现象感到困惑：本来是用真彩色表示的图像，但在 VGA 显示器上显示的图像颜色却不是原来图像的颜色。

1. 真彩色(true color)

真彩色是指在组成一幅彩色图像的每个像素值中，有 R、G、B 三个基色分量，每个基色分量直接决定显示设备的基色强度，这样产生的彩色称为真彩色。例如用 RGB 5：5：5 表示的彩色图像，R、G、B 各用 5 位，用 R、G、B 分量大小的值直接确定三个基色的强度，这样得到的彩色是真实的原图彩色。

如果用 RGB 8：8：8 方式表示一幅彩色图像，就是 R、G、B 都用 8 位来表示，每个基色分量占一个字节，共 3 个字节，每个像素的颜色就是由这 3 个字节中的数值直接决定，可生成的颜色数就是 $2^{24}=16,777,216$ 种。用 3 个字节表示的真彩色图像所需要的存储空间很大，而人的眼睛是很难分辨出这么多种颜色的，因此在许多场合往往用 RGB 5：5：5 来表示，每个彩色分量占 5 个位，再加 1 位显示属性控制位共 2 个字节，生成的真颜色数目为 $2^{15}=32768$。

在许多场合，真彩色图通常是指 RGB 8：8：8，即图像的颜色数等于 2^{24}，也常称为全彩色(full color)图像。但在显示器上显示的颜色就不一定是真彩色，要得到真彩色图像需要有真彩色显示适配器，目前在 PC 上用的 VGA 适配器是很难得到真彩色图像的。

2. 伪彩色(pseudo color)

伪彩色图像的含义是，每个像素的颜色不是由每个基色分量的数值直接决定，而是把像素值当做彩色查找表(color look-up table，CLUT)的表项入口地址，去查找一个显示图像时使用的 R、G、B 值，用查找出的 R、G、B 值产生的彩色称为伪彩色。

彩色查找表 CLUT 是一个事先做好的表，表项入口地址也称为索引号，例如 256 种颜色的查找表，0 号索引对应黑色，……，255 号索引对应白色。彩色图像本身的像素数值和彩色查找表的索引号有一个变换关系，这个关系可以使用 Windows 95/98 定义的变换关系，也可以使用你自己定义的变换关系。使用查找得到的数值显示的彩色是真的，但不是图像本身真正的颜色，它没有完全反映原图的彩色。

3. 直接色(direct color)

每个像素值分成 R、G、B 分量，每个分量作为单独的索引值对它做变换。也就是通过相应的彩色变换表找出基色强度，用变换后得到的 R、G、B 强度值产生的彩色称为直接色。它的特点是对每个基色进行变换。

用这种系统产生颜色与真彩色系统相比，相同之处是都采用 R、G、B 分量决定基色强度，不同之处是前者的基色强度直接用 R、G、B 决定，而后者的基色强度由 R、G、B 经变换后决定。因而这两种系统产生的颜色就有差别。试验结果表明，使用直接色在显示器上显示的彩色图像看起来真实、很自然。

这种系统与伪彩色系统相比，相同之处是都采用查找表，不同之处是前者对 R、G、B 分量分别进行变换，后者是把整个像素当做查找表的索引值进行彩色变换。

4.3　图像的数字化

图像数字化是将连续色调的模拟图像经采样量化后转换成数字图像的过程。图像数字化运用的是计算机图形和图像技术，在测绘学、摄影测量与遥感学等学科中得到广泛应用。

要在计算机中处理图像，必须先把真实的图像（照片、画报、图书、图纸等）通过数字化转变成计算机能够接受的显示和存储格式，然后再用计算机进行分析处理。图像的数字化过程主要分采样、量化与编码三个步骤。

1. 采样

采样的实质就是要用多少点来描述一幅图像，采样结果质量的高低就是用图像分辨率来衡量的。简单来讲，对二维空间上连续的图像在水平和垂直方向上等间距地分割成矩形网状结构，所形成的微小方格称为像素点，一幅图像就被采样成有限个像素点构成的集合。例如：一幅 640×480 分辨率的图像，表示这幅图像是由 640×480＝307，200 个像素点组成。

采样示意图如图 4-3 所示。左图是要采样的物体，右图是采样后的图像，每个小格即为一个像素点。

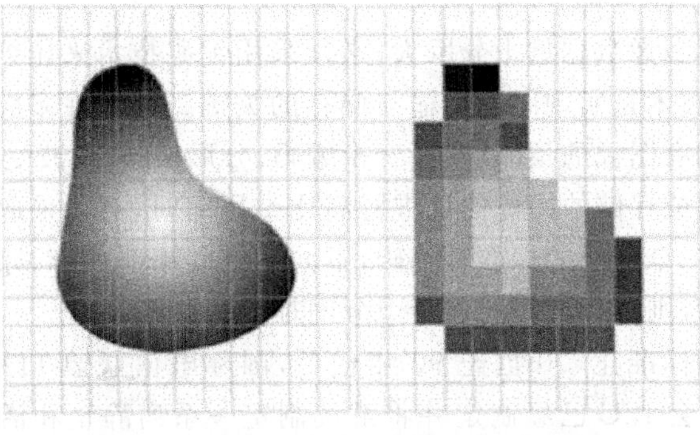

图 4-3　图像采样示意图

采样频率是指一秒钟内采样的次数，它反映了采样点之间的间隔大小。采样频率越高，得到的图像样本越逼真，图像的质量越高，但要求的存储量也越大。

在进行采样时，采样点间隔大小的选取很重要，它决定了采样后的图像能真实地反映原图像的程度。一般来说，原图像中的画面越复杂，色彩越丰富，则采样间隔应越小。由于二维图像的采样是一维的推广，根据信号的采样定理，要从取样样本中精确地复原图像，可得到图像采样的奈奎斯特定理：图像采样的频率必须大于或等于源图像最高频率分量的两倍。

2. 量化

量化是指要使用多大范围的数值来表示图像采样之后的每一个点。量化的结果是图像能够容纳的颜色总数，它反映了采样的质量。

例如：如果以 4 位存储一个点，就表示图像只能有 16 种颜色；若采用 16 位存储一个点，则有 $2^{16}=65536$ 种颜色。所以，量化位数越来越大，表示图像可以拥有更多的颜色，自然可以产生更为细致的图像效果。但是，也会占用更大的存储空间。二者的基本问题都是视觉效果和存储空间的取舍。

假设有一幅黑白灰度的照片，因为它在水平与垂直方向上的灰度变化都是连续的，都可认为有无数个像素，而且任一点上灰度的取值都是从黑到白，可以有无限个可能值。通过沿水平和垂直方向的等间隔采样可将这幅模拟图像分解为近似的有限个像素，每个像素的取值代表该像素的灰度(亮度)。对灰度进行量化，使其取值变为有限个可能值。

经过这样采样和量化得到的一幅空间上表现为离散分布的有限个像素，灰度取值上表现为有限个离散的可能值的图像称为数字图像。只要水平和垂直方向采样点数足够多，量化比特数足够大，数字图像的质量将毫不逊色于原始模拟图像。

在量化时所确定的离散取值个数称为量化级数。为表示量化的色彩值(或亮度值)所需的二进制位数称为量化字长，一般可用 8 位、16 位、24 位或更高的量化字长来表示图像的颜色；量化字长越大，则越能真实得反映原有图像的颜色，但得到的数字图像的容量也越大。

3. 编码与压缩

数字化后得到的图像数据量十分巨大，必须采用编码技术来压缩其信息量。从一定意义上讲，编码压缩技术是实现图像传输与储存的关键。已有许多成熟的编码算法应用于图像压缩。常见的有图像的预测编码、变换编码、分形编码、小波变换图像压缩编码等。

当需要对所传输或存储的图像信息进行高比率压缩时，必须采取复杂的图像编码技术。但是，如果没有一个共同的标准做基础，不同系统间不能兼容，除非每一编码方法的各个细节完全相同，否则各系统间的连接十分困难。

为了使图像压缩标准化，20 世纪 90 年代后，国际电信联盟 ITU、国际标准化组织 ISO 和国际电工委员会 IEC 已经制定并将继续制定一系列静止和活动图像编码的国际标准，已批准的标准主要有 JPEG 标准、MPEG 标准、H. 261 等。

这里讲介绍其中的一种压缩算法：JPEG。

4.4 图像文件格式

图像文件格式是记录和存储影像信息的格式。对数字图像进行存储、处理和传播，必须采用一定的图像格式，也就是把图像的像素按照一定的方式进行组织和存储，把图像数据存储成文件就得到图像文件。图像文件格式决定了应该在文件中存放何种类型的信息,文件如何与各种应用软件兼容,文件如何与其他文件交换数据。

图像可以存储为许多文件格式,而且绘图工具的开发者们仍然在不断创造出新的文件格式,目的是保证他们所开发的程序能够更快或者更有效地打开和保存图像文件。大多数的应用程序都提供了一个"另存为"的功能选项,使用户可以将文件保存为其他通用的格式。

4.4.1 图像文件的后缀

文件的后缀即为文件扩展名,是操作系统用来标志文件格式的一种机制。通常来说,一个扩展名是跟在主文件名后面的,由一个分隔符分隔。例如文件"readme. txt"的文件名中,readme 是主文件名,txt 为扩展名,表示这个文件是一个纯文本文件,可以利用文本编辑软件打开并且编辑。同文本文件一样,图像文件也使用扩展名来标识图像文件的格式,图像编辑或显示软件只能打开它所对应的格式的图像文件。另外需要说明的是,不能够通过在 Windows 环境下直接修改后缀名来更改文件的格式,虽然后缀名更改了,但是其编码格式是不变的。

多媒体世界中的图像文件格式很多,表 4-1 和表 4-2 分别列举了位图和矢量图的后缀名。

表 4-1　位图格式后缀名

后缀	文件名称	后缀	文件名称
AG4	Access G4 document imaging	JFF	JPEG (JFIF)
ATT	AT&T Group IV	JPG	JPEG
BMP	Windows & OS/2	KFX	Kofax Group IV
CAL	CALS Group IV	MAC	MacPaint
CIT	Intergraph scanned images	MIL	Same as GP4 extension
CLP	Windows Clipboard	MSP	Microsoft Paint
CMP	Photomatrix G3/G4 scanner format	NIF	Navy Image File
CMP	LEAD Technologies	PBM	Portable bitmap
CPR	Knowledge Access	PCD	PhotoCD
CT	Scitex Continuous Tone	PCX	PC Paintbrush
CUT	Dr. Halo	PIX	Inset Systems (HiJaak)
DBX	DATABEAM	PNG	Portable Network Graphics
DX	Autotrol document imaging	PSD	Photoshop native format
ED6	EDMICS (U. S. DOD)	RAS	Sun
EPS	Encapsulated PostScript	RGB	SGI
FAX	Fax	RIA	Alpharel Group IV document imaging

续表

后缀	文件名称	后缀	文件名称
FMV	FrameMaker	RLC	Image Systems
GED	Arts & Letters	RLE	Various RLE-compressed Formats
GDF	IBM GDDM Format	RNL	GTX Runlength
GIF	CompuServe	SBP	IBM StoryBoard
GP4	CALS Group IV-ITU Group IV	SGI	Silicon Graphics RGB
GX1	Show Partner	SUN	Sun
GX2	Show Partner	TGA	Targa
ICA	IBM IOCA (see MO:DCA)	TIF	TIFF
ICO	Windows Icon	WPG	WordPerfect Image
IFF	Amiga ILBM	XBM	X Window Bitmap
IGF	Inset Systems (HiJaak)	XPM	X Window Pixelmap
IMG	GEM Paint	XWD	X Window Dump

表 4-2 矢量图格式

后缀	文件名称	后缀	文件名称
3DS	3D Studio	GEM	GEM proprietary
906	Calcomp plotter	G4	GTX RasterCAD-scanned images into vectors for AutoCAD
AI	Adobe Illustrator	IGF	Inset Systems (HiJaak)
CAL	CALS subset of CGM	IGS	IGES
CDR	CorelDRAW	MCS	MathCAD
CGM	Computer Graphics Metafile	MET	OS/2 Metafile
CH3	Harvard Graphics Chart	MRK	Informative Graphics Markup File
CLP	Windows Clipboard	P10	Tektronix Plotter (PLOT10)
CMX	Corel Metafile Exchange	PCL	HP LaserJet
DG	Autotrol	PCT	Macintosh PICT Drawings
DGN	Intergraph Drawing Format	PDW	HiJaak
DRW	Micrografx Designer 2. x, 3. x	PGL	HP Plotter
DS4	Micrografx Designer 4. x	PIC	Variety of Picture Formats
DSF	Micrografx Designer 5. x	PIX	Inset Systems (HiJaak)
DXF	AutoCAD	PLT	HPGL Plot File (HPGL2 has Raster Format)
DWG	AutoCAD	PS	PostScript Level 2
EMF	Enhanced Metafile	RLC	Image Systems "CAD Overlay ESP" Vector Files Overlaid onto Raster Images

续表

后缀	文件名称	后缀	文件名称
EPS	Encapsulated PostScript	SSK	SmartSketch
ESI	Esri Plot File (GIS Mapping)	WMF	Windows Metafile
FMV	FrameMaker	WPG	WordPerfect Graphics
GCA	IBM GOCA	WRL	VRML

4.4.2　图像文件格式

大多数的图像文件由三个部分组成：文件头、文件体和文件尾。

(1)文件头的主要内容包括产生或编辑该图像文件的软件的信息以及图像本身的参数。

(2)文件体主要包括图像数据以及色彩变换查找表或调色板数据。这部分是文件的主体，对文件容量的大小起决定作用。

(3)文件尾是可选项，可包含一些用户信息。

每个部分的组成如图 4-4 所示。

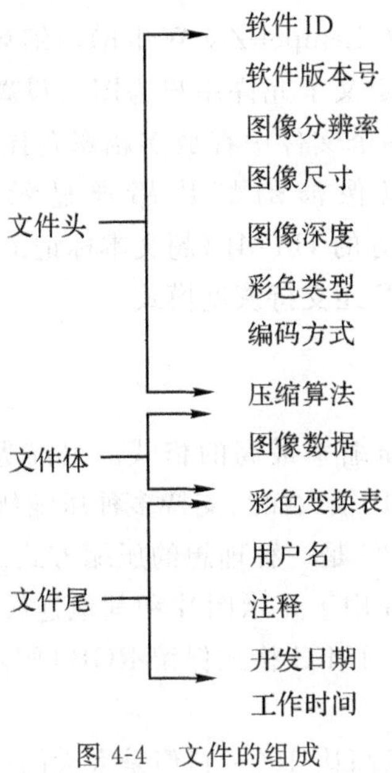

图 4-4　文件的组成

有三种常用的图像后缀名：BMP、GIF 和 JPG，设备无关位图(DIB)是 Windows 平台下的常用文件格式，通常写成 bmp 文件。JPG 和 GIF 图像是互联网上使用最普遍的通用位图格式，由于所有的浏览器都能显示它们，因此可以认为是跨平台的图像格式。

1. BMP

位图文件(Bitmap-File)格式是 Windows 采用的图像文件存储格式，在 Windows 环境下运行的所有图像处理软件都支持这种格式。现在的 Windows 操作系统下，BMP 位图文件格式与显示设备无关，因此把这种 BMP 位图文件格式称为设备无关位图(device-independent bitmap，DIB)格式，其目的是为了让 Windows 能够在任何类型的显示设备上显示 BMP 位图文件。BMP 位图文件默认的文件扩展名是 BMP 或者 bmp。

BMP 位图文件由 4 个部分组成：位图文件头(bitmap-file header)、位图信息头(bitmap-information header)、彩色表(color table)和定义位图的字节(BYTE)阵列。

BMP 格式支持 RGB、索引颜色、灰度和位图颜色模式，但不支持 Alpha 通道。BMP 格式支持 1、4、24、32 位的 RGB 位图。

2. GIF

GIF(Graphics Interchange Format)是 CompuServe 公司开发的图像文件存储格式，1987 年开发的 GIF 文件格式版本号是 GIF87a，并于 1989 年进行了扩充，扩充后的版本号定义为 GIF89a。

GIF 图像文件以数据块(block)为单位来存储图像的相关信息。一个 GIF 文件由表示图形/图像的数据块、数据子块以及显示图形/图像的控制信息块组成，称为 GIF 数据流(Data Stream)。数据流中的所有控制信息块和数据块都必须在文件头(Header)和文件结束块(Trailer)之间。

GIF 文件格式采用了 LZW(Lempel-Ziv Walch)压缩算法来存储图像数据，用来最小化文件大小和电子传递时间。定义了允许用户为图像设置背景的透明(transparency)属性。此外，GIF 文件格式可在一个文件中存放多幅彩色图形/图像。如果在 GIF 文件中存放有多幅图像，它们可以像演幻灯片那样显示或者像动画那样演示。在 WorldWideWeb 和其他网上服务的 HTML(超文本标记语言)文档中，GIF 文件格式普遍用于现实索引颜色和图像。GIF 还支持灰度模式。

3. JPG

JPEG 是目前所有格式中压缩率最高的格式。目前大多数彩色和灰度图像都使用 JPEG 格式压缩图像，它是压缩比很大而且支持多种压缩级别的格式，当对图像的精度要求不高而存储空间又有限时，JPG 是一种理想的压缩方式。在 WorldWideWeb 和其他网上服务的 HTML 文档中，JPEG 用于显示图片和其他连续色调的图像文档。JPEG 支持 CMYK、RGB 和灰度颜色模式。JPEG 格式保留 RGB 图像中的所有颜色信息，通过选择性地去掉数据来压缩文件。

JPEG 文件的压缩比率可以高达 100∶1，但是太大的压缩比会导致图像质量变差，因为文件压缩是以牺牲图像质量为代价的。JPEG 压缩可以很好地处理写实摄影作品(JPEG 格式可在 10∶1 到 20∶1 的比率下轻松地压缩文件，而图片质量不会下降。)，但是，对于颜色较少、对比级别强烈、实心边框或纯色区域大的较简单的作品，JPEG 压缩无法提供理想的结果。有时，压缩比率会低到 5∶1，严重损失了图片完整性。这一损失产生的原因是，JPEG 压缩方案可以很好地压缩类似的色调，但是 JPEG 压缩方案不能很好地处理亮度的强烈差异或处理纯色区域。

4.5　位图文件格式

位图(Bitmap)文件(＊.BMP)是由 Microsoft 与 IBM 为 Windows 和 PS/2 制订的图像文件格式。支持灰度图、伪彩图和 24 位的真彩图，可采用 RLE 无损压缩(16/256 色图)或不压缩(黑白/真彩图)。格式简单、显示快，在 Windows 平台中使用广泛。缺点是文件大，占存储空间和传输带宽。一般用于小尺寸图像和中间/临时图像。

BMP 文件格式分为普通与核心两类：普通格式的信息头较大(40 字节)，颜色表中每项是 4 个字节，且支持压缩；核心格式的信息头较小(12 字节)，颜色表中每项是 3 个字节，且不支持压缩。

BMP 文件的格式如表 4-3：

表 4-3　BMP 文件格式

内容	普通格式	核心格式
文件头	14 B	
信息头	40 B	12 B
[颜色表]	$n*4$B (BGR0)	$n*3$B (BGR)
位图数据	高位在前，行 4B 对齐(不足补 0)，行从下往上排列	

其中的颜色表可选，$n=0$(24 位真彩图)、2(黑白图)、16、256。

相关数据结构被定义在 Windows API 中(在 windows.h 或 wingdi.h 中)，其中多字节整型数的低位字节在前。

(1)位图文件头主要用于识别位图文件，位图文件头结构定义如下：

```
typedef struct tagBITMAPFILEHEADER { // 文件头结构
      WORD     bfType;  //文件类型，必须是 0x4D42，即字符串“BM”
      DWORD    bfSize;   //文件大小，包括 BITMAPFILEHEADER 的 14 个字节
      WORD     bfReserved1;  //保留字
      WORD     bfReserved2;  //保留字
      DWORD    bfOffBits;     //从文件头到实际的位图数据的偏移字节数
} BITMAPFILEHEADER;
```

(2)位图信息中所记录的值用于分配内存，设置调色板信息，读取像素值等，位图信息结构的定义如下：

```
typedef struct tagBITMAPINFO { // 信息结构
  BITMAPINFOHEADER     bmiHeader;
  RGBQUAD              bmiColors[1];
} BITMAPINFO;
```

位图信息由两部分组成，即位图信息头和颜色表。位图信息头包含了单个像素所用

字节数以及描述颜色的格式，同时还包括位图的宽度、高度、目标设备的位平面数、图像的压缩格式。位图信息头结构的定义如下：

```
typedef struct tagBITMAPINFOHEADER{ // 信息头结构
        DWORD       biSize;
        LONG        biWidth;
        LONG        biHeight;
        WORD        biPlanes;
        WORD        biBitCount;
        DWORD       biCompression;
        DWORD       biSizeImage;
        LONG        biXPelsPerMeter;
        LONG        biYPelsPerMeter;
        DWORD       biClrUsed;
        DWORD       biClrImportant;
} BITMAPINFOHEADER;
```

1. 文件头

文件头格式如表 4-4 所示。

表 4-4　BMP 文件头格式

内容	大小	取值
标识	2 B	必须为“BM”
文件大小	4 B	字节数
保留 1	2 B	必须为 0
保留 2	2 B	必须为 0
位图数据的偏移量	4 B	字节数

2. 信息头

信息头分为普通格式和核心格式。普通格式的信息头格式如表 4-5 所示。

表 4-5　普通 BMP 文件的信息头格式

内容	大小	取值
信息头大小	4 B	字节数(40)
图像宽	4 B	像素数
图像高	4 B	像素数
图像平面数	2 B	必须为 1
每像素位数	2 B	1、2、4、8、24

续表

内容	大小	取值
压缩类型	4 B	0～3
图像数据大小	4 B	字节数
水平分辨率	4 B	像素数/米(一般为 0)
垂直分辨率	4 B	像素数/米(一般为 0)
使用的颜色数	4 B	＞0 时为颜色表项数 ＝0 时无颜色表(24 位色) 或表项数＝2^每像素位数
重要的颜色数	4 B	当系统色＜使用色时用

其中,压缩类型 biCompression 可取值:

```
BI_RGB ( = 0,不压缩)
BI_RLE8 ( = 1,256 色位图的行程编码[RLE]压缩)
BI_RLE4 ( = 2,16 色位图的行程编码[RLE]压缩)
```

核心格式的信息头格式如表 4-6 所示。

表 4-6 核心 BMP 文件的信息头格式

内容	大小	取值
信息头大小	4 B	字节数(12)
图像宽	2 B	像素数
图像高	2 B	像素数
图像平面数	2 B	必须为 1
每像素位数	2 B	1、2、4、8、24

3. 颜色表

当位图不是真彩图时,有调色板所用的颜色表。这时,图像数据不是颜色本身,而是对该颜色表的索引。

颜色表由若干颜色表项组成(共有 2^每像素位数[＝使用的颜色数]项),每项为光电三原色:红(R)绿(G)蓝(B)。由于低位在前,所以字节的排列顺序为 BGR。

普通格式的每个颜色表项为 4 个字节(BGR0),核心格式的每个颜色表项为 3 个字节(BGR)。

4. 图像数据

对真彩图,数据的字节顺序为 RGB;对伪彩图,数据为对颜色表项的索引,几个像素组成一个字节,高位像素在前。图像数据按行从下往上排列,每行 4B 对齐,不足部分补 0。对 16 色和 256 色的普通格式的位图还可进行行程编码(RLE)压缩。

4.6 多媒体数据压缩技术概述

数据压缩在人们日常生活中有着广泛的应用。比如，我们把中华人民共和国简称为中国，把浙江大学简称为浙大，把 Multimedia Personal Computer 简称为 MPC 等等。人们在进行交流时，对于以压缩方式出现的简称，能够准确地知道其对应的全称，利用这种方式也提高了交流的效率。这些都是在日常生活中使用数据压缩的典型例子。

所谓数据压缩，就是采用一定的方法，对原始数据进行编码处理，通过这种处理，使得原始数据占用的空间减少，比如存储数据占用的物理空间减少或传输数据占用的带宽减少。经过压缩的数据可以精确地恢复到压缩前的状态，即恢复到和压缩前的数据完全一样，这样的压缩称为无损压缩；或者不能完全恢复到压缩前的状态，但不影响人们对所表达内容的理解，这种压缩称为有损压缩。

4.6.1 数据压缩的必要性

随着多媒体技术和计算机网络的发展，各行各业领域对数据压缩产生巨大需求，尤其是数字化的多媒体数据对应着极大的数据量，人们把这些数据称为海量数据。下面是几个未经压缩的多媒体数据的例子：

【例 4-1】 假定图像分辨率为 800×600，采样深度为 24 位（真彩色图像，3 字节表示一个像素），则这幅图像的数据量为：800×600×24/8＝1.44 MB；若每秒播放 30 帧画面，则每秒播放的数据量为：1.44×30＝43.2 MB。对于这样的数据量，一张 650 MB 的 CD-ROM 盘用来存储视频节目时，仅能播放 15.1 秒。

【例 4-2】 选取采样频率为 44.1 kHz，量化位数为 8 位，声道数为 2 的立体声，录音时间长度为 1 分钟，对应的数字录音文件数据量为：44100×60×(8/8)×2＝5.292 MB。

【例 4-3】 资源遥感卫星勘测数据，用 60 路传感器，每路信号按 1 kHz 频率采样，16 位模数转换器量化而得。每天的测量数据为：60 × 1000 × (16/8) × 24 × 3600 ＝ 10.368 GB。

由上述几例可以看出，未经压缩的数字化后的多媒体数据，其数据量是何等庞大！这无疑会给存储设备的容量、通信线路的带宽、计算机的处理速度形成巨大的压力。面对这一问题，采用扩大存储容量、增加通信线路带宽、提高计算机的处理速度，不是根本的解决办法，因此研究并采用数字压缩技术便显得非常重要。

4.6.2 数据压缩的可能性

日常生活中，人们用不同的方式表示或传递信息，比如用文字符号、声音和图像等等。用于表达信息的符号的多少，对应着数据量的多少。研究发现，人们用于表示信息的数据中通常会存在大量冗余，去除这些冗余，可以达到数据压缩的目的。

【例 4-4】 阅读如下两段文字：

文字段 1　建国：你的弟弟建军，将于明天晚上 9 点零 5 分在杭州的萧山机场接你。

文字段 2　建军明晚 9 点在萧山机场接你。

可以看出，文字段 1 和文字段 2 描述了同样的信息，但计算机存储文字段 1 需要 30×2+2=62 个字节，存储文字段 2 需要 13×2+1=27 个字节，对应的数据量不同。

【例 4-5】 假定有一个字符串，由字母 a、b、c、d、e 组成。其中 a 重复出现了 18 次，b 重复出现了 9 次，c 重复出现了 6 次，d 重复出现了 5 次，e 重复出现了 2 次。我们知道，a、b、c、d、e 对应的 ASCII 码如表 4-7 所示。

表 4-7　a、b、c、d、e 及对应的 ASCII 码

字符	a	b	c	d	E
ASCII 码	0110 0001	0110 0010	0110 0011	0110 0100	0110 0101

如果这段文字用 ASCII 码方式进行记录和保存，因为每个字符的 ASCII 码均占一个字节，所以这一字符串所占空间为：(18×1+9×1+6×1+5×1+2×1)×8=320 bit。

对于这一字符串，如果采用表 4-8 所示的变长码来表示，其数据量可计算如下：18×1+9×2+6×3+5×4+2×4=82 bit。

表 4-8　用变长码表示 a、b、c、d、e

字符	A	b	c	d	E
变长码	1	01	000	0010	0011

可以看出，用表 4-7 的编码方式和用表 4-8 的编码方式编码同一段字符，显然后者的数据量明显减少。

其实，对于声音和图像进行数字化时，同样存在冗余。以图像为例分析如下。

1. 空间冗余

在一幅静态图像中，各采样点尤其是相邻的采样点之间往往存在空间连贯性，这种连贯性使得相邻点的表示值相同或非常接近，我们把这种特性称为存在空间冗余。比如一幅以蓝天为背景的画面，一幅以黑板为背景的讲课画面或人的面部画面等等，我们在用基于离散像素来表示此类画面颜色时，如果不利用画面的这种空间连贯性，便会出现空间冗余，若利用了这种空间连贯性，可以消除空间冗余。

2. 时间冗余

以连续的视频画面为例，因为动态图像通常反映的是一个连续的处理过程，相邻画面往往包含着相同的背景和移动的对象，只不过移动对象所在的空间位置可能有所不同而已。连续画面中，后一幅图像的数据与前一幅图像的对应点的数据值可能是相同的，对于这一特性我们称其为存在时间冗余。

3. 结构冗余

有些图像,存在着明显的分部特性,比如方格状的地板图案,可能整块的颜色、图案是一样的,我们称其存在结构冗余。只要掌握了整体图案的分布模式,通过某一过程来生成整个画面可达到消除结构冗余的目的。

4. 知识冗余

有些图像,人们在理解时,与某些知识有很大的相关性,如人脸构成的画面,就呈现出一种固定的结构:眉毛下面有眼睛,鼻子在眼睛下方的中线上,这种有规律的结构,可以由先验知识来得到,我们称这种图像存在知识冗余。

5. 视觉冗余

通过对人自身的研究发现,人类视觉系统对图像信息的敏感程度不一样,对有些信息敏感,对有些信息则不敏感。比如,通常情况下,人类视觉系统对亮度变化敏感,对色度变化相对不敏感;对物体边缘部分敏感,对内部区域相对不敏感;对整体结构敏感,而对细节部分相对不敏感等等。对于这一特性,我们称其存在视觉冗余。若在记录图像数据时,针对人的视觉系统对敏感和不敏感的部分区别处理,就可以消除视觉冗余。

当然,随着科学技术的不断发展,通过对人类视觉系统和图像模型的深入研究还会发现更多的冗余特性,使图像数据压缩的方法越来越多,压缩的空间越来越大,以推动数据压缩技术的进一步发展。数据的冗余为数据压缩提供了可能性。

4.6.3 数据压缩方法的分类

在数据压缩实践中,人们针对不同应用特性设计了相应数据压缩编码方法,并从不同角度进行分类。按压缩过程中有没有损失,可分为无损压缩和有损压缩;按压缩算法是否可逆,可分为对称压缩和不对称压缩;按数据系统有无自适应能力,可分为自适应数据压缩和非自适应数据压缩;按照压缩算法实现的手段,可分为硬件压缩和软件压缩;按使用的量化技术,可分为标量量化数据压缩和矢量量化数据压缩;按数据压缩技术出现和应用的时间长短、技术成熟程度,可分为经典数据压缩和新型数据压缩等等。

1. 无损压缩和有损压缩

无损压缩是指数据在压缩和解压缩过程中不会出现损失,解压缩产生的数据是原始数据的完整复制。比如霍夫曼编码、算术编码、行程编码以及我们经常使用的 WinRAR 软件都属于无损压缩。

有损压缩是指在数据压缩过程中会出现损失,解压缩时不能完整恢复压缩前的原始数据。和无损压缩相比,有损压缩可实现高压缩比压缩。

2. 对称压缩和不对称压缩

对称压缩是指压缩算法和解压缩算法是一种可逆操作，其优点在于压缩和解压缩以同一种速度进行操作。

不对称压缩是指压缩和解压缩的运算速率是不同的。比如 VCD 的制作与播放便是典型的不对称压缩范例。在制作 VCD 时，将一部电影压缩到 VCD 盘片上，可能需要十几个小时或更多的时间，而在播放 VCD 时，解压缩速度非常地快，以保证视频流的播放流畅。

3. 自适应数据压缩和非自适应数据压缩

自适应数据压缩，是指所采用的数据压缩算法能够随着输入数据的变化进行调整，以适应数据的变化，实现最佳压缩效果。自适应数据压缩算法中，包括算法系数调整的自适应和量化参数调整的自适应。我们把具备这种自适应能力的数据压缩称为自适应数据压缩。反之，称为非自适应数据压缩。

4. 硬件压缩和软件压缩

硬件压缩是指对数据的压缩主要通过硬件来实现。软件压缩是指对数据的压缩主要用软件方法来实现。硬件压缩的特点是速度快，但实现的成本高。软件压缩的特点是实现的成本低，更新升级容易，但和硬件压缩相比速度慢。

5. 标量量化数据压缩和矢量量化数据压缩

按照量化的维数分，量化可分为标量量化和矢量量化。标量量化是一维的量化，一个输入数据对应一个量化结果。矢量量化是 20 世纪 70 年代后期发展起来的一种数据压缩技术，其基本思想是，将若干个标量数据组，构成一个矢量，然后在矢量空间进行整体量化，从而达到压缩数据的目的。

6. 经典数据压缩和新型数据压缩

经典数据压缩是指那些出现和使用时间相对较长、技术已经成熟的数据压缩，比如霍夫曼编码、算术编码、行程编码等等。新型数据压缩是指出现时间不长，其技术还处于发展和完善之中的数据压缩，比如基于模型的数据压缩、分形编码、基于小波变换的数据压缩等等。

4.6.4　数据压缩技术的性能指标

在数据压缩实践中，体现数据压缩性能的主要指标有：压缩比、数据压缩的精度、压缩与解压缩速度等等。

1. 压缩比

压缩比是指文件的原始大小和经过压缩后文件的大小之间的比例。压缩比是衡量压缩算法性能的一个重要指标。

在进行数据压缩时,人们希望压缩倍数越大越好。同时也希望压缩的速度越快越好,即在压缩时尽可能少地耗费系统资源,尽可能少地占用系统时间,并且要确保数据压缩的精度,即解压缩后的数据和原数据相比最好没有损失或有尽可能少的损失。然而,遗憾的是,追求压缩比和追求压缩速度及精度通常是矛盾的,通常要根据具体应用的需要进行权衡、取舍。

2. 数据压缩的精度

数据压缩的精度如何,也是压缩算法性能的体现。无损压缩算法可以保证数据压缩的精度,解压缩后的数据和压缩前的数据完全一样,但不能获得较大的压缩比。有损压缩算法牺牲数据的精度可以换取更大的压缩比。对于声音和图像数据,在压缩时采用丢失细节部分达到高压缩比,但还原后的声音和图像质量会有所降低。在实际应用中,要压缩的原始数据,多数情况下是音频、视频、图形、图像信息,而其接收者通常是人,这些多媒体的数据量庞大,压缩过程中产生失真是必然的,对压缩算法提出压缩精度的要求,是保证这种失真不致影响人的正常视听。

3. 压缩与解压缩的速度

压缩与解压缩的速度是压缩算法和解压缩算法性能的度量。在有些应用中,压缩和解压缩都需要实时进行,比如实况视频转播,对压缩和解压缩算法都有速度方面的要求。在有些应用中,对压缩算法没有实时性要求,对解压缩算法有实时性要求,比如 VCD 节目制作和播放。从已有的压缩技术看,压缩算法的计算量通常比解压缩的计算量要大。

在多媒体数据压缩中,在同样压缩比前提下,哪一种压缩算法还原的数据对应的音频、视频、图像质量更好一些,这就牵涉到对压缩算法的评价问题。对压缩算法进行评价,通常采用客观评价和主观评价两种方法。

客观评价法是通过具体的数值计算来统计多媒体数据压缩结果的损失,并以此来评价数据压缩算法的一种方法。比如通过信号与噪声之比,简称为信噪比 SNR 的计算对算法进行评价,就是一种常用的客观评价方法。

主观评价法是基于人的听觉和视觉感知的一种评价方法。因为人作为最终的信息接收者做出直观的判断,应该比客观评价更为恰当和合理。主观评价通常是由人对不同的数据压缩算法进行比较评判,在进行具体评价时,使各个实验样本次序排列随机化,以便消除先后次序可能对评价结果的影响,同时,还要保证足够的样本数量。

4.7　基于统计模型的无损数据压缩

如前所述，数据压缩技术对于多媒体技术发展非常重要。因此，涌现出了各种类型的数据压缩方法。主要包括以下几种类型：统计编码、预测编码、变换编码、词典编码及矢量编码、子带编码、分形编码等新型编码。

统计编码即指基于统计模型的数据压缩编码方法。主要适用于对信源符号出现概率不同的情况进行压缩编码。在编码时，寻找概率与码字长度之间的最佳匹配进行编码。统计编码又可分为变长码和定长码。根据符号出现的概率的不同赋予长短不同的码字，称为变长编码；给单个符号或定长符号组赋予相同长度的码字，称为定长编码。

这里主要介绍四种类型：香农-范诺编码、霍夫曼编码、算术编码、行程编码。

4.7.1　信息论基础

人们生活中的主要内容是传递和获取信息。我们在用声、文、图的方式表示信息时，存在数据冗余，消除各种冗余可以达到数据压缩的目的，讨论数据压缩必然涉及信息论，信息论为数据压缩奠定了理论基础。

美国数学家香农在 1948 年发表的两篇论文，即《通信的数学原理》和《噪声条件下的通信》，对信息进行了定量和定性的分析，为信息论的发展奠定了基础。以这两篇经典论著作为基础发展起来的信息论就是应用概率论和近代数理统计方法研究信息处理及传输的科学，是在对信息进行定量和定性分析的基础上，研究最有效和最可靠传输、处理信息的理论。信息论既给出了数据压缩的理论极限，同时又指出了数据压缩技术实现的途径，是数据压缩的重要理论基础。这里仅仅简单介绍两个相关概念。

1. Entropy(熵)的概念

熵是信息量的度量方法，它表示某一事件出现的消息越多，事件发生的可能性就越小，数学上就是概率越小。

某个事件的信息量用 $I_i = -\log_2 p_i$ 表示，其中 p_i 为第 i 个事件的概率，$0 < p_i \leqslant 1$。

2. 信源 S 的熵的定义

按照香农(Shannon) 的理论，信源 S 的熵定义为

$$H(s) = \eta = \sum_i p_i \log_2(1/p_i)$$

其中 p_i 是符号 s_i 在 S 中出现的概率；$\log_2(1/p_i)$ 表示包含在 s_i 中的信息量，也就是编码 s_i 所需要的位数。例如，一幅用 256 级灰度表示的图像，如果每一个像素点灰度的概率均为 $p_i = 1/256$，编码每一个像素点就需要 8 比特。

【例 4-6】 有一幅 40 个像素组成的灰度图像，灰度共有 5 级，分别用符号 A、B、C、D 和 E 表示，40 个像素中出现灰度 A 的像素数有 15 个，出现灰度 B 的像素数有 7 个，出现灰度 C 的像素数有 7 个等等，如表 4-9 所示。如果用 3 个比特表示 5 个等级的灰度值，也就是每个像素用 3 比特表示，编码这幅图像总共需要 120 比特。

表 4-9 符号在图像中出现的数目

符　号	A	B	C	D	E
出现的次数	15	7	7	6	5

按照香农理论，这幅图像的熵为：

$$H(S) = (15/40) \times \log_2(40/15) + (7/40) \times \log_2(40/7) + \cdots + (5/40) \times \log_2(40/5)$$
$$= 2.196$$

这就是说每个符号用 2.196 比特表示，40 个像素需用 87.84 比特。

4.7.2 香农-范诺编码

最早阐述和实现变长统计编码的是香农(Shannon)和范诺(Fano)，因此被称为香农-范诺(Shannon-Fano)编码。其编码步骤如下：

(1)将信源符号按出现的概率降序排列。

(2)将信源符号集合分成两个概率和相等或相近的子集，把第一个子集赋编码“0”，第二个子集赋编码“1”。

(3)重复上述步骤，直到每个子集只包含一个信源符号为止。

【例 4-7】 有一幅 80 个像素组成的灰度图像，灰度共有 5 级，分别用符号 a、b、c、d、e 表示。80 个像素中，a 灰度的像素数出现 18 次，b 灰度的像素数出现 9 次，c 灰度的像素数出现 6 次，d 灰度的像素数出现 5 次，e 灰度的像素数出现 2 次，如表 4-10 所示。用香农-范诺编码来编码这幅图像。

表 4-10 信源符号在图像中出现的频率

符号	a	b	c	d	e
出现频率	18	9	6	5	2
对应概率	0.45	0.225	0.15	0.125	0.05

香农-范诺编码的过程如表 4-11 所示。

表 4-11 香农-范诺算法编码过程

<table>
<tr><th>符号</th><th>出现概率</th><th colspan="4">过程</th><th>分配的编码</th></tr>
<tr><td>a</td><td>0.45</td><td>0</td><td colspan="3"></td><td>0</td></tr>
<tr><td>b</td><td>0.225</td><td rowspan="4">1</td><td>0</td><td></td><td></td><td>10</td></tr>
<tr><td>c</td><td>0.15</td><td rowspan="3">1</td><td>0</td><td></td><td>110</td></tr>
<tr><td>d</td><td>0.125</td><td rowspan="2">1</td><td>0</td><td>1110</td></tr>
<tr><td>e</td><td>0.05</td><td>1</td><td>1111</td></tr>
</table>

4.7.3　霍夫曼编码

霍夫曼(Huffman)在 1952 年提出了另一种编码方法，即从下到上的编码方法。这里仍以一个具体的例子说明它的编码步骤：

(1)初始化，根据符号概率的大小按由大到小顺序对符号进行排序，如表 4-12 和图 4-5所示。

(2)把概率最小的两个符号组成一个节点，如图 4-6 中的 D 和 E 组成节点 P1。

(3)重复步骤 2，得到节点 P2、P3 和 P4，形成一棵“树”，其中的 P4 称为根节点。

(4)从根节点 P4 开始到相应于每个符号的“树叶”，从上到下标上“0”(上枝)或者“1”(下枝)，至于哪个为“1”哪个为“0”则无关紧要，最后的结果仅仅是分配的代码不同，而代码的平均长度是相同的。

(5)从根节点 P4 开始顺着树枝到每个叶子分别写出每个符号的代码，如表 4-12 所示。

(6)按照香农理论，这幅图像的熵为

$H(S) = (15/39) \times \log_2(39/15) + (7/39) \times \log_2(39/7) + \cdots + (5/39) \times \log_2(39/5)$
$= 2.1859$，压缩比 1.37：1。

表 4-12　霍夫曼编码举例

符号	出现的次数	$\log_2(1/p_i)$	分配的代码	需要的位数
A	15(0.3846)	1.38	0	15
B	7(0.1795)	2.48	100	21
C	6(0.1538)	2.70	101	18
D	6(0.1538)	2.70	110	18
E	5(0.1282)	2.96	111	15

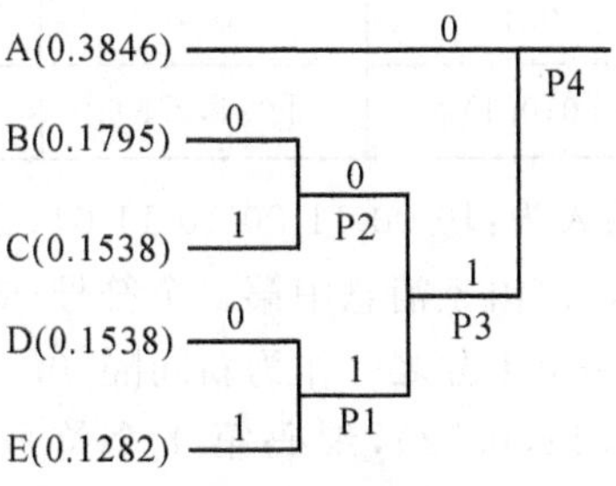

图 4-5　霍夫曼编码方法

霍夫曼码的码长虽然是可变的，但却不需要另外附加同步代码。例如，码串中的第 1 位为 0，那么肯定是符号 A，因为表示其他符号的代码没有一个是以 0 开始的，因此下一位就表示下一个符号代码的第 1 位。同样，如果出现“110”，那么它就代表符号 D。如果事先编写出一本解释各种代码意义的“词典”，即码簿，那么就可以根据码簿一个码一个码地依次进行译码。

采用霍夫曼编码时有两个问题值得注意：(1)霍夫曼码没有错误保护功能，在译码时，如果码串中没有错误，那么就能一个接一个地正确译出代码。但如果码串中有错误，哪怕仅仅是1位出现错误，不但这个码本身译错，更糟糕的是一错一大串，全乱了套，这种现象称为错误传播(error propagation)。计算机对这种错误也无能为力，说不出错在哪里，更谈不上去纠正它。(2)霍夫曼码是可变长度码，因此很难随意查找或调用压缩文件中间的内容，然后再译码，这就需要在存储代码之前加以考虑。尽管如此，霍夫曼码还是得到广泛应用。

与香农-范诺编码相比，这两种方法都自含同步码，在编码之后的码串中都不须要另外添加标记符号，即在译码时分割符号的特殊代码。此外，霍夫曼编码方法的编码效率比香农-范诺编码效率高一些。请读者自行验证。

4.7.4 算术编码

算术编码在图像数据压缩标准(如JPEG，JBIG)中扮演了重要的角色。在算术编码中，消息用0到1之间的实数进行编码，算术编码用到两个基本的参数：符号的概率和它的编码间隔。信源符号的概率决定压缩编码的效率，也决定编码过程中信源符号的间隔，而这些间隔包含在0到1之间。编码过程中的间隔决定了符号压缩后的输出。算术编码器的编码过程可用下面的例子加以解释。

【例4-8】 假设信源符号为{00,01,10,11}，这些符号的概率分别为{0.1,0.4,0.2,0.3}，根据这些概率可把间隔[0,1)分成4个子间隔：[0,0.1)，[0.1,0.5)，[0.5,0.7)，[0.7,1)，其中[x, y)表示半开放间隔，即包含x不包含y。上面的信息可综合在表4-13中。

表4-13 信源符号，概率和初始编码间隔

符号PRIVATE	00	01	10	11
概率	0.1	0.4	0.2	0.3
初始编码间隔	[0,0.1)	[0.1,0.5)	[0.5,0.7)	[0.7,1]

如果二进制消息序列的输入为：10 00 11 00 10 11 01，编码时首先输入的符号是10，找到它的编码范围是[0.5,0.7]。由于消息中第二个符号00的编码范围是[0,0.1)，因此它的间隔就取[0.5,0.7)的第一个十分之一作为新间隔[0.5,0.52)。依此类推，编码第3个符号11时取新间隔为[0.514,0.52)，编码第4个符号00时，取新间隔为[0.514,0.5146)，…。消息的编码输出可以是最后一个间隔中的任意数。整个编码过程如图4-6所示。

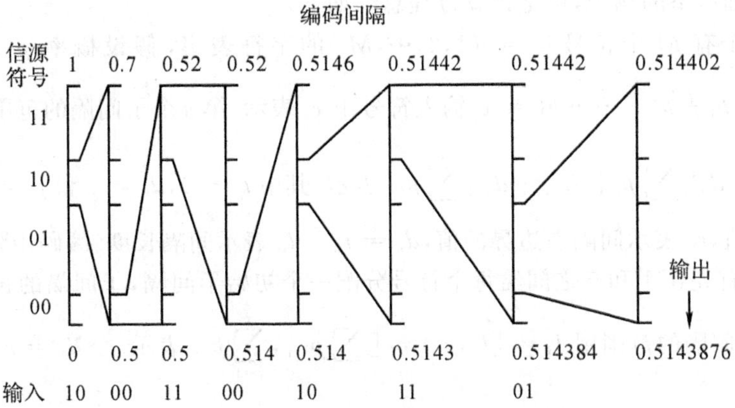

图 4-6　算术编码过程举例

这个例子的编码和译码的全过程分别表示在表 4-14 和表 4-15 中。

表 4-14　编码过程

PRIVATE 步骤	输入符号	编码间隔	编码判决
1	10	[0.5,0.7]	符号的间隔范围[0.5,0.7)
2	00	[0.5,0.52]	[0.5,0.7]间隔的第一个 1/10
3	11	[0.514,0.52]	[0.5,0.52]间隔的最后三个 1/10
4	00	[0.514,0.5146]	[0.514,0.52]间隔的第一个 1/10
5	10	[0.5143,0.51442]	[0.514,0.5146]间隔的第五个 1/10 开始，两个 1/10
6	11	[0.514384,0.51442]	[0.5143,0.51442]间隔的最后 3 个 1/10
7	01	[0.5143836,0.514402]	[0.514384,0.51442]间隔的 4 个 1/10，从第 1 个 1/10 开始
8	从[0.5143876,0.514402)中选择一个数作为输出：0.5143876		

表 4-15　译码过程

PRIVATE 步骤	间隔	译码符号	译码判决
1	[0.5,0.7]	10	0.51439 在间隔 [0.5,0.7)
2	[0.5,0.52]	00	0.51439 在间隔 [0.5,0.7)的第 1 个 1/10
3	[0.514,0.52]	11	0.51439 在间隔[0.5,0.52)的第 7 个 1/10
4	[0.514,0.5146]	00	0.51439 在间隔[0.514,0.52)的第 1 个 1/10
5	[0.5143,0.51442]	10	0.51439 在间隔[0.514,0.5146)的第 5 个 1/10
6	[0.514384,0.51442]	11	0.51439 在间隔[0.5143,0.51442)的第 7 个 1/10
8	[0.51439,0.5143948]	01	0.51439 在间隔[0.51439,0.5143948]的第 1 个 1/10
7	译码的消息：10 00 11 00 10 11 01		

根据上面所举的例子，可把计算过程总结如下。

考虑一个有 M 个符号 $a_i=(1,2,\cdots,M)$ 的字符表集，假设概率 $p(a_i)=p_i$，而 $\sum_{i=1}^{M}p_i(a_i)=p_1+p_2+\cdots+p_M=1$。输入符号用 x_n 表示，第 n 个子间隔的范围用 $I_n=[l_n,r_n)=[l_{n-1}+d_{n-1}\sum_{i=1}^{i}p_{i-1},l_{n-1}+d_{n-1}\sum_{i=1}^{i}p_i)$ 表示。其中 $l_0=0,d_0=1$ 和 $p_0=0$，l_n 表示间隔左边界的值，r_n 表示间隔右边界的值，$d_n=r_n-l_n$ 表示间隔长度。编码步骤如下：

步骤 1：首先在 1 和 0 之间给每个符号分配一个初始子间隔，子间隔的长度等于它的概率，初始子间隔的范围用 $I_1=[l_1,r_1)=[\sum_{i=1}^{i}p_{i-1},\sum_{i=1}^{i}p_i)$ 表示。令 $d_1=r_1-l_1$，$L=l_1$ 和 $R=r_1$。

步骤 2：L 和 R 的二进制表达式分别表示为：

$$L=\sum_{k=1}^{\infty}u_k2^{-k} \text{ 和 } R=\sum_{k=1}^{\infty}v_k2^{-k}$$

其中，u_k 和 v_k 等于“1”或者“0”。

比较 u_1 和 v_1：① 如果 $u_1\neq v_1$，不发送任何数据，转到步骤 3；② 如果 $u_1=v_1$，就发送二进制符号 u_1。

比较 u_2 和 v_2：① 如果 $u_2\neq v_2$，不发送任何数据，转到步骤 3；② 如果 $u_2=v_2$，就发送二进制符号 u_2。

……

这种比较一直进行到两个符号不相同为止，然后进入步骤 3，

步骤 3：n 加 1，读下一个符号。假设第 n 个输入符号为 $x_n=a_i$，按照以前的步骤把这个间隔分成如下所示的子间隔：

$$I_n=[I_n,r_n)=\left[I_{n-1}+d_{n-1}\sum_{i=1}^{i}p_{i-1},I_{n-1}+d_{n-1}\sum_{i=1}^{i}p_i\right)$$

令 $L=I_n$，$R=r_n$ 和 $d_n=r_n-I_n$，然后转到步骤 2。

在算术编码中需要注意的几个问题：

(1)由于实际的计算机的精度不可能无限长，运算中出现溢出是一个明显的问题，但多数机器都有 16 位、32 位或者 64 位的精度，因此这个问题可使用比例缩放方法解决。

(2)算术编码器对整个消息只产生一个码字，这个码字是在间隔[0,1)中的一个实数，因此译码器在接收到表示这个实数的所有位之前不能进行译码。

(3)算术编码也是一种对错误很敏感的编码方法，如果有一位发生错误就会导致整个消息译错。

算术编码可以是静态的或者自适应的。在静态算术编码中，信源符号的概率是固定的。在自适应算术编码中，信源符号的概率根据编码时符号出现的频繁程度动态地进行修改，在编码期间估算信源符号概率的过程叫做建模。需要自适应算术编码的原因是因为事先知道精确的信源概率是很难的，而且是不切实际的。当压缩消息时，我们不能期待一个算术编码器获得最大的效率，所能做的、最有效的方法是在编码过程中估算概率。因此动态建模就成为确定编码器压缩效率的关键。

4.7.5　行程编码

现实中有许多这样的图像，在一幅图像中具有许多颜色相同的图块。在这些图块中，许多行上都具有相同的颜色，或者在一行上有许多连续的像素都具有相同的颜色值。在这种情况下就不需要存储每一个像素的颜色值，而仅仅存储一个像素的颜色值，以及具有相同颜色的像素数目就可以，或者存储一个像素的颜色值，以及具有相同颜色值的行数。这种压缩编码称为行程编码(run length encoding，RLE)，具有相同颜色并且是连续的像素数目称为行程长度。

为了叙述方便，假定有一幅灰度图像，第 n 行的像素值如图 4-7 所示：

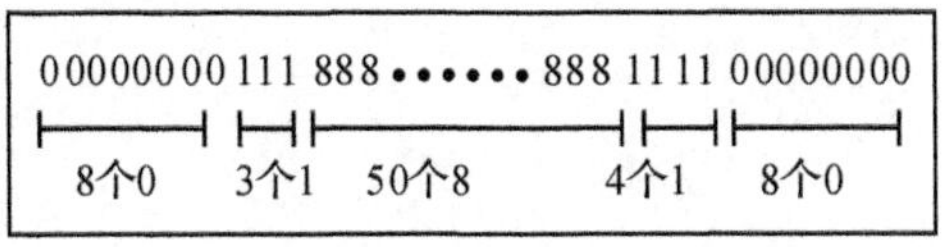

图 4-7　RLE 编码的概念

用 RLE 编码方法得到的代码为：**8**0**3**1**50**8**4**1**8**0。代码中用黑体表示的数字是行程长度，黑体字后面的数字代表像素的颜色值。例如黑体字 50 代表有连续 50 个像素具有相同的颜色值，它的颜色值是 8。

对比进行 RLE 编码前后的代码数可以发现，在编码前要用 73 个代码表示这一行的数据，而编码后只要用 11 个代码表示代表原来的 73 个代码，压缩前后的数据量之比约为 7∶1，即压缩比为 7∶1。这说明 RLE 确实是一种压缩技术，而且这种编码技术相当直观，也非常经济。RLE 所能获得的压缩比有多大，这主要是取决于图像本身的特点。如果图像中具有相同颜色的图像块越大，图像块数目越少，获得的压缩比就越高。反之，压缩比就越小。

译码时按照与编码时采用的相同规则进行，还原后得到的数据与压缩前的数据完全相同。因此，RLE 是无损压缩技术。

RLE 压缩编码尤其适用于计算机生成的图像，对减少图像文件的存储空间非常有效。然而，RLE 对颜色丰富的自然图像就显得力不从心，在同一行上具有相同颜色的连续像素往往很少，而连续几行都具有相同颜色值的连续行数就更少。如果仍然使用 RLE 编码方法，不仅不能压缩图像数据，反而可能使原来的图像数据变得更大。请注意，这并不是说 RLE 编码方法不适用于自然图像的压缩，相反，在自然图像的压缩中还真少不了 RLE，只不过是不能单独使用 RLE 一种编码方法，需要和其他的压缩编码技术联合应用。

习题 4

1. 已知信源输出符号为 a_i，$i=1,2,3,4,5,6,7$，各个符号的出现概率依次分别为：

0.20,0.19,0.18,0.17,0.16,0.15,0.10,试用香农-范诺编码进行编码,求出各个符号的编码码字。

2.已知条件同上,试用霍夫曼编码进行编码,求出各个符号的编码码字。

3.已知信源输出符号为 a_i,$i=1,2,3,4,5$,各个符号的出现概率依次分别为:0.50,0.30,0.15,0.10,0.05,试计算出算术编码中每个字符编码所对应的子区间,并画图说明其算术编码过程。

4.图像数据为什么可以压缩?

第 5 章

静态图像编码标准

随着网络、有线和无线通信系统的迅猛发展，对多媒体数据编码技术的要求越来越高，不仅要求编码技术具有良好的压缩效果，而且要求它能够具有可分级性、鲁棒性以及可对码流进行随机访问和处理等可操作特性。

长期以来，人们对图像的压缩编码研究都是建立在香农的信息论基础之上，认为图像的熵是信息的最小值，只有用不小于熵的比特数才能完全保持原有的信息。然而，目前研究者发现人类的视觉感知特点与统计意义上的信息分布并不一致，也就是说，在统计意义上需要更多信息量才能描述的图像信息对于人的视觉感知并不重要。因而现代图像压缩编码技术更加注重利用人类感知特性来提高图像压缩效率。20 世纪 80 年代后期开始，由于小波分析理论、分形理论以及人类视觉系统理论的建立和发展，人们突破传统的信源编码理论，提出了很多具有新特征和高性能的编码方法。目前在静态图像编码领域比较重要的编码标准是 JPEG 和 JPEG 2000 标准。

本章主要介绍 JPEG 静态图像标准的原理和具体实现过程，然后再简单介绍 JPEG 2000 静态图像压缩标准的结构和关键技术。

5.1 JPEG 静态图像压缩标准

JPEG 成立于 1986 年，该标准于 1992 年正式通过，它的正式名称为“信息技术连续色调静止图像的数字压缩编码”。JPEG 是联合图像专家小组的英文缩写。其中“联合”的含意是指，国际电报电话咨询委员会(CCITT)和国际标准化协会(ISO)联合组成的一个图像专家小组。JPEG 是国际上彩色、灰度、静止图像的第一个国际标准，其国际标准号为 ISO/IEC 10918。JPEG 标准是一个适用范围广泛的通用标准，它不仅适用于静图像的压缩，电视图像序列的帧内图像的压缩编码也常采用 JPEG 压缩标准。

5.1.1 JPEG 的目的

JPEG 的目的是为了给出一个适用于连续色调图像的压缩方法，使之满足以下要求：

(1)达到或接近当前压缩比与图像保真度的技术水平，能覆盖一个较宽的图像质量等级范围,能达到“很好”到“极好”的评估,与原始图像相比,人的视觉难以区分。

(2)采用先进的算法,图像的压缩比及保真度可在较大范围内调节,由用户根据应用情况进行选择。

(3)压缩/还原的算法复杂度适中,使软件实现(在一定处理能力的 CPU 上)能达到一定的性能,算法也可用硬件实现。

(4)有多种操作模式可供设计和使用时选择。

5.1.2 JPEG 的操作模式

JPEG 的操作模式主要有:

(1)顺序编码:每一个图像分量按从左到右,从上到下扫描,然后完成编码。

(2)渐进编码:图像编码在多次扫描中完成。渐进编码传输时间长,接收端收到的图像是多次扫描由粗糙到清晰的累进或渐进过程。

(3)无损编码:保证解码后,完全精确地恢复源图像采样值,其压缩比低于有损压缩编码方法。

(4)分级编码:图像在多分辨率下编码。在接收端,可以只需做低分辨率图像解码。

JPEG 标准根据这四种操作模式定义了多种编码系统。最简单的是基于 DCT 的基本顺序处理(baseline sequential)编码系统,该编码系统称为 JPEG 基本系统(baseline system),此系统提供了大部分应用所需的性能。目前大部分应用中所遇到的 JPEG 图像都是 JPEG 基本系统压缩的图像。本章介绍的就是 JPEG 基本系统的编码过程。

5.2 JPEG 编码算法

基于 DCT 的 JPEG 基本系统的编解码过程如图 5-1、图 5-2 所示。JPEG 解码系统是 JPEG 编码系统的逆过程。在 JPEG 编码系统中,对于输入的某个色彩分量,首先将其划分为不重叠的 8×8 像素子块,然后按照从左至右、自上而下的顺序,对块进行 DCT、量化和熵编码。JPEG 标准并不规定色彩空间,因此,RGB 与 YUV 之间的转换并不包含在编解码器中,而是应用程序在编码之前和解码之后根据需要完成。JPEG 压缩编码算法的主要计算步骤:

(1)正向离散余弦变换(FDCT)。

(2)量化(quantization)。

(3)Z 字形编码(zigzag scan)。

(4)使用差分脉冲编码调制(differential pulse code modulation,DPCM)对直流系数(DC)进行编码。

(5)使用行程长度编码(run-length encoding,RLE)对交流系数(AC)进行编码。

(6)熵编码(entropy coding)。

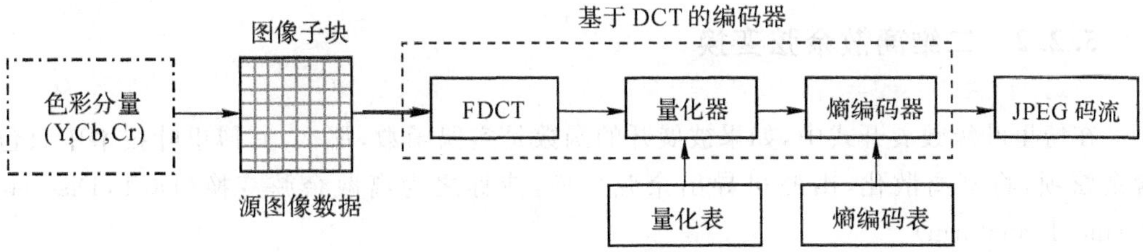

图 5-1　JPEG 编码系统结构

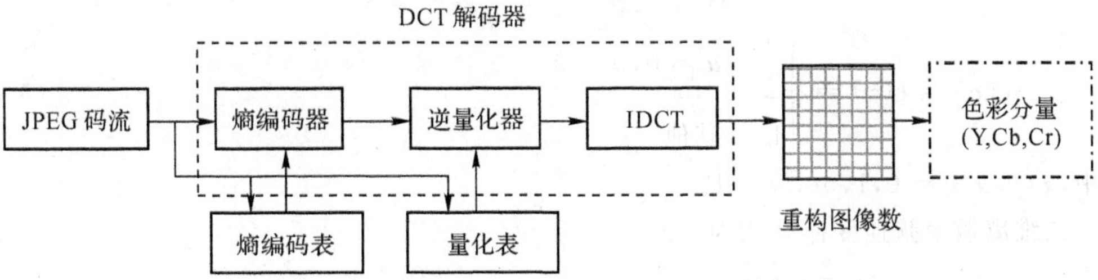

图 5-2　JPEG 解码系统结构

5.2.1　预处理-色彩空间变换

虽然 RGB 到 YUV 的转换并不属于 JPEG 的编解码器中，但这一步很重要。RGB 色彩系统是我们最常用的表示颜色的模型。JPEG 图像使用的是 YUV 颜色模型，想要用 JPEG 基本压缩法处理全彩色图像，得先把 RGB 颜色模式图像数据，转换为 YCbCr 颜色模式的数据。Y 代表亮度，Cb 和 Cr 则代表色差信号。我们知道人类的眼睛对亮度变化敏感，而对颜色的变化迟钝，也就是说，Y 成分的数据是比较重要的，而 Cb 和 Cr 成分的数据相对不重要，可以截掉高频部分，以增加压缩的比例，这样的过程称为部分数据取样。

JPEG 通常有两种采样方式：YUV411 和 YUV422，它们所代表的意义是 Y、Cb 和 Cr 三个成分的资料取样比例。对于取样方式 YUV411 而言，它表示每取 4 个 Y 数据，只取一个 Cb 数据和一个 Cr 数据，由于部分取样的关系，被压缩的数据量大大减少，在尚未编码时，YUV411 已获得了 50% 的压缩。由 RGB 到 YCbCr 的转换由下式给出：

$$\begin{bmatrix} Y \\ C_b \\ C_r \end{bmatrix} = \begin{bmatrix} 0.299000 & 0.587000 & 0.114000 \\ -0.168736 & -0.331264 & 0.500002 \\ 0.500000 & -0.418688 & -0.081312 \end{bmatrix} \begin{bmatrix} R \\ G \\ B \end{bmatrix} + \begin{bmatrix} 0 \\ 128 \\ 128 \end{bmatrix} \tag{5-1}$$

由 YCbCr 到 RGB 的转换由下式给出，也就是 RGB 到 YCbCr 公式的逆变换。

$$\begin{bmatrix} R \\ G \\ B \end{bmatrix} = \begin{bmatrix} 1.0 & 0.0 & 1.40210 \\ 1.0 & -0.34414 & -0.71414 \\ 1.0 & 1.77180 & 0.0 \end{bmatrix} \begin{bmatrix} Y \\ C_b-128 \\ C_r-128 \end{bmatrix} \tag{5-2}$$

5.2.2 二维离散余弦变换

在傅里叶级数展开式中，如果被展开的函数是实偶函数，那么，其傅里叶技术中只包含余弦项，将其离散化，由此可导出余弦变换，或称之为离散余弦变换（DCT，Discrete Cosine Transform）。

二维离散余弦正变换公式为

$$F(u,v)=c(u)c(v)\frac{2}{N}\sum_{x=0}^{N-1}\sum_{y=0}^{N-1}f(x,y)\cos\left(\frac{2x+1}{2N}u\pi\right)\cos\left(\frac{2y+1}{2N}v\pi\right)$$

$$c(u)=c(v)=\begin{cases}\frac{1}{\sqrt{2}} & u=0,v=0\\ 1 & \text{其他}\end{cases} \tag{5-3}$$

式中，$x,y,u,v=0,1,\cdots,N-1$。

二维离散余弦逆变换公式为

$$f(x,y)=\frac{2}{N}\sum_{u=0}^{N-1}\sum_{v=0}^{N-1}c(u)c(v)F(u,v)\cos\left(\frac{2x+1}{2N}u\pi\right)\cos\left(\frac{2y+1}{2N}v\pi\right)$$

$$c(u)=c(v)=\begin{cases}\frac{1}{\sqrt{2}} & u=0,v=0\\ 1 & \text{其他}\end{cases} \tag{5-4}$$

式中，$x,y,u,v=0,1,\cdots,N-1$。

图 5-3 图像显示及图像 DCT 变换后频谱显示

JPEG 采用的是 8×8 大小的子块的二维离散余弦变换，一幅图像经 DCT 变换输出如图 5-3 所示。在编码器的输入端，把原始图像顺序地分割成一系列 8×8 的子块，子块的数值在 −128 到 127 之间。采用余弦变换获得 64 个变换系数。变换公式如下：

前向 DCT：

$$F(u,v)=\frac{1}{4}C(u)C(v)\sum_{x=0}^{7}\sum_{y=0}^{7}f(x,y)\cos\left[\frac{\pi(2x+1)u}{16}\right]\cos\left[\frac{\pi(2y+1)v}{16}\right] \tag{5-5}$$

式中，$u=0,1,\cdots,7,v=0,1,\cdots,7,C(k)=\begin{cases}1/\sqrt{2},k=0\\1,\text{其他}\end{cases}$

反向 *DCT* ：

$$f(x,y)=\frac{1}{4}\sum_{u=0}^{7}\sum_{v=0}^{7}C(u)C(v)F(u,v)\cos\left[\frac{\pi(2x+1)u}{16}\right]\cos\left[\frac{\pi(2y+1)v}{16}\right] \tag{5-6}$$

式中，$x=0,1,\cdots,7,y=0,1,\cdots,7$。

$F(u,v)$是 DCT 变换系数，DCT 变换基，如图 5-4 所示，以下面公式给出：

$$\omega_{x,y}(u,v)=\frac{C(u)C(v)}{4}\cos\left[\frac{\pi(2x+1)u}{16}\right]\cos\left[\frac{\pi(2y+1)v}{16}\right] \tag{5-7}$$

这样反向 DCT 变换可以写成如下的表达式：

$$f(x,y)=\sum_{u=0}^{7}\sum_{v=0}^{7}F(u,v)\omega_{x,y}(u,v) \tag{5-8}$$

式中，$x=0,1,\cdots,7,y=0,1,\cdots,7$

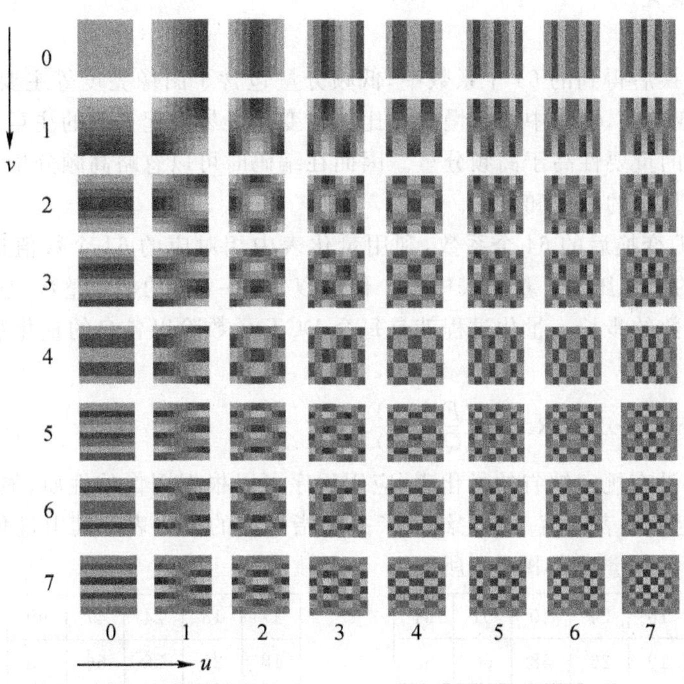

图 5-4　DCT 变换基 $\omega_{x,y}(\mu,v)$

对于图 5-5 的 8×8 的图像块，经过前向 DCT 变换成 64 个 DCT 系数。第一个变换系数 $F(0,0)$是 DC(直流)系数，其他 63 个系数是 AC(交流)系数。在 JPEG 基本系统中，像素值占有 8 位，也就是其取值范围为 0～255，由此可以根据前面的公式求出 DC 系数 $F(0,0)$的取值范围为 0～2040，实际上是 64 个像素的累加和的 1/8。

对以无符号数表示的具有 P 位精度的输入数据，在 DCT 变换前要先将其减去 2^{P-1}，转换成有符号数。在 JPEG 基本编码系统中，各色彩分量均为 $P=8$，因而输入像素 $f(x,y)$的动态范围由 0～255 偏移至 -128～127。

48	39	40	68	60	38	50	121
149	82	79	101	113	106	27	62
58	63	77	69	124	107	74	125
80	97	74	54	59	71	91	66
18	34	33	46	64	61	32	37
149	108	80	106	116	61	73	92
211	233	159	88	107	158	161	109
212	104	40	44	71	136	113	66

(a) $f(x,y)$:8×8 亮度值

699.25	43.18	55.25	72.11	24.00	−25.51	11.21	−4.14
−129.78	−71.50	−70.26	−73.35	59.43	−24.02	22.61	−2.05
85.71	30.32	61.78	44.87	14.84	17.35	15.51	−13.19
−40.81	10.17	−17.53	−55.81	30.50	−2.28	−21.00	−1.26
−157.50	−49.39	13.27	−1.78	−8.75	22.47	−8.47	−9.23
92.49	−9.03	45.72	−48.13	−58.51	−9.01	−28.54	10.38
−53.09	−62.97	−3.49	−19.62	56.09	−2.25	−3.28	11.91
−20.54	−55.90	−20.59	−18.19	−26.58	−27.07	8.47	0.31

(b) $F(u,v)$:8×8 DCT 变换系数

图 5-5　8×8 像素块的 DCT 变换

5.2.3　量化

在 DCT 变换后得到的 64 个系数中，低频分量包含了图像亮度等主要信息。在从空间域到频域的变换中，图像中的缓慢变化比快速变化更易引起人眼的注意，所以在重建图像时，低频分量的重要性高于高频分量。因而在编码时可以忽略高频分量，从而达到压缩的目的，这也是量化的根据和目的。

对于 FDCT 变换后的 64 个系数，利用量化表中相对应的 64 个数值进行均匀量化，实现图像数据的实际压缩。量化表中每个值可以是 1～255 的任意整数，它指定了量化表对相应 DCT 系数的步长。量化过程就是每个 DCT 系数除以各自的量化步长 $Q(u,v)$ 并取整，得到量化系数：

$$F_q(u,v) = \text{Round}\left(\frac{F(u,v)}{Q(u,v)}\right) \tag{5-9}$$

JPEG 标准没有规定缺省的量化表，应用程序可以根据图像的性质、显示设备和观察条件等因素设定量化表的值。但它给出了一些指导性的量化表。其中量化矩阵如图 5-6 所示，8×8DCT 系数量化如图 5-7 所示。

16	11	10	16	24	40	51	61
12	12	14	19	26	58	60	55
14	13	16	24	40	57	69	56
14	17	22	29	51	87	80	62
18	22	37	56	68	109	103	77
24	35	55	64	81	104	113	92
49	64	78	87	103	121	120	101
72	92	95	98	112	100	103	99

(a)亮度信号的量化表

17	18	24	47	99	99	99	99
18	21	26	66	99	99	99	99
24	26	56	99	99	99	99	99
47	66	99	99	99	99	99	99
99	99	99	99	99	99	99	99
99	99	99	99	99	99	99	99
99	99	99	99	99	99	99	99
99	99	99	99	99	99	99	99

(b)色度信号的量化表

图 5-6　量化矩阵

699.25	43.18	55.25	72.11	24.00	−25.51	11.21	−4.14
−129.78	−71.50	−70.26	−73.35	59.43	−24.02	22.61	−2.05
85.71	30.32	61.78	44.87	14.84	17.35	15.51	−13.19
−40.81	10.17	−17.53	−55.81	30.50	−2.28	−21.00	−1.26
−157.50	−49.39	13.27	−1.78	−8.75	22.47	−8.47	−9.23
92.49	−9.03	45.72	−48.13	−58.51	−9.01	−28.54	10.38
−53.09	−62.97	−3.49	−19.62	56.09	−2.25	−3.28	11.91
−20.54	−55.90	−20.59	−18.19	−26.58	−27.07	8.47	0.31

(a) $F(u,v)$：8×8 DCT 系数

44	4	6	5	1	−1	0	0
−11	−6	−5	−4	2	0	0	0
6	2	4	2	0	0	0	0
−3	1	−1	−2	1	0	0	0
−9	−2	0	0	0	0	0	0
4	0	1	−1	−1	0	0	0
−1	−1	0	0	1	0	0	0
0	−1	0	0	0	0	0	0

(b) $F_q(u,v)$：量化后的系数

图 5-7　8×8 DCT 数的量化

5.2.4　Z 字型扫描

经过 DCT 变换后，低频分量集中在左上角，其中 $F(0,0)$（即第一行第一列元素）代表了直流(DC)系数，即 8×8 子块的平均值，要对它单独编码。由于两个相邻的 8×8 子块的 DC 系数相差很小，所以对它们采用差分编码 DPCM，可以提高压缩比，也就是说对相邻的子块 DC 系数的差值进行编码。8×8 的其他 63 个元素是交流(AC)系数，采用游程编码。

所以量化后的系数要重新编排，目的是为了增加连续的“0”系数的个数，就是“0”的游程长度，方法是按照 Z 字形的式样编排。

因此可以看成按 Z 字形衰减。除直流系数外，64 个系数中的其他 63 个元素是交流(AC)系数，采用行程编码。为了有利于行程编码，量化后的系数要重新编排。通常量化后的系数采用 Z 字形的式样编排，通过这样处理后可增加连续的“0”系数的个数，就是“0”的游程长度，因此量化系数按 Z 字形扫描操作。

经过 DCT 变换后，8×8 像素子块的左上方主要是低频系数，右下方主要是高频系数。采用 Zig-zag 型（如图 5-8 所示）重排变换后的 8×8 DCT 系数，这样就把一个 8×8 的

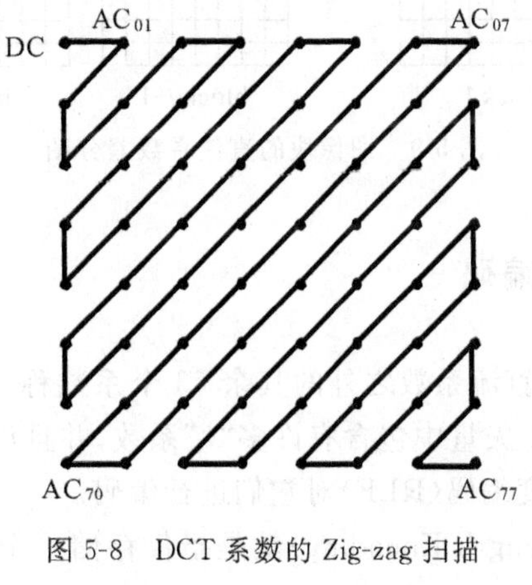

图 5-8　DCT 系数的 Zig-zag 扫描

矩阵变成一个 1×64 的矢量，由此数列里的相邻点在图像上也相邻。Zig-zag 扫描可以使低频系数出现在高频系数前面，且高频系数排列在一起，因而有利于熵编码时压缩 0 值高频系数，提高压缩比。即相对于传统扫描顺序而言，Zig-zag 扫描顺序更有利于游程编码。AC 和 DC 均为二进制补码表示的整数。

5.2.5 DC 系数的编码

在量化之后，DCT 系数还要经过两种数据变换，以适应于用熵编码进一步压缩数据的目的，如图 5-9 所示。从 DCT 变换的公式可以看出，直流(DC)系数反映了 8×8 像素块内 64 个像素均值的度量，它包含了整个图像总能量的重要部分，因此将 DC 系数和其余 63 个交流系数(AC)分别编码。

图像块经过 DCT 变换之后得到的 DC 直流系数有两个特点，一是系数的数值比较大，二是相邻 8×8 图像块的 DC 系数值变化不大。根据这个特点，JPEG 算法使用了差分脉冲调制编码技术。

因此，对 DC 系数编码进行差分脉冲编码就是对 DC 系数使用一维前值预测，即用前一个像素子块的 DC 系数预测当前像素子块的 DC 系数，而后将预测误差进行熵编码，即对相邻块之间的 DC 系数的差值 $DIFF = DC_i - DC_{i-1}$ 编码。一般设定第一个像素块的 DC 系数为 0。直流系数的编码操作如图 5-9 所示。DC 采用差值脉冲编码的主要原因是由于在连续色调的图像中，其差值多半比原值小，对差值进行编码所需的位数，会比对原值进行编码所需的位数少许多。

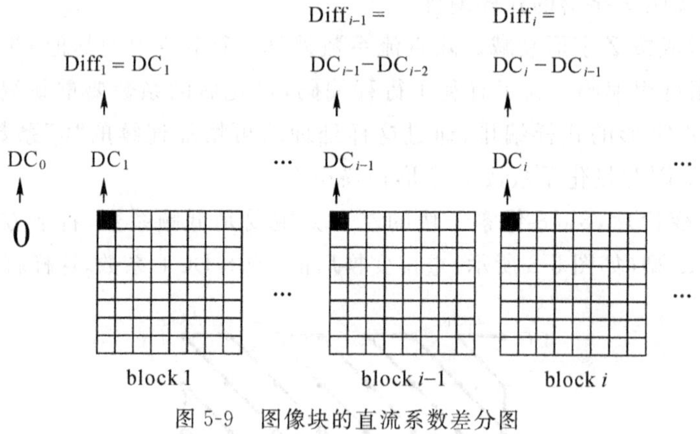

图 5-9　图像块的直流系数差分图

5.2.6 AC 系数的编码

DCT 变换所得系数除直流系数之外的其余 63 个系数称为交流系数(AC 系数)。量化 AC 系数的特点是 1×64 矢量中包含有许多“0”系数，并且许多“0”是连续的，因此使用非常简单和直观的游程长度编码(RLE)对它们进行编码。

所谓行程编码(Run-Length Encoding)就是指仅存储一个像素值以及具有相同颜色

的像素数目的图像数据编码方式，或称游程编码，常用 RLE(Run-Length Encoding)表示。该压缩编码技术相当直观和经济，运算也相当简单，因此解压缩速度很快。RLE 压缩编码尤其适用于计算机生成的图形图像，对减少存储容量很有效果。行程编码图如图 5-10 所示。

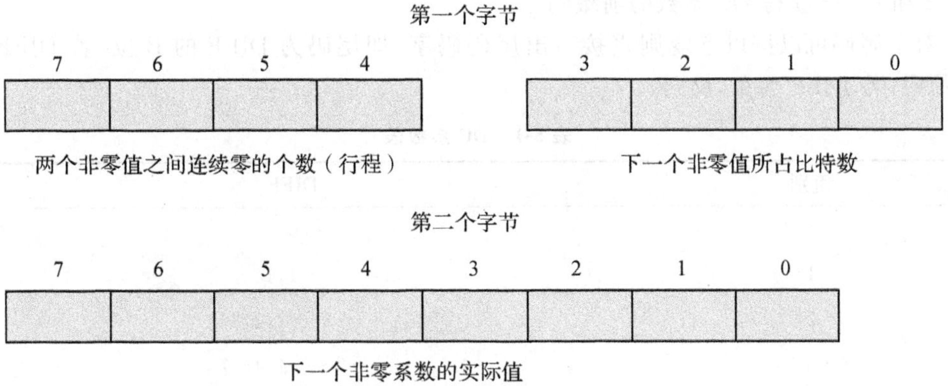

图 5-10　行程编码图

63 个 AC 系数行程编码的码字用两个字节来表示，第一个字节包含两个值：行程和比特数，用(行程数，比特数)表示。行程字节表示的零行程长度，其值为 0 到 15，而实际 Zig-zag 序列中行程数可能大于 15。如果连续的非 0 个数超过 15 个时，连续 16 个 0 用高 4 位为 15，低 4 位为零来表示行程等于 16，即(15，0)来表示。(0，0)表示块结束标志(EOB)，所以(0，0)和(15，0)是两个比较特殊的情况。第二个字节为幅度值(Amplitude)。

5.2.7　熵编码

经过以上转换后的符号通过熵编码过程进一步压缩。JPEG 建议的熵编码方法有两种：一种是霍夫曼编码，另一种是算术编码。前者使用霍夫曼码表，而后者使用算术码的条件码表。在所有的工作模式中，两种方法均可选用，JPEG 基本系统使用霍夫曼编码，因而我们下面主要介绍霍夫曼编码。

在前面介绍过进行霍夫曼编码前，首先要计算各符号的概率，因而必须两次扫描，这样会影响编码速度。JPEG 的具体实现中，采用了查表方式，在大量实际图像测试的结果上生成了霍夫曼码表，编码时只需查表即可。

编码时，DC 系数与 AC 系数分别使用不同的霍夫曼编码表，亮度与色度也需要不同的霍夫曼编码表，一共需要四个编码表。

1. 直流系数编码

直流系数编码主要是对相邻像素块直流系数的差值进行编码。若 DC 系数的动态范围为－1024～＋1024，则差值的动态范围为－2047～＋2047。如果为每个差值赋予一个码字，则码表过于庞大。因此，JPEG 对码表进行了简化，采用“前缀码(SSSS)＋尾码”来表示。前缀码指明了尾码的有效位数(设为B位),可以根据DIFF从表中查出前缀码对应的霍夫曼编码。尾码取值采用B位自然二进制码。对于8-bit精度的图像JPEG编码基本系统,SSSS值的范围为0～11,其码表有12组,如表5-1所示。

根据DIFF的幅度由表5-1查出其组别,再根据组别以及DC系数是亮度还是色度查表5-2和表5-3获得DC系数的前缀码。

对于尾码可以按以下规则直接写出尾码码字,即尾码为DIFF的B位(若DIFF非负,原码;若DIFF为负,反码)。

表5-1　DC系数表

组别	DIFF
0	0
1	−1,1
2	−3,−2,2,3
3	−7～−4,4～7
4	−15～−8,8～15
5	−31～−16,16～31
6	−63～−32,32～63
7	−127～−64,64～127
8	−255～−128,128～255
9	−511～−256,256～511
10	−1023～512,512～1023
11	−2047～−1024,1024～2047

表5-2　亮度DC的Huffman表

组别	码长	码字
0	2	00
1	3	010
2	3	011
3	3	100
4	3	101
5	3	110
6	4	1110
7	5	11110
8	6	111110
9	7	1111110
10	8	11111110
11	9	111111110

表 5-3　色度 DC 的 Huffman 表

组别	码长	码字
0	2	00
1	2	01
2	2	10
3	3	110
4	4	1110
5	5	11110
6	6	111110
7	7	1111110
8	8	11111110
9	9	111111110
10	10	1111111110
11	11	11111111110

2. 交流系数编码

63 个 AC 系数采用行程编码的方式进行编码的格式如图 5-6 所示，也即在 AC01 到 AC63 中，找出每一个非零的 AC 值，将其表示成(NNNN/SSSS)VV 的形式，其中：NN 表示该 AC 值前的 0 的个数。而 SS、VV 与 DC 的定义一样。另外若有一串 0 延伸到 AC63，一律用(0/0)表示结束。

JPEG 利用 Zig-zag 扫描，将二维量化系数矩阵转换为一维数组，数组中的元素用“零行程/非零值”来表示。若最后一个“零行程/非零值”中只有零行程，则直接传块结束码字“EOB”结束本块。

JPEG 将“零行程/非零值”编码表示为“NNNNSSSS＋尾码”，其中 4 位“NNNN”为相对于前一个非零值的零行程计数，表示 ZRL＝0－15；4 位“SSSS”及“尾码”的含义则与 DC 系数类似。但这里是将“NNNNSSSS”组合为一个新的“前缀码”，用二维霍夫曼编码。对于 JPEG 基本编码系统，SSSS 将不超过 10(见表 5-4)。

表 5-4　AC 系数表

SSSS	AC 系数的幅度值
1	－1,1
2	－3,－2,2,3
3	－7～－4,4～7
4	－15～－8,8～15
5	－31～－16,16～31
6	－63～－32,32～63
7	－127～－64,64～127
8	－255～－128,128～255
9	－511～－256,256～511
10	－1023～512,512～1023

若 ZZ(k)为待编码的非零 AC 系数,则其编码步骤如下:

(1)根据 ZZ(k)的幅度范围由表 5-4 查出尾码的位数 SSSS=B。

(2)由行程数 NNNN 以及 SSSS 查 JPEG 标准规定的亮度和色差码表,查出前缀码字。

(3)如果 ZZ(k)为非负数,则尾码为 ZZ(k)的 B 位原码;若 ZZ(k)为负数,则尾码为 ZZ(k)的 B 位反码。

根据前面得到的"前缀码"和"尾码的编码"就可以完成 AC 系数的编码"NNNNSSSS+尾码"。

5.2.8 组成位数据流

JPEG 编码的最后一个步骤是把各种标记代码和编码后的图像数据组成一帧一帧的数据,这样做的目的是为了便于传输、存储和译码器进行译码,这样的组织的数据通常称为 JPEG 位数据流(JPEG bit stream)。

5.3 JPEG 2000 静态图像编码标准

JPEG 2000 是 ISO 与 CCITT/ITU 共同成立的联合图像专家组(JPEG),于 2000 年底开始推出的一种基于小波变换的静态图像压缩标准(ISO/IEC 15444-1～12,ITU T.800～808)。它统一了二值图像编码标准 JBIG、[近]无损压缩编码标准 JPEG-LS 以及原来的 JPEG 编码标准,支持更多的颜色分量和更大的颜色深度,具有多分辨率表示和渐进传输功能,同时支持有损和无损压缩,比 JPEG 标准的压缩率更高、性能更优秀。

5.3.1 JPEG 2000 静态图像编码系统结构

JPEG 2000 图像编码系统是 JPEG 2000 图像压缩标准的核心部分。于 2001 年 1 月正式出台的 JPEG 2000 part1(ISO/IEC 15444-1)描述了该图像编码系统的编解码过程。JPEG 2000 编解码器结构图如图 5-11 中。为了易于理解,我们从译码器的角度来描述 JPEG 2000 编码系统。为了实现 JPEG 2000 静态图像压缩标准要求的各项功能,JPEG 2000 标准采用了多种技术,如小波变换、量化技术、感兴趣(Region of Interest:ROI)区域处理、EBCOT(Embedded Block Coding with Optimized Truncation)算法、颜色变化和抗误码技术等。

一个典型的 JPEG 2000 译码器的操作流程如图 5-11(a)所示。在编码时,首先将原图像划分成若干个互相不重叠的矩形数据单元,称为片(tile)。每个片可能由若干个片成分(tile-component)构成,其中每个片成分对应于片中的单个图像分量。对采样值为无符号数的片成分进行正向 DC 电平位移。然后根据编码参数,决定是否需要进行图像分量变换。接着,对每个片成分进行小波变换,得到不同分辨率的小波子带系数。分别对小波系数选取适当的量化步长进行量化。将量化后的小波系数划分成更小的数据单元，称为码块(code block)。对每个码块，基于优化截取的嵌入式码块编码(Embedded Block Coding with Optimized Truncation:EBCOT)算法，码块的每个位平面划分为三个编码通道(coding pass)，然后通道内的数据进行自适应算术熵编码，最后得到独立的嵌入式码块压缩位流。为了得到图像编码的分级特性，按照率失真优化的原则，对图像编解码系统的量化、一层编码和二层编码部分进行速率控制，即根据编码参数组织所有码块的压缩位流。在此过程中，需要对码块在每一层上的供献信息进行编码，并将有效的码块压缩位流数据打包生成压缩位流的基本数据单元——包(packet)。最后，按照标准所规定的压缩码流语法，将编码参数以及图像本身的信息组织成码流头信息，连同所有的数据包生成JPEG 2000 图像压缩码流。

图 5-11(b)绘出了 JPEG 2000 编码系统的解码结构，相对于编码过程，系统的解码过程比较简单。首先，根据压缩码流中存储的参数以及用户所规定的解码参数，截取适当的压缩码流数据段，例如，可根据规定的比特率或者所需的分辨率选取码流数据段。对压缩码流数据进行算术熵解码，得到小波量化系数。接着，根据码流中存储的量化步长信息，进行反量化，得到小波系数。将小波系数进行反向小波变换，并根据编码参数，决定是否需要进行逆向分量变换。最后，对无符号的图像分量进行逆向 DC 电平位移，得到重构的图像数据。

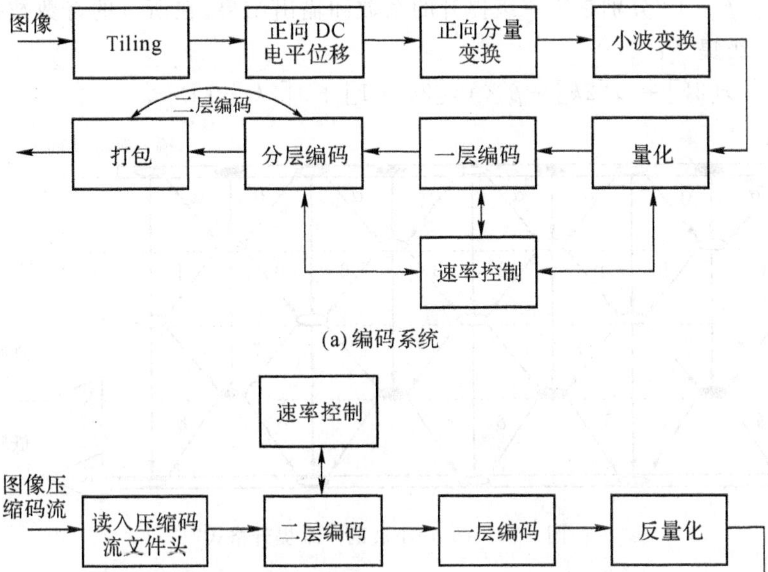

(a) 编码系统

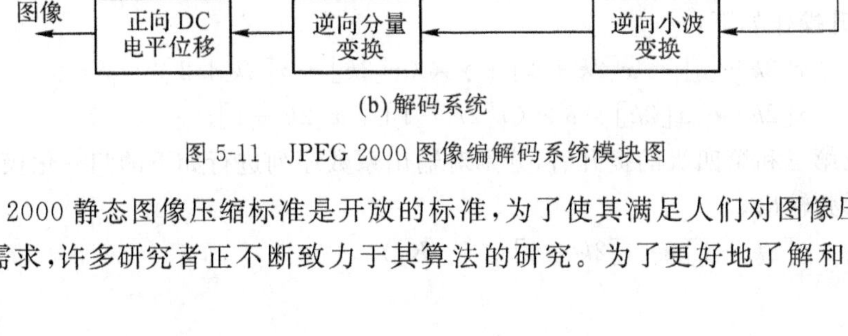

(b) 解码系统

图 5-11　JPEG 2000 图像编解码系统模块图

JPEG 2000 静态图像压缩标准是开放的标准，为了使其满足人们对图像压缩领域日益增长的需求，许多研究者正不断致力于其算法的研究。为了更好地了解和掌握 JPEG

2000 静态图像压缩标准，本节主要介绍 JPEG 2000 标准中的关键技术：小波变换和 EBCOT 算法。

5.3.2 JPEG 2000 的小波变换技术

第一代小波变换的二维 Mallat 算法中需要卷积运算，算法复杂度高，运算量大，不易硬件实现。而基于提升方法的第二代小波变换克服了第一代小波变换的不足，因而推动了小波变换在图像压缩领域的应用，JPEG 2000 就是采用提升方法小波变换的静态图像压缩标准。

5.3.3 (9,7)小波在 JPEG 2000 中的一维提升变换

在 JPEG 2000 标准中，当实现有损压缩时推荐使用 Daubechies (9,7)小波。对于 D(9,7)小波，一维提升小波变换如图 5-12 所示。在图中输入数据序列中，黑色圆代表奇数序列，白色圆代表偶数序列。注意整个提升过程可以完成同址计算，节约了内存消耗。假设输入的序列为有限长，首先完成如下的一级提升，也就是更新奇数序列点。

$$x[2k+1] \leftarrow x[2k+1] + \alpha \times (x[2k] + x[2k+2]) \tag{5-10}$$

式中，α 和 $x[2k+1]$ 分别是第一级提升的系数和输出结果。在所有的奇数数据点被更新后，进行第二级提升：

$$x[2k] \leftarrow x[2k] + \beta \times (x[2k-1] + x[2k+1]) \tag{5-11}$$

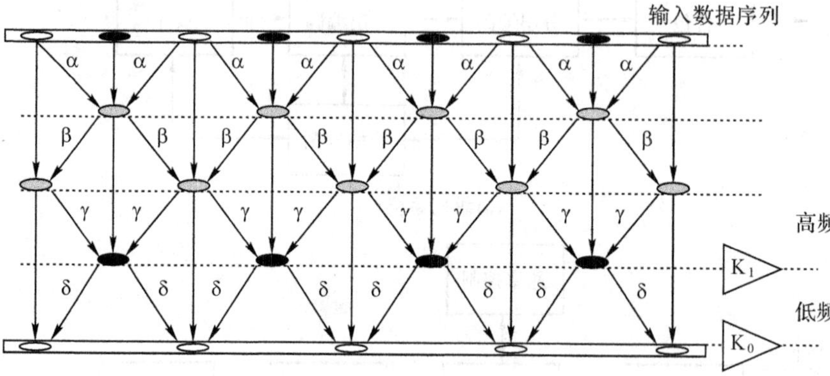

图 5-12 (9,7)小波的一维提升格式

式中，β 和 $x[2k]$ 分别是第二级的提升系数和输出结果。第三和第四级的提升以相似的方式完成，提升操作如下：

$$x[2k+1] \leftarrow x[2k+1] + \gamma \times (x[2k] + x[2k+2]) \tag{5-12}$$

$$x[2k] \leftarrow x[2k] + \delta \times (x[2k-1] + x[2k+1]) \tag{5-13}$$

当完成第三和第四级的提升后，分别对输出系数序列进行如下的归一化操作，分别得到高频和低频输出。

$$x[2k+1] \leftarrow x[2k+1] \times (-K_1) \tag{5-14}$$

$$x[2k] \leftarrow x[2k] \times K_0 \tag{5-15}$$

上面方程参数值如下：$\alpha = -1.5861343$，$\beta = -0.0529801$，$\gamma = 0.8829110$，$\delta = 0.4435068$，$K_1 = 1/K_0 = 1.230741$（K_1 原值为 1.1496，在 JPEG 2000 中被调节为 1.2301741，但对图像的压缩效果影响不大。实验测试结果列于表 5-5 中，测试图像为 lenna 位图）

同样，可以推导出(9,7)小波逆变换的提升步骤，提升过程如下：

$x[2k] \leftarrow K_1 \times y[2k]$　（提升步骤 1）

$x[2k+1] \leftarrow (-K_0) \times y[2k+1]$　（提升步骤 2）

$x[2k] \leftarrow x[2k] - (\delta \times (x[2k-1] + x[2k+1]))$　（提升步骤 3）

$x[2k+1] \leftarrow x[2k+1] - (\gamma \times (x[2k] + x[2k+2]))$　（提升步骤 4）

$x[2k] \leftarrow x[2k] - (\beta \times (x[2k-1] + x[2k+1]))$　（提升步骤 5）

$x[2k+1] \leftarrow x[2k+1] - (\alpha \times (x[2k] + x[2k+2]))$　（提升步骤 6）

通过对比前向和逆向提升格式小波变换的步骤，可以发现逆向提升格式小波变换只是前向提升格式小波变换的简单逆向变换，而不像第一代小波变换那样，逆向小波变换的滤波器需要满足精确的重构条件。所以第二代小波变换比第一代小波变换操作简单，易于实现。

表 5-5　不同 K_1 值和不同压缩比下的 PSNR 值

设定压缩倍数	参数 K_1 值	PSNR
64	1.149604398	31.392
	1.2301741	31.485
32	1.149604398	33.3079
	1.2301741	33.3933
16	1.149604398	35.089
	1.2301741	35.0742

5.3.4　(9,7)小波在 JPEG 2000 中的二维变换

对于二维图像，正向提升小波变换过程如图 5-13 所示。首先，对二维图像数据分别进行列方向与行方向上的一维提升小波分解，然后对把变换后的数据进行解交织，得到图像不同分辨率上的 LL，HL，LH 和 HH 子带。

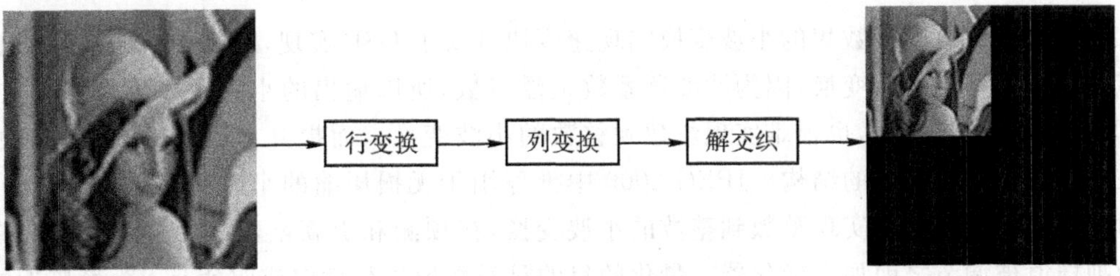

图 5-13　二维图像的提升变换过程

二维图像数据量大，如果将数据完全输入后再进行小波变换，那么将消耗大量的内存空间，对于第二代小波，因为其能完成同址计算，所以实现过程可以节省大量内存空间。下面，以(9,7)小波为例介绍二维图像的小波变换。基于行的提升格式小波变换过程如图5-14所示。

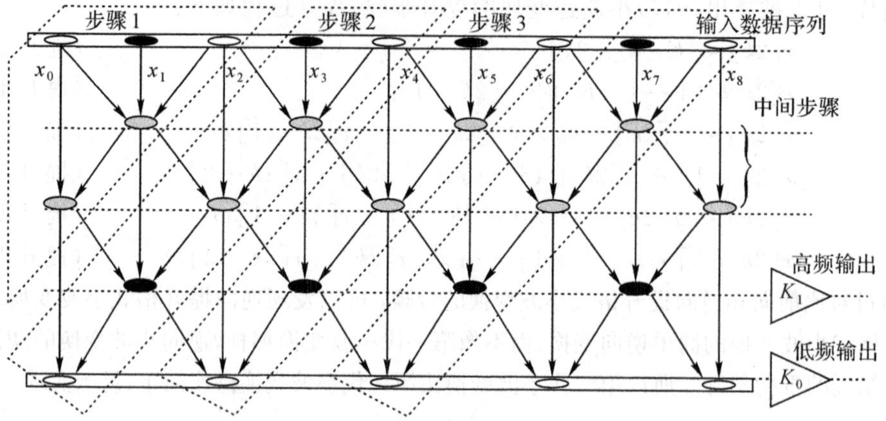

图 5-14 基于行的提升格式小波变换((9,7)小波)

为了方便，图5-14中每点都代表图像一行数据。实现步骤如下：

步骤1：输入三行图像数据 x_0, x_1, x_2 完成两行提升操作，产生中间结果，表示为 x'_1 和 x''_0。

步骤2：输入数据两行图像数据 x_3, x_4。完成四行提升操作。产生中间结果 x'_3 和 x''_4。输出高频系数和低频系数。

步骤3：重复步骤2的操作。

步骤4：当运算到图像最底端数据行时，进行边界延拓，正确输出图像的高频和低频系数。

通过上面介绍，我们可知，对于(9,7)小波，如果采用基于行的提升变换，一幅图像完成小波变换只需要其本身的6行数据储存空间，所以提升格式小波变换可以降低硬件实现的成本。

5.3.5 整数到整数(integer-to-integer)的小波变换

由于整数集到整数集的小波变换实现速度快且易于DSP实现，所以是目前研究的热点问题。第一代小波变换，因为滤波器系数是浮点数，所以输出的小波系数也为浮点数，即使采用整数滤波器，也很难实现整数到整数的小波变换。而提升方法易于构造一般滤波器整数到整数变换的结构。JPEG 2000中推荐用于无损压缩的小波为Le Gall(5,3)。对于(5,3)小波，为了实现整数到整数的小波变换，在预测和更新函数之后且在偶数和奇数抽样值被调节之前加入量化器。量化的目的是对数值进行截取或四舍五入为最接近的整数。对于提升方法而言，无论在提升过程中有无近似计算，提升操作总是可逆的，所以可实现整数集到整数集的变换。Le Gall(5,3)小波的前向和逆向提升操作如下：

$$\text{前向提升}: y[2k+1] = x(2k+1) - \left\lfloor \frac{x[2k]+x[2k+2]}{2} \right\rfloor \tag{5-16}$$

$$y[2k] = x[2k] + \left\lfloor \frac{y[2k-1]+y[2k+1]+2}{4} \right\rfloor \tag{5-17}$$

$$\text{逆向提升}: x[2k] = y[2k] - \left\lfloor \frac{y[2k-1]+y[2k+1]+2}{4} \right\rfloor \tag{5-18}$$

$$x[2k+1] = y[2k+1] + \left\lfloor \frac{x[2k]+x[2n+2]}{2} \right\rfloor \tag{5-19}$$

式中，$\lfloor \cdot \rfloor$表示量化操作。

5.3.6 JPEG 2000 标准中小波滤波器的选择

JPEG 2000 标准中推荐使用 Daubechies(9,7)和(5,3)两种小波。(9,7)小波变换是浮点计算，其运算复杂度比(5,3)整数小波高，并且只能用于有损压缩。(5,3)小波可完成整数集到整数集的变换，运算简单，既可用于有损压缩，也可用于无损压缩。在本节中，运用 JPEG 2000 标准实现软件 Jasper，分别用(9,7)和(5,3)小波对测试图像"lenna"进行有损压缩，得到的压缩性能列在表 5-6 中，从表中可以看出(9,7)小波有损压缩性能要优于(5,3)小波的有损压缩性能，所以我们应根据实际需要来选择适当的小波滤波器。

表 5-6　(9,7)小波和(5,3)小波的有损压缩性能

压缩倍数	(9,7)小波，PSNR(dB)	(5,3)小波，PSNR(dB)
8	37.522	36.749
16	35.074	34.577
32	33.393	32.809
64	31.485	30.889
128	29.229	28.769

5.4 JPEG 2000 中 EBCOT 算法

对于小波变换后的每个子带的小波系数进行量化，量化后的小波系数进行熵编码，然后产生压缩的比特流。在 JPEG 2000 标准中选择熵编码的原因如下：量化系数位平面编码后能产生一个嵌入比特流。对小波变换后的系数进行位面编码的主要算法有 EZW 和 SPIHT。虽然这两种算法利用子带间的相关性来提高了编码效率，但是影响了码流的错误恢复能力且严重地限制了编码器以任意渐进顺序安排码流的灵活性。在 JPEG 2000 中采用优化截取的嵌入式块编码方法(Embedded Block Coding with Optimized

Truncation:EBCOT),在这种编码方法中,每个子带被分成较小的被称为代码块的矩形块,每个代码块被独立编码。代码块独立编码具有对图像的局部随机访问,并行计算,提高裁减和旋转的功能,提高抗误码能力,有效速率控制和安排码流渐进顺序的最大灵活性的优点。虽然这种方法没有开发子带间的冗余性,影响了编码效率。但代码块比特平面的多通道(pass)译码产生的精确分级特性将弥补这个弱点。在 JPEG 2000 中,块熵编码器的输出不仅包括嵌入比特流,而且包括可以在一定速率点计算代码块失真的率失真曲线。

5.4.1 块编码

对于图像编码而言,首先经过转换,才进入编码过程。EBCOT 算法采用的是小波变换,经过转换后成为四个子带,分别是 LL、LH、HL 和 HH。然后,对各个子带分别做编码,互不相关。这里和 Shapiro 的 EZW 不同,EZW 算法是利用子带间的关系来做编码,而 EBCOT 算法则是利用子带内部的关系来编码。图 5-15 为 EBCOT 编码的过程。

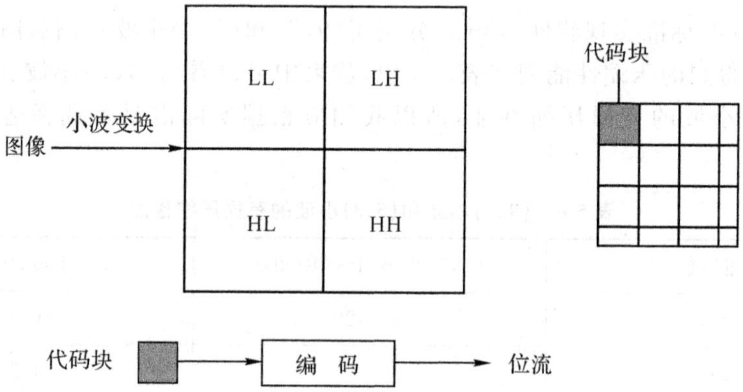

图 5-15 EBCOT 编码的过程

每个子带细分为数个大小相同(除子带的最右及最下面以外)的编码块,以编码块为基本的单位来编码,产生一组位元串,且每个代码块间也互不相关。位流可以裁切成不同的长度:R_1,R_2,R_3,…,而这些长度所造成的失真分别为 D_1,D_2,D_3,…。位流将这些信息在编码过程中加入其中。

5.4.2 两层编码结构

为了让码流达到 EBCOT 算法的要求,所使用的是两层编码。如图 5-16 所示。其中一层(tier 1)编码针对编码块做编码,产生单独的码流。二层 (tier 2)编码则是将其他的信息加入码流中。经过两层编码后的码流(full-featured bit-stream),最后还需要通过率失真优化算法(Rate-Distortion Optimization)得到最终需要的码流。

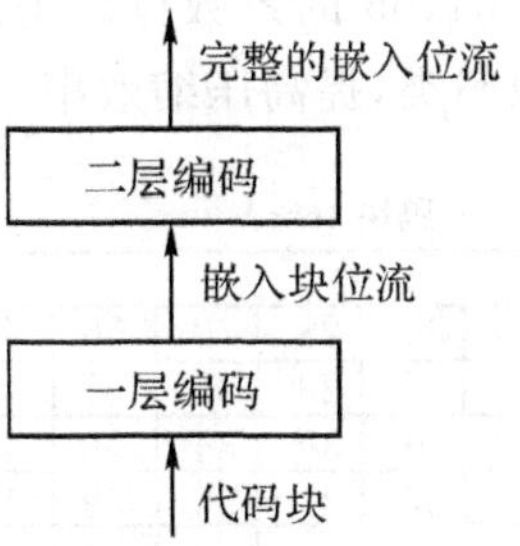

图 5-16　EBCOT 算法的两层编码

5.4.3　一层(Tier 1)编码

一层编码包括位平面编码和基于上下文的算术编码,基于上下文的算术编码算法详见 JPEG 2000 Part 1 标准,本节详细介绍 EBCOT 算法中的位平面编码。

1. 位平面编码顺序和位平面扫描方式

与传统的依次对每个系数进行算术熵编码不同,JPEG 2000 编码系统把码块中的量化系数组织成若干位平面。对每个码块,从最高有效位平面(Most Signiificance Bitplane:MSB)开始,依次对每个位平面上的所有小波系数位进行算术编码,如果压缩位流被截取,则码块可能丢失部分或者所有系数的低有效位,这等价于采用较大的量化步长对子带系数进行量化,因此,码流被截取后,依然能够进行正常的解码,只不过为了得到所需的码率,图像的重构质量将会有所下降。在每个位平面上,根据小波系数的上下文,分别在三个编码通道上对小波系数位进行算术熵编码。因为是按位平面进行编码,对得到的压缩位流进行截取,可反映出不同的图像质量,因此,码块嵌入式压缩位流具有质量可分级性。位平面编码顺序如图 5-17 所示。

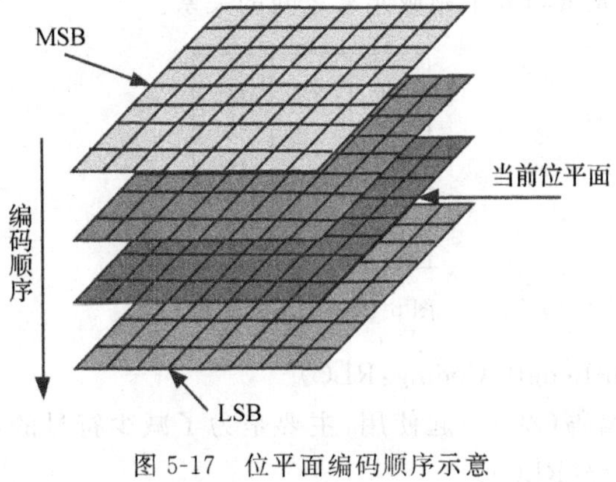

图 5-17　位平面编码顺序示意

在码块的每个位平面上,从码块的左上角系数位开始,以一列 4 个小波系数位为单元,从左到右,从上到下扫描,如图 5-18 所示。先扫描第一列索引号为 0,1,2,3 的系数位,然后扫描第二列索引号为 4,5,6,7 的系数位,依次类推。在扫描完索引号为 60,61,

62,63 的系数位后，开始扫描标号 64,65 的系数位。采用这种扫描方式可以利用相邻小波系数之间的相关性，对小波系数归类，提高压缩效率。

码块 $16\times N$

0	4	8	12	16	20	24	28	32	36	40	44	48	52	56	60
1	5	9	13	17	21	25	29	33	37	41	45	49	53	57	61
2	6	10	14	18	22	26	30	34	38	42	46	50	54	58	62
3	7	11	15	19	23	27	31	35	39	43	47	51	55	59	63
64	…														
65	…														

图 5-18　码块位平面扫描方式

2. 位平面的四种编码方式

在位平面编码过程主要包括四种类型的编码操作。四种编码操作如下：有效性编码(significance coding)，符号编码(sign coding)，幅度细化编码(refinement pass)和清除编码(cleanup coding)。在清除编码中，根据适当的条件，进行游程编码(Run-Lenth coding)，来减少进行算术编码的二进制符号个数。

为了更好地介绍下面内容，引入以下几个重要的符号。

$q_i[m,n]$ 为码块 B_i 中量化后的系数，Δ_i 为相应的量化步长。M_i 为 $q_i[m,n]$ 以符号－幅度形式表示时幅度的位数，$x_i[m,n]$ 表示符号位，$v_i[m,n]$ 表示为具有 M_i 位的幅度值，$v_i^p[m,n]$ 表示 $v_i[m,n]$ 幅度整数表示的第 p 个位平面，$p=0$ 时，其为最小概率位平面。

(1) 零编码(Zero coding：ZC)

首先定义一状态变量 $\sigma[m,n]$，它的初始值为 0，但是当位平面不为零时(即 $v_i^p[m,n]\neq 0$)，便将它的值更改为 1 值。ZC 就是当 $\sigma[m,n]=0$ 时，对 $v_i^p[m,n]$ 编码。根据 $v_i^p[m,n]$ 的 8 个领域的 $\sigma[m,n]$，将可能的状况分为 9 种，可参考 JPEG 2000 part 1 标准中表 D-1。图 5-19 中表明被编码元素与 8 个领域元素之间的关系。

D0	V0	D1
H0	X	H1
D2	V1	D3

图 5-19　上下文临域

(2)游长编码(Run-Length Coding：RLC)

这种编码是和零编码(ZC)一起使用，主要是为了减少符号的量。当下列条件符合时，才可以采用游长编码(RLC)。

连续的四个输入元素的 $\sigma[m,n]$必须为零。

这四个连续输入元素的领域元素必须为零。

这四个输入元素必须位于同一列内。

满足以上条件，则可以用游长编码（RLC）来表示。实际上会与上下文符号（UNIFORM）一起使用。

(3)符号编码(Sign Coding,SC)

当 $\sigma[m,n]=0$ 且 $v_i^p[m,n]=1$ 时，此时将 $\sigma[m,n]$ 更改为 1，并且将符号位 $x_i[m,n]$ 编码。总共有 5 种可能的情况，可参考 JPEG 2000 part 1 标准中表 D-3。其中水平及垂直贡献度的定义可参考 JPEG 2000 part 1 标准中表 D-2。

(4)幅度细化编码(Magnitude Refinement,MR)

在说明之前，先介绍一个新的状态变量 $mr[m,n]$，其初值为 0，当在第一次幅度细化编码(MR)后，将之更改为 1。用来判断是否为第一次做幅度细化编码(MR)。当 $\sigma[m,n]=1$ 时，$v_i^p[m,n]$ 使用幅度细化编码(MR)。总共有三种可能，可参考 JPEG 2000 part 1 标准中表 D-4。

3. 三个通道

在每个位平面上，按照图 5-18 的扫描顺序，将小波系数位分别在三个编码通道上进行算术熵编码。位平面上的每个系数位必须在而且只能在其中的一个编码通道上进行编码操作。这三个编码通道是：有效性通道 $P_{p,1}$(significance pass)，幅度细化通道 $P_{p,2}$(refinement pass)和清除通道 $P_{p,3}$(cleanup pass)，下标 p 表示的第 p 位平面，其值从 0 到 M_i-1。对于一个任意码块，根据三个通道的划分，其嵌入式码流的组成如图 5-20 所示。

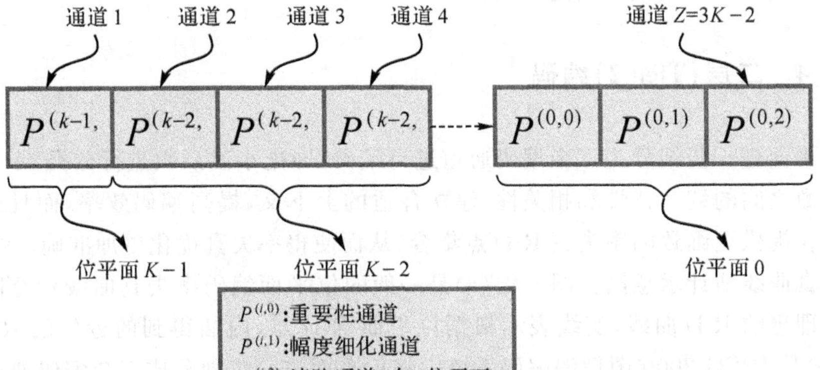

图 5-20　嵌入式码流

小波系数在哪一个编码通道上进行编码以及算术编码所需的上下文，是由其本身和周围相邻的 8 个系数的状态来决定的。码块中所有小波系数的初始状态为无效状态，用数字 0 表示。从最高有效位平面开始扫描，当在某一位平面上，小波系数的系数位由 0 变为 1 时，则该小波系数状态从无效状态转为有效状态，即由 0 变为 1。系数的上下文临域如图 5-19 所示，其中 X 表示待编码的系数，其他表示 X 的 8 个临域。经过大量的试验，JPEG 2000 对 256 种上下文进行了选择与合并，简化了编码通道所使用的上下文种类，从而降低了算术编码的复杂度，缩短了编码时间。

在每个码块的第一个位平面上，只进行清除通道编码操作。从第二个位平面开始，依次进行有效通道编码，幅度细化编码和清除通道编码。

为了说明三个通道的划分，引入一个变量 $\gamma[m,n]$，它的值在 $P_{p,3}$ 结束时后设为 0，并在任何一个通道里，将已编码系数的 $\gamma[m,n]$ 设为 1，表示此系数已经被编码，下面详细介绍这三个通道。

(1)有效性通道(significance pass)

如果当前待编码的系数处于无效状态，即 $\sigma[m,n]=0$，但其周围临域内至少有一个有效的系数，即 $\sigma[m,n]=1$，则对该系数进行编码。使用的编码方式是零编码（Zero Coding：ZC)，若输入的 $v_i^p[m,n]=1$ 时，还必须使用符号编码(Sign Coding：SC)。然后将编码过的系数的 $\gamma[m,n]$ 设为 1，表示该系数已被编码。

(2)幅度细化通道(magnitude refine pass)

幅度细化通道是对已经处于有效状态的系数(即：$\sigma[m,n]=1$ 且 $\gamma[m,n]=0$)进行幅度细化编码(MR)操作。需要说明的是，在同一个位平面内，对刚在有效性编码通道上编码后变为有效状态的系数位，不进行幅度细化编码操作。另外，编码后的系数要设 $\gamma[m,n]=1$。

(3)清除通道(cleanup pass)

在清除通道上，对当前位平面上没有进行有效性编码和幅度细化编码的所有剩余系数(即：$\sigma[m,n]=0$ 且 $\gamma[m,n]=0$)进行编码。使用的编码方式为零编码(ZC)和游长编码(RLC)，若有需要，则加入 SC。在这个通道编码结束后，将 $\gamma[m,n]$ 重新设为 0 并从第一个通道开始进行下一个位平面的编码。

5.4.4 二层(Tier 2)编码

将位平面进一步细分为三个编码通道进行编码，即把小波系数进行分类，不仅可以利用小波系数之间的统计特性和相关性，建立合适的上下文，提高编码效率，而且还可以为率失真优化提供更细致的率失真 R-D 点集合，从而使得率失真优化更加准确。图 5-21 给出了率失真曲线估计示意图。图 5-21(a)是一般的位平面编码率失真曲线示意图。其中虚线表示理想的 R-D 曲线，实线表示根据位平面 R-D 点，内插得到的近似的 R-D 曲线。图 5-21(b)是 JPEG 2000 图像编解码系统中将位平面进一步划分成三个编码通道的率失真曲线估计示意图。从图上可以看出，将位平面划分成子位平面，可以得到较多的 R-D 估计点，从而可以更加逼近实际的率失真曲线，使得在进行码流截取时，得到更加精确的速率估计。

JPEG 2000 图像编解码系统采用 PCRD(Post Compression Rate Distortion)优化算法思想，对嵌入式码块编码所生成的嵌入式压缩位流进行率失真估算。根据用户所需的压缩码率参数，对所有码块的嵌入式压缩位流进行适当的截取、分层组织，形成整个图像的具有质量可分级的压缩码流。

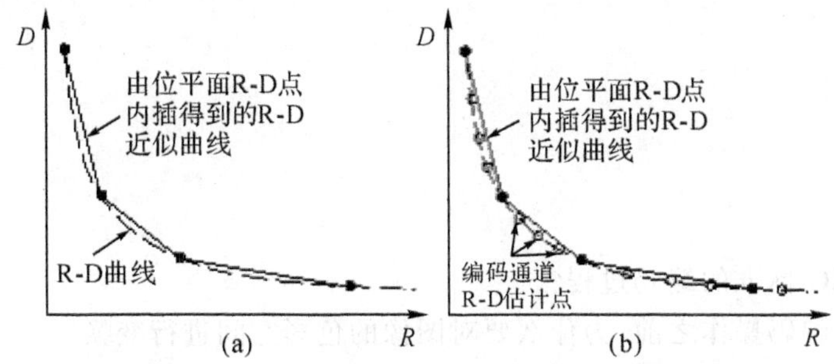

图 5-21　位平面率失真优化曲线估计示意图

5.4.5　码流组织

1. 组成

JPEG 2000 的码流(code stream)一般以一个主标头开始，后跟若干拼块码流，最后以双字节标记 EOC(End Of Codestream 码流末端)(0xFFD9)结束。如图 5-22 所示。

主标头	拼块流 1	……	拼块流 n	EOC

图 5-22　码流的组成

2. 主标头

主标头(header)以一个 SOC 标记开始，后面紧跟 SIZ 标记段，后面再跟其他 11 种标记段。这 11 种标记段可以以任意的顺序出现，其中只有 COD 段和 QCD 段是必需的，其他 9 种标记段都是可选的。如图 5-23 所示。

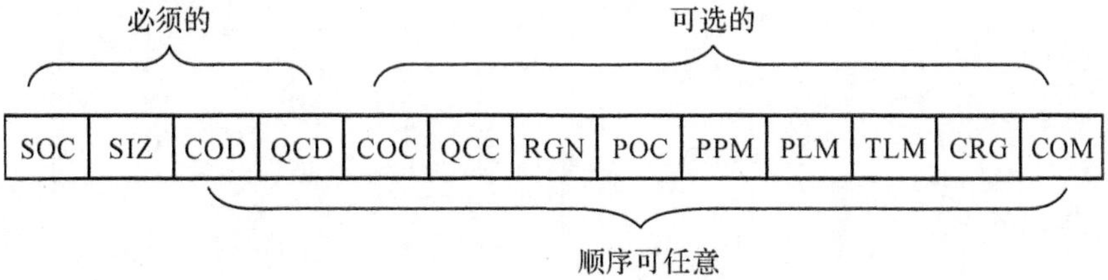

图 5-23　主标头的组成

3. 拼块码流

拼块(tile-part)码流由拼块头开始，后跟若干包组成的包流。如图 5-24 所示。

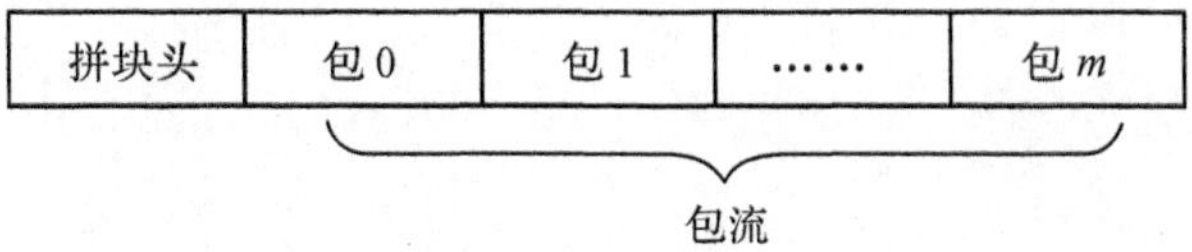

图 5-24　拼块码流

习题 5

1. 简述 JPEG 标准的编码过程？
2. 在 JPEG 编码操作之前，为什么要对图像的色彩空间进行变换？
3. 亮度和色差的量化表各有什么特点，为什么？
4. 图像经过 DCT 变换后系数有什么特点。
5. JPEG 2000 和 JPEG 主要的不同点是什么？

第 6 章

视频及视频处理技术

人类获取的信息大约75%来自视觉系统，实际就是图像信息。这里的图像包括静态和动态图像。动态图像就是视频，目前在计算机中处理的主要是数字视频。

本章先介绍视频的基本知识，然后介绍和电视相关的内容，最后介绍视频编码标准和技术。

6.1 视频基础

视频是动态图像，是二维图像随时间的变化。为了更好地学习视频技术，本节主要介绍与视频相关的一些基本知识。

6.1.1 视频的定义

人眼具有一种视觉暂留的生物现象，即人观察的物体消失后，物体映像在人眼的视网膜上会保留一个非常短暂的时间(0.1～0.2 s)。利用这一现象，将一系列画面中物体移动或形状改变很小的图像，以足够快的速度(24～30 fps)连续播放，人就会感觉画面变成了连续活动的场景。

视频是一组图像序列按时间顺序的连续展示，是运动图像或序列图像。从数学角度描述，视频指随时间变化的图像，或称为时变图像。时变图像是一种时-空亮度图案(spatial-temporal intensity pattern)，可以表示为$s(x,y,t)$，其中(x,y)是空间变量，t是时间变量。

常见的视频信号有：电影、电视、动画。

6.1.2 视频信号的特点

(1)直观性：利用人的视觉获取的信息，具有直观性的特点。

(2)确定性：视频信息直观具体，不容易与其他信息相混淆，可保证信息的准确性。

(3)高效性：利用视觉，人们可以并行的观察一幅图像的所有信息，因此获取视频信息的效率高。

(4)广泛性:人们通过视觉获取的信息约占外界信息总量的75%左右,所以获取信息广泛。

(5)视频信号的高带宽性:视频信号包含的信息量大,内容可以多种多样,画面变化也各不相同,所以要传输视频信号所需要的带宽高。

6.1.3 视频分类

根据视频信息的处理和存储方式不同,视频可以分为两大类

1. 模拟视频(Analog Video)

模拟视频指视频的记录、存储和传输以模拟的形式进行。早期电视信号和录像机信号都是模拟视频。模拟视频信号需要专门的视频编辑设备进行处理,计算机不能对其进行操作。

模拟视频具有以下特点:

(1)以连续的模拟信号形式记录视频信息。

(2)依靠模拟调幅的手段在空间传播。

(3)使用盒式磁带录像机将视频作为模拟信号在磁带上存储。

(4)模拟设备编辑处理。

模拟视频信号随存储时间、拷贝次数和传输距离的增加衰减较大,产生信号的损失,因而存在以下不足:

(1)不适合网络传输,传输效率低。

(2)图像随时间和频道的衰减较大。

(3)不易于分类、检索和编辑等操作。

2. 数字视频

数字视频是以离散的数字信号方式表示、存储、处理和传输视频信息。所用的存储介质、处理设备以及传输网络都已数字化。经过数字化处理后,模拟视频信号所表示的视频信息用数字表示,从而能够在计算机中对其进行处理和操作。

数字视频具有如下特点:

(1)以离散的数字信号形式记录视频信息。

(2)用数字化设备编辑处理。

(3)通过数字化宽带网络传播。

(4)存储在数字存储媒体上。

视频信号数字化以后,有着模拟信号无可比拟的优点:

(1)适合网络应用。

(2)再现性好。

(3)便于计算机处理。

数字视频的不足之处是处理速度慢，所需的数据存储空间大，从而使数字视频的处理成本增高。通过对数字视频的压缩，这样可以节省大量的存储空间，高容量的光盘技术的应用也使得大量视频信息的存储成为可能。数字视频克服模拟视频的局限性，应用已经非常广泛，并带来一个全新的应用局面。例如，广播卫星(DBS)、有线电视、数字电视在内的各种通信应用均采用数字视频。

6.1.4　视频压缩的必要性、可行性和目标

1. 视频压缩的必要性

视频信号具有很多优点，但同时面对的问题是数据量大。举例如下：

数字电视信号：

CIF 格式 NTSC 制彩色 4∶4∶4 采样视频信号：

每帧数据量：$352\times240\times3=253$ KB

每秒数据量：$253\times30=7.603$ MBps

一张 CD-ROM 光盘可存储节目时间：$650/(7.603\times60)=1.42$ 分

CCIR 格式 PAL 制彩色 4∶4∶4 采样视频信号：

每帧数据量：$720\times576\times3=1.24$ MB

每秒数据量：1.24 MB$\times25=31.3$ MBps

一张 CD-ROM 光盘可存储节目时间：$650/(31.3\times60)=20.9$ s

从上面的例子可以看出数字电视视频信号传输数据量大，必须进行压缩，否则很难应用。

2. 视频压缩的可行性

在第 4 章介绍了图像压缩的可能性，对于视频而言，主要存在空间冗余、时间冗余、编码冗余和视觉冗余。利用像素间空间冗余性，主要采用变换编码和帧内预测编码。考虑时间冗余的特性，主要完成帧间预测和运动补偿等操作。对于视觉冗余，主要进行非线性量化和对象编码。

3. 视频压缩的目标

为了节省传送视频信号的带宽和存储空间，视频需进行压缩编码，因此视频压缩编码有两个要求：

(1)必须压缩在一定的带宽内，即视频编码器应具有足够压缩比的功能。

(2)视频信号压缩后，必须保持一定的视频质量。

以上两个要求在得到满足的情况下，视频编码器的实现方式应尽可能简单、易实现、成本低和可靠性高。

6.1.5 视频压缩的评价指标

对视频质量的评价是衡量视频处理、编码和传输等方法和技术及应用系统性能好坏的重要依据。对视频质量进行评估分为主观视频质量评定和客观视频质量评定两种评估方法。

1. 主观质量的评定

该种评价方法主要是利用人的感觉(视觉)来进行视频质量的评定。为了减少主观随意性,在对视频质量进行主观评定前,选若干名专家和“非专家”作为评分委员,共同利用5项或7项评分法对同一种视频图像进行压缩编码的图像评价。最后按照加权平均法则对该压缩后的图像质量进行主观评定,如表6-1所示。

表6-1 主观评价分数标准

CCIR五级评分等级	评分等级	高清晰度采用七级评分等级	评价
	7	不能察觉任何图像损伤	特别好
	6	刚能察觉有图像损伤	相当好
优	5	不同程度的察觉,轻度损伤	很好
好	4	有损伤,但不令人讨厌	好
稍差	3	有令人讨厌的损伤	稍差
很差	2	损伤令人讨厌,但尚可以忍受	很差
劣	1	非常令人讨厌损伤,无法观看	劣

2. 客观质量的评价

主观评分更接近于人的真实感受,但需耗费人力和时间,成本较高。客观测量基于仿人眼视觉模型的原理对视频质量进行客观评估,并给出客观的评分。近年来,随着人们对人眼视觉系统研究的深入,客观测量的方法和工具不断被开发出来,其测量结果也和主观评价较吻合。常用的测试标准有信噪比、峰值信噪比(PSNR)或分辨率、像素深度、真/伪彩色等指标来度量,下面介绍比较常用的评价指标峰值信噪比(PSNR)。

峰值信噪比(PSNR):峰值信号和噪声之比,其计算公式如下:

$$\mathrm{PSNR} = 10\lg\left[\frac{(2^n-1)^2}{\dfrac{1}{N\times N}\sum_{m=0}^{N-1}\sum_{n=0}^{N-1}(x_{mn}-x'_{mn})^2}\right] \tag{6-1}$$

其中n表示每个像素的比特数,$N\times N$为一帧图像的大小。

6.1.6 视频的应用

由于网络带宽和无线通信技术的提高,视频在我们的生活和学习中有着广泛的应用,主要包括以下几个方面：

(1)广播电视中的应用：包括地面、卫星电视广播、有线电视(CATV：Community Antenna TV)、数字视频广播(Digital Video Broadcast)、交互式电视(ITV：Interactive TV)和高清晰度电视(HDTV)等。

(2)通信领域中的应用：包括可视电话(Videophone)、视频会议(Videoconferencing)、视频点播(VOD：Video On Demand)、可视电话和视频数据库等。

(3)计算机领域中的应用：包括视频制作、VCD、DVD、视频数据库和动画等。

(4)其他领域中的应用：包括数字图书馆、视频游戏、网上购物、军事、录像节目和家庭摄像等。

6.2 电视与电视制式

电视的英文为“television”，是希腊语“Tele-”和拉丁语“-vision”的合成，“Tele”表示“far”，代表“远”的意思，“vision”表示“看到的事物”，合起来的理解为获取、广播和重现活动图像和声音的远程通信系统。电视的缩写为 TV。

电视系统从黑白电视发展而来，在彩色电视阶段经历了无线、卫星和有线电视三个阶段，目前数字电视正在取代传统的模拟电视，高清晰电视的发展非常地迅速。

电视的制式是传输图像和声音的方法。黑白电视制式按照扫描参数、电视信号带宽以及射频特性的不同划分，目前世界上正在使用和已经不再使用的黑白电视制式共有 14 种。目前的彩色电视制式共有三种：NTSC、PAL 和 SECAM。

6.2.1 有关电视的一些术语

1. 视频流

画面更新率(Frame rate)中文常译为“画面更新率”或“帧率”，是指视频格式每秒钟播放的静态画面数量。典型的画面更新率由早期的每秒 6 或 8 张(frame per second，简称 fps)，至现今的每秒 120 张不等。PAL (欧洲，亚洲，澳洲等地的电视广播格式)与 SECAM (法国，俄国，部分非洲等地的电视广播格式)规定其更新率为 25 fps，而 NTSC (美国，加拿大，日本等地的电视广播格式)则规定其更新率为 29.97 fps。电影胶卷则是以稍慢的 24 fps 在拍摄，这使得各国电视广播在播映电影时需要一些复杂的转换手续。要达成最基本的视觉暂留效果大约需要 10 fps 的速度。

2. 长宽比例

长宽比(Aspect ratio)是用来描述视频画面与画面元素的比例。传统的电视屏幕长宽比为 4∶3(1.33∶1)。HDTV 的长宽比为 16∶9(1.78∶1)。而 35 mm 胶卷底片的长宽比约为 1.37∶1，如图 6-1 所示。

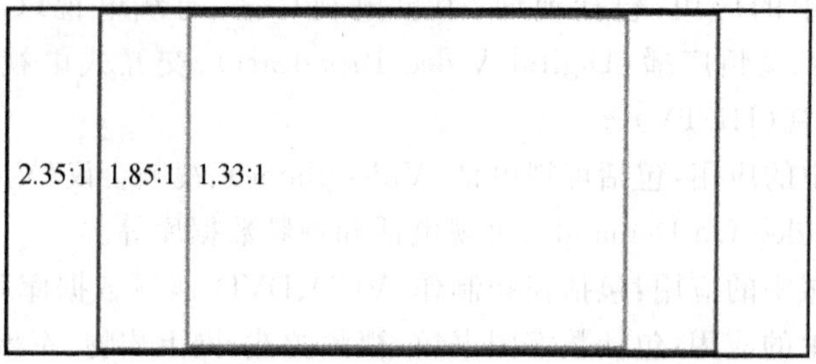

图 6-1　传统电视与常见的电影画面长宽比例之比较

虽然电脑屏幕上的像素大多为正方形，但是数字视频的像素通常并非如此。例如使用于 PAL 及 NTSC 信号的数字保存格式 CCIR 601，以及其相对应的非等方宽屏幕格式。因此以 720×480 像素记录的 NTSC 规格 DV 图像可能因为是比较“瘦”的像素格式而在放映时成为长宽比 4∶3 的画面，或反之由于像素格式较“胖”而变成 16∶9 的画面。图 6-2是各类视频画面的长宽比。

- 长宽比
  - 电影
    - 窄银幕
      - 无声—1.33∶1(4∶3)
      - 有声—1.375∶1(11∶8)
    - 宽银幕
      - 遮幅—1.85∶1(37∶20)
      - 普通—2.2∶1(11∶5)
    - 数字—1.9∶1(256∶135)
  - 电视
    - 标清—1.33∶1(4∶3)
    - “超”高清—1.78∶1(16∶9)
  - 显示器
    - 窄屏—1.33∶1(4∶3)
    - 宽屏—1.6∶1(16∶10=8.5)或 1.78∶1(16∶9)

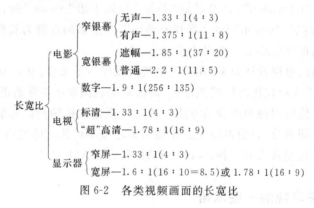

图 6-2　各类视频画面的长宽比

3. 色彩空间与像素数据量

色彩空间(Color Space)或色彩模型(Color model name)规定了视频当中色彩的描述方式。例如 NTSC 电视使用了 YIQ 模型，而 PAL 使用了 YUV 模型，SECAM 使用了 YDbDr 模型。在数字视频当中，像素数据量(bits per pixel，简写为 bpp)代表了每个像素当中可以显示多少种不同颜色的能力。由于带宽有限，所以设计者经常借由色度抽样之类的技术来降低 bpp 的需求量。例如 4∶4∶4，4∶2∶2，4∶2∶0。

4. 比特传输率

比特传输率（仅适用于数字信号，又译为比特速率或比特率或码率）是一种表现视频流中所含有的信息量的方法。其数量单位为 bit/s（每秒间所传送的比特数量，又写为 bit/s）或者 Mbps（每秒间所传送的百万比特数量，又写为 Mbit/s）。较高的比特传输率将可容纳更高的视频品质。例如 DVD 格式的视频（典型比特传输率为 5 Mbps）的画质高于 VCD 格式的视频（典型比特传输率为 1 Mbps）。HDTV 格式拥有更高的（约 20 Mbps）比特传输率，也因此比 DVD 有更高的画质。

5. 可变码率

可变码率（Variable bit rate，简写为 VBR）是一种追求视频品质提升并同时降低比特传输率的手段。采用 VBR 编码的视频在大动态或复杂的画面时段会自动以较高的速率来记录图像，而在静止或简单的画面时段则降低速率。这样可以在保证画面品质恒定的前提下尽量减少传输率。但对于传送带宽固定，需要实时传送并且没有暂存手段的视频流来说，固定码率（Constant bit rate，CBR）比 VBR 更为适合。视频会议系统即为一例。

6. 立体视频

立体视频（Stereoscopic video）是针对人的左右两眼提交略微不同的视频以营造立体物的感觉。由于两组视频画面是混合在一起的，所以直接观看时会觉得模糊不清或颜色不正确，必须借由遮色片或特制眼镜才能呈现其效果。此方面的技术仍在继续改进中。

7. 场

电视机因受信号宽带限制，以隔行扫描的方式显示图像，通过两次扫描来交错显示奇数行和偶数行，每扫描一次叫做一“场”，两个场合并成一帧。

8. 场频

每秒传输的场数。在进行隔行扫描时，场频是帧频的 2 倍。

9. 扫描方式

分逐行扫描或隔行扫描。若采用隔行扫描，则先扫描奇数行，再扫描偶数行，这样一帧画面要分两场扫描完毕。

10. 行频：每秒扫描的行数

电视 PAL 制式采用每帧 625 行扫描，高清 1120 行扫描。

11. 复合视频信号

将亮度和色度信号采用频谱间置方法复合在一起。

12. 分量电视信号（component video signal）

指每个基色分量作为独立的电视信号。

13. S-Video（Separated video-VHS）

亮度和色差分离的一种电视信号，是分量模拟电视信号和复合模拟电视信号的一种折中方案。

6.2.2 彩色电视与黑白电视的兼容

黑白电视只传送一个反映景物亮度的电信号就行了，而彩色电视除了传送亮度信号以外还要传送色度信号。由于彩色电视是在黑白电视的基础上发展起来的，因此，其兼容性是首要问题之一。所谓黑白电视与彩色电视的兼容是指黑白电视机接收彩色电视信号时能够产生相应的黑白图像；而彩色电视机在接收黑白电视信号时也能产生相应的黑白电视图像，即电视台发射一种彩色电视信号。黑白和彩色电视都能正常工作。

要实现兼容性，在彩色电视信号中首先必须使亮度和色度信号分开传送。以便使黑白电视和彩色电视能够分别重现黑白和彩色图像；其次，应尽量压缩彩色电视信号的频带宽度，使其与黑白电视信号的带宽相同：最后，除了新设置的色同步信号以外，应采用与黑白电视信号完全一致的行、场扫描以及消隐、同步等控制信号。

YUV 空间的 Y 信号也就是不含色彩的亮度信号。而 U、V 是色差信号。用 YUV 空间表示法就能解决亮度和色度分离的问题。采用 YUV 空间还可以充分利用人眼对亮度细节敏感而对彩色细节迟钝的视觉特性，大大压缩色度信号的带宽。我国规定的亮度信号带宽为 6 MHz，而色度信号 U、V 的带宽分别仅为 1.3 MHz。色度信号的高频分量几乎都被压缩掉了，如果仅用两个 1.3 MHz 的色信号来反映图像细节将会使图像模糊、界限不清楚。实际上由于亮度信号具有 6 MHz 的带宽，其细节是很清晰的，用它完全可以补偿色度信号缺少高频分量的缺陷。这种用亮度信号来补偿色度信号高频不足的方法称为高频混合法。它类似于大面积着色原理，图像细节完全依靠黑白细节来满足。

为了解决信号频带的兼容问题，还必须采用间插的方法把两个 1.3 MHz 的色度信号频谱插在亮度信号频谱的高端，这是因为亮度信号的频谱高端信号较弱，而且间隔较大。这样既不增加 6 MHz 的带宽，又不会引起亮度和色度信号的混乱。这种方式称为频谱的交错。为了与声音载频相区分，一般称色信号在亮度信号频谱高端的中心位置为彩色副载波或简称为副载波。

6.2.3 电视的扫描和同步

现行的模拟视频图像扫描方式有隔行扫描和非隔行扫描之分。黑白电视和彩色电视都用隔行扫描，而计算机显示图像时一般都采用非隔行扫描(也称逐行扫描)。扫描示意图如图 6-3 所示。

图 6-3(a)为逐行扫描，电子束从显示屏的左上角一行接一行的扫到右下角，在显示屏上扫一遍就显示一幅完整的图像。

图 6-3(b)为隔行扫描，电子束扫完第 1 行后回到第 3 行开始的位置继续扫描，然后在第 5、7……行上扫，直到最后一行；奇数行扫完后继续扫描偶数行，这样就完成了一帧(Frame)的扫描。由此可知，隔行扫描的一帧图像由两部分组成：一部分是由奇数行组成，称奇数场：另一部分是由偶数行组成，称为偶数场，两场合起来组成一帧。因此在隔行扫描中，无论是摄像机还是显示器，获取或显示一幅图像都要扫描两遍才能得到一幅完整

的图像。

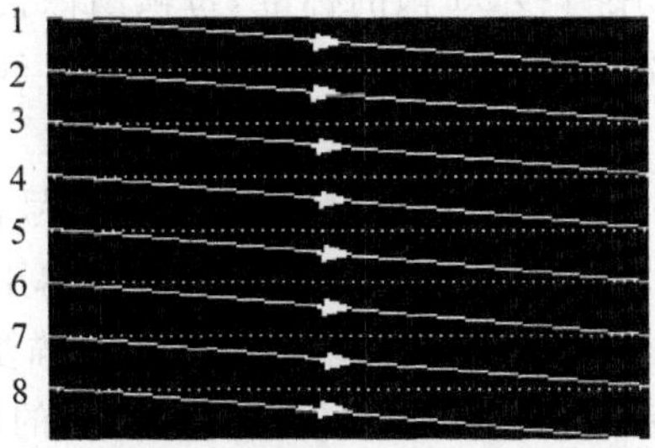

(a) 逐行扫描

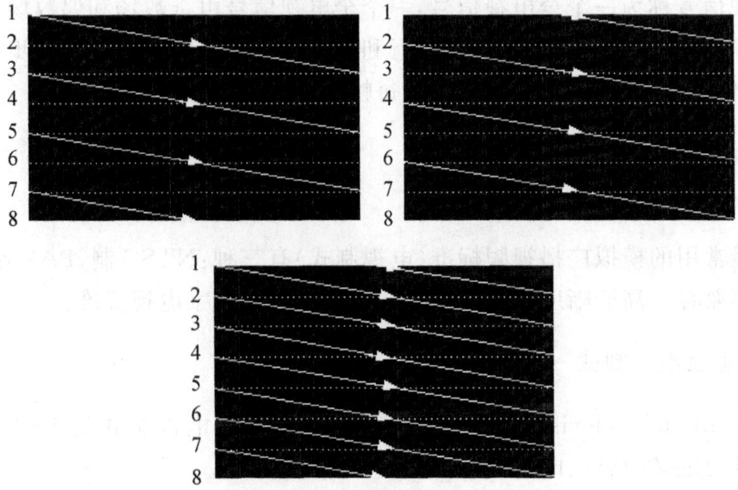

(b) 隔行扫描

图 6-3　图像的光栅扫描

在隔行扫描中，扫描的行数必须是奇数。如前所述，一帧画面分两场，第一场扫描总行数的一半，第二场扫描总行数的另一半。隔行扫描要求第一场结束于最后一行的一半，不管电子束如何折回，它必须回到显示屏顶部的中央，这样就可以保证相邻的第二场扫描恰好嵌在第一场各扫描线的中间。正是这个原因，才要求总的行数必须是奇数。

图像扫描是由逐行扫描组成场，由场组成帧，一帧为一幅图像。定义每秒钟扫描多少行称为行频(fH)；每秒钟扫描多少场称为场频(ff)；每秒扫描多少帧称帧频(fF)，ff 和 fF 是两个不同的概念。

可以证明，采用隔行扫描比采用逐行扫描所占用的信号传输带宽要减少一半。由于电视信号需要实时传输，信号带宽对于信道的利用是非常重要的。另外，信号带宽越宽，对信号处理和接收设备的性能要求越高。从传输和处理的角度分析，信号带宽应越窄越好，因此，电视屏幕都采用隔行扫描的方式。我国的电视画面传输率是每秒 25 帧、50 场。25 Hz 的帧频能以最少的信号容量有效地满足人眼的视觉残留特性；50 Hz 的场频隔行扫描，把一帧分成奇、偶两场，奇偶的交错扫描相当于有遮挡板的作用。这样，在其他行还在高速扫描时，人眼不易觉察出闪烁，同时也解决了信号带宽的问题。采用 25 Hz 的帧频和 50 Hz 的场频是因为我国的电网频率是 50 Hz，采用 50 Hz 的场刷新率可以有效地去掉电网信号的干扰。

我国的电视信号制式采用每秒 25 帧的标准，每帧图像信号的总行数为 625，分两场扫描，也即电视信号帧频为 25 Hz，帧周期为 40 ms；场频为 50 Hz，场周期为 20 ms；行频为 15 625 Hz，行周期为 645 s。

一个行周期的黑白电视信号中，在一行信号中图像信号占 52.25 s，其余 11.85 s 是扫描的逆程时间。逆程时间很短，而且逆程信号不能在屏幕上显示出来，因此逆程电平不能高于黑电平。所谓同步是指摄像端（发送端）的行、场扫描步调要与显像端（接收端）扫描步调完全一致，即要求同频率、同相位才能得到一幅稳定的画面。行同步也即保证水平同步，行同步信号是叠加在行信号的逆程之中，其电平与图像电平有所区分。

一帧电视信号称为一个全电视信号，一个全电视信号由奇数场和偶数场组成，每场扫描行数为 625/2=312.5 行，其中的前 22 行和后 3 行作为场的回扫和场同步用，不传送图像，因此每场传送图像的行数为 287.5 行，每帧实际传送图像为 575 行。

6.2.4 彩色电视制式

世界上最常用的模拟广播视频标准（电视制式）有三种：NTSC 制、PAL 制和 SECAM 制。它们互不兼容。高清晰度彩色电视是还没有推广的数字电视标准。

1. NTSC 彩色电视制式

NTSC (National Television SystemsCommittee) 彩色电视制式是 1953 年美国国家电视标准委员会定义的彩色电视广播标准。

按色度信号的特点，这一制式又称为正交平衡调幅制。美国、加拿大、墨西哥、日本、韩国、菲律宾等国和中国的台湾都采用这种制式。一帧图像的总行数为 525 行，分两场扫描。行扫描频率为 15750 Hz，周期为 63.5 μs；场扫描频率是 60 Hz，周期为 16.67 ms；帧频是 30 Hz，周期 33.33 ms。每一场的扫描行数为 525/2=262.5 行。除了两场的场回扫外，实际传送图像的行数为 480 行。

NTSC 彩色电视制式具有如下的扫描特性：

(1)525 行/帧、30 帧/秒(29.97 fps，33.37 ms/frame)。

(2)高宽比：电视画面的长宽比(电视为 4∶3；电影为 3∶2；高清晰度电视为 16∶9)。

(3)隔行扫描：一帧分成 2 场(Field)，262.5 线/场。

(4)在每场的开始部分保留 20 扫描线作为控制信息，因此只有 485 条线的可视数据。Laser disc 约 420 线，S-VHS 约 320 线。

(5)每行 63.5 μs，水平回扫时间 10 μs(包含 5 μs 的水平同步脉冲)，所以显示时间是 53.5 μs。

(6)颜色模型：YIQ。

2. PAL 彩色电视制式

由于 NTSC 制存在相位敏感造成彩色失真的缺点，因此德国（当时的西德）于 1962

年制定了 PAL (Phase-Alternative Line)制式彩色电视广播标准，称为逐行倒相正交平衡调幅制。一帧图像的总行数为 625，分两场扫描。行扫描频率是 15625 Hz，周期为 645 s；场扫描频率是 50 Hz，周期为 20 ms；帧频是 25 Hz，是场频的一半，周期为 40 ms。在发送电视信号时，每一行中传送图像的时间是 52.25 s，其余的 11.85 s 不传送图像，是行扫描的逆程时间，同时用作行同步及消隐用。每一场的扫描行数为 625/2＝312.5 行，其中 25 行作场回扫，不传送图像，传送图像的行数每场只有 287.5 行，因此每帧只有 575 行有图像显示。

德国、英国等一些西欧国家，以及中国、朝鲜等国家采用这种制式，它表现出了如下的扫描特性：

(1)625 行(扫描线)/帧、25 帧/秒(40 ms/帧)。

(2)高宽比(Aspect Ratio)：4∶3。

(3)隔行扫描，2 场/帧、312.5 行/场。

(4)颜色模型：YUV

3. SECAM 彩色电视制式

法国制定了 SECAM(法文：Sequential Coleur Avec Memoire)彩色电视广播标准，称为顺序传送彩色与存储制。这种制式主要被法国、俄罗斯、东欧及非洲等国采用。目前大多数的多媒体产品都不支持这种制式。SECAM 彩色电视制式有如下的扫描特性：

(1)625 行(扫描线)/帧、25 帧/秒(40 ms/帧)。

(2)高宽比：4∶3。

(3)隔行扫描，2 场/帧、312.5 行/场。

(4)颜色模型：YUV

表 6-2 列出了三种制式的制定国家、制定和广播的时间，每帧扫描线数和场频，以及使用范围。

表 6-2　彩色电视制式

制式	制定国家	制定/广播时间	(有效)扫描线数/帧数(场频)	使用范围
NTSC	美国	1952/1954	525(480) / 30(60)	美国、日本、加拿大、韩国、中国台湾
PAL	德国	1962/1967	625(575) / 25(50)	西欧(法国除外)、中国、朝鲜
SECAM	法国	1957/1967		法国、俄国、东欧、中东

表 6-3 列出了彩色电视制式的国际标准。

表 6-3　彩色电视制式的国际标准

TV 制式	PAL(G I D)	NTSC(M)	SECAM(L)
行/帧	625	525	625
帧/秒(场/秒)	25(50)	30(60)	25(50)
行/秒	15625	15734	15625

续表

TV 制式	PAL(G I D)	NTSC(M)	SECAM(L)
参考白光	$C_白$	D_{6500}	D_{6500}
声音载频(MHz)	5.5 6.0 6.5	4.5	6.5
γ	2.8	2.2	2.8
彩色副载频(Hz)	4433618	3579545	4250000(+U) 4406500(−V)
彩色调制	QAM	QAM	FM
亮度带宽(MHz)	5.0 5.5	4.2	6.0
色度带宽(MHz)	1.3(Ut) 1.3(Vt)	1.3(I) 0.6(Q)	>1.0(Ut)>1.0(Vt)

6.2.5 彩色分量

根据光电三基色的加法原理，任何一种颜色都可以用 R、G、B 三个彩色分量按一定的比例混合得到。图 6-4 说明用彩色摄像机摄取景物时，如何把自然景物的彩色分解为 R、G、B 分量，以及如何重显自然景物彩色的过程。

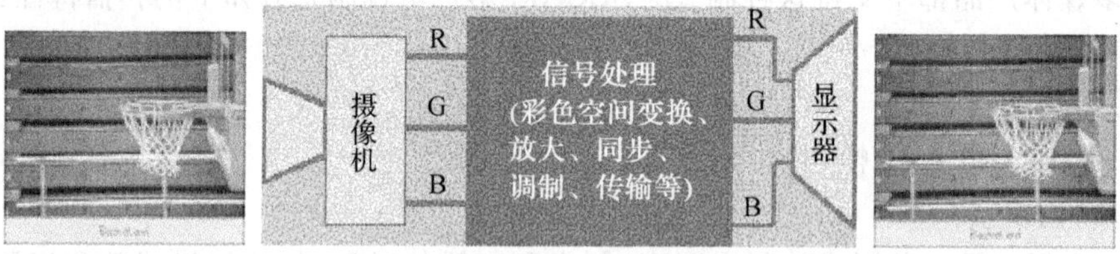

图 6-4 彩色图像重现过程

为了使彩色电视与黑白电视兼容，同时也为了可以利用人眼对亮度和颜色的不同感知特性进行数据压缩，彩色电视并没有直接采用红绿蓝 RGB 颜色体系进行信号传输，而是采用了亮度色差颜色体系 YC1C2。

YC1C2 中的 Y 表示亮度信号，C1 和 C2 是两个色差信号，C1 和 C2 的含义与具体的制式有关。在 NTSC 彩色电视制中，C1 和 C2 分别表示 I 和 Q 两个色差信号；在 PAL 彩色电视制中，C1 和 C2 分别表示 U 和 V 两个色差信号；在 SECAM 彩色电视制中，C1 和 C2 分别表示 Db 和 Dr 两个色差信号；在 CCIR 601 数字电视标准中，C1 和 C2 分别表示 Cb 和 Cr 两个色差信号。所谓色差是指基色信号中的三个分量信号(即 R、G、B)与亮度信号之差。

三种彩电制式的颜色坐标都是从 PAL 的 YUV 导出的，而 YUV 又是源于 XYZ 坐标。Y 为亮度，可以由 RGB 的值确定，色度值 U 和 V 分别正比于色差 B-Y 和 R-Y。YUV 坐标与 PAL 制式的基色值 RGB 的关系为：

$$\begin{bmatrix} Y \\ U \\ V \end{bmatrix} = \begin{bmatrix} 0.299 & 0.587 & 0.114 \\ -0.147 & -0.289 & 0.436 \\ 0.615 & -0.515 & -0.100 \end{bmatrix} \begin{bmatrix} \tilde{R} \\ \tilde{G} \\ \tilde{B} \end{bmatrix} \tag{6-2}$$

其中，$\tilde{R}\tilde{G}\tilde{B}$ 为 RGB 归一化的 γ 校正后的值，其(1,1,1)点对应于 PAL/SECAM 颜色体系中的基准白色。

NTSC 的 YIQ 坐标中的 IQ 分量是 UV 分量旋转 33 度后的结果：

$$\begin{bmatrix} Y \\ I \\ Q \end{bmatrix} = \begin{bmatrix} 0.299 & 0.587 & 0.114 \\ 0.596 & -0.275 & -0.321 \\ 0.212 & -0.523 & 0.311 \end{bmatrix} \begin{bmatrix} \tilde{R} \\ \tilde{G} \\ \tilde{B} \end{bmatrix} \tag{6-3}$$

SECAM 制式所采用的 YDbDr 坐标中的 DbDr 与 YUV 中的 UV 之间有如下关系：

$$Db = 3.059U, Dr = -2.169V$$

601 标准 YCbCr 是 YUV 的伸缩平移：

$$\begin{bmatrix} Y \\ Cb \\ Cr \end{bmatrix} = \begin{bmatrix} 0.257 & 0.504 & 0.098 \\ -0.148 & -0.291 & 0.439 \\ 0.439 & -0.368 & -0.071 \end{bmatrix} \begin{bmatrix} R \\ G \\ B \end{bmatrix} + \begin{bmatrix} 16 \\ 128 \\ 128 \end{bmatrix} \tag{6-4}$$

其中，$R=255\tilde{R}, G=255\tilde{G}, B=255\tilde{B}$。伸缩后 Y＝16～235、CbCr＝16～240。

利用人的视觉特性可以节省信号的带宽和功率，通过选择合适的颜色模型，使 C1C2 的带宽明显低于 Y 的带宽，而又不明显影响重显彩色图像的观看。这为以后电视信号的有效数字化和数据压缩提供了良好的基础。

6.2.6 高清晰度电视(HDTV)

宽银幕电影可以使观众能够坐在靠近屏幕的位置享受一定程度的参与浸入，这是与传统的电影有很大区别的方式。一个更大的视场，特别是参与周边视觉，显然有助于真正意义上的"身临其境"。高清晰度电视（HDTV）的主旨是在不增加每单位面积中的"定义"，增加了视觉的领域，特别是它的宽度。

高清晰度电视（High Definition Television），台湾常称之为高画质电视，港澳常称之为高清电视，是一种电视业务下的新型产品，原国际电信联盟（ITU-R）给高清晰度电视下的定义是："高清晰度电视应是一个透明系统，一个正常视力的观众处在距该系统显示屏幕高度的三倍距离上所看到的图像品质，应该得到有如观看原始景物或表演时所得到的印象"。其水平和垂直清晰度是常规电视的两倍左右，并且配有多路环绕声。

高清电视是指传送的电视信号能达到的分辨率高于传统电视信号（NTSC、SECAM、PAL）所允许的范围。除了早期在欧洲和日本的模拟信号格式之外，高清晰度电视是通过数字信号传送的。

在谈到高清电视的时候，传输格式通常用以下的标号来解释：

(1)显示器分辨率的线数。

(2)逐行的片幅(p)或者交织的场数(i)。

(3)每秒的片幅或者交织的场数。

举例来说，720p60 就是 1280×720 像素，以每秒 60 片幅的速度逐行编码(60 Hz)；1080i50 就是 1920×1080 像素，每秒 50 个场的速度交织编码(25 帧)。通常片幅和场的速率是不考虑的，常遇到的不是 50 就是 60 Hz，除了 1080p 例外，一般的高清电视支持 1080p24，1080p25 或者 1080p30。帧和场的频率也可以没有分辨率来表示，举例来说 24p 就是每秒 24 个逐行帧，50i 就是每秒 25 个交织的帧。

图 6-5 提供了各种标准分辨率的比较。

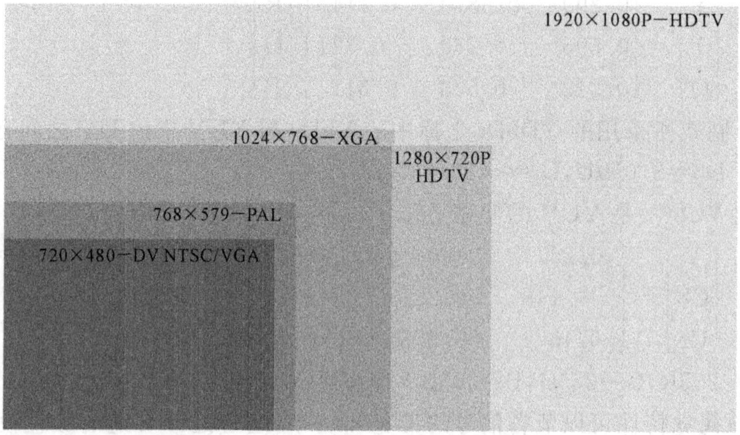

图 6-5 标准分辨率

与标清电视相比，高清晰度电视的分辨率至少是标准清晰度电视的两倍，因此和一般的 DVD 和模拟电视相比，它可以展现更多的细节，而且传输高清电视的技术标准，使得无需使用信箱技术就可以处理 16：9 的画面，大大提升了显示效果。

表 6-4 提供了 HDTV 和普通的彩色电视的比较。

表 6-4 HDTV 和普通彩色电视的比较

参数	HDTV	普通彩色电视
扫描行数	1250	525/625
图幅宽高比	16：9 或 5：3	4：3
最佳观看距离	3 倍屏幕高	5 倍屏幕高
水平视角(°)	30(电影 60)	10
隔行比	—	2：1
场频(Hz)	50	60/50
Y 带宽(MHz)	25	4.2/5.5
C 带宽(MHz)	6.5	1.3
行频(kHz)	31.25	15.734/15.625
Y 取样频率(MHz)	72	13.5
C 取样频率(MHz)	36	6.75
Y 取样个数/行	2,304	858/864

续表

参数	HDTV	普通彩色电视
Y 有效样数/行	1920	720
Y 有效行数	1152	480/576
C 有效样数/行	960	432
C 有效行数	576	240/288
像素纵横比	15∶16	3∶4/15∶16
总码率(Mbps)	25	8.448
压缩比	26.5∶1	20∶1

国内的高清电视正在逐步的发展当中。

2006 年 1 月 1 日开始，央视正式通过亚洲四号卫星向全国启播一条收费高清电视频道。央视欲利用此高清频道转播 2008 年北京奥运赛事，但因收益不佳，被迫停止播出。另外，上海文广开播新视觉高清电视频道，电影频道节目中心开播 CHC 系列高清电视频道。

免费地面广播方面，央视在 2008 年 1 月 1 日开播高清频道，但仅限于北京地区接收；北京奥运期间改用此频道播出了部分赛事。此外，北京电视台也在同年 7 月开播了一套免费地面高清电视频道——BTV 纪实高清，利用中央电视台第 14 频道播出。

经中国广电总局批准，CCTV-1、北京卫视、黑龙江卫视、江苏卫视、上海东方卫视、浙江卫视、湖南卫视、广东卫视和深圳卫视已于 2009 年 9 月 28 日进行高、标清同播。大陆高清节目大多采用 1080i 格式，码流约为 17 M。目前上述频道已在全国大部分地区通过有线电视网络和卫星落地播出。另外，天津卫视、湖北卫视、山东卫视、广西卫视、安徽卫视、河北卫视与四川卫视 7 个卫星频道已于 2012 年进行高标清同播并进入当地有线网播出。2012 年 9 月 28 日开始，CCTV-3、CCTV-5、CCTV-6(2012 年 12 月开始)、CCTV-8 进行高标清同播并上星播出，天津卫视、山东卫视、湖北卫视开始上星播出。

四川电视台影视频道、成都电视台新闻综合频道、日照电视台新闻综合频道、济南电视台新闻综合频道、郑州电视台、珠海电视台等高标清频道也进入当地有线网播出。

6.3　视频的数字化

本节讨论的视频是动态图像，不包含伴音。为了对视频信号进行处理与利用，视频信号必须数字化。

本节先介绍视频数字化过程中使用的基本概念、然后阐述视频信号数字化的具体方法，最后介绍视频的文件格式。

6.3.1 基本概念

(1)帧:视频是静态图像的连续播放,这些连续图像的每一幅就被称为一帧。

(2)帧率:每秒传输的帧数,通常用 fps(Frames Per Second)表示。高的帧率可以得到更流畅、更逼真的动画。每秒钟帧数 (fps) 愈多,所显示的动作就会愈流畅。

(3)视频分辨率:一帧画面的大小,宽乘高等于若干像素。垂直分辨率表示垂直方向每英寸多少个像素点,水平分辨率表示水平方向每英寸多少个像素点。视频质量通常用线分辨率来度量,本质上是表示在显示器上可以显示多少不同的黑白垂直线。

(4)码流:指视频文件在单位时间内使用的数据流量,也叫码率,是视频编码中画面质量控制中最重要的部分。同样分辨率下,视频文件的码流越大,压缩比就越小,画面质量就越高。

(5)显示器分辨率:指显示器上每单位长度显示的像素点的数目,常用点/英寸(dpi)为单位来表示。图 6-6 为各类视频画面和设备的分辨率。

(6)采样:将时间和幅度上连续的模拟信号转变为时间离散的信号,即时间离散化。

(7)扫描:传送电视图像时,将每幅图像分解成很多像素,按照一个一个像素、一行一行的方式顺序传送或接收。

(8)量化:将幅度连续信号转换为幅度离散的信号,即幅度离散化。

(9)编码:按照一定的规律,将时间和幅度上离散信号用对应的二进制或多进制代码表示。

- 分辨率
  - 数字电影
    - 2K—2048×1080
    - 4K—4096×2160
  - 数字电视
    - 标清
      - NTSC—720×480
      - PAL—720×576
    - 高清
      - 准—1280×720
      - 全—1920×1080
    - 超高清—7680×4320
  - 光存
    - VCD
      - NTSC—360×240
      - PAL—360×288
    - DVD
      - 窄屏
        - NTSC—720×480
        - PAL—720×576
      - 宽屏
        - NTSC—853×480
        - PAL—1024×576
    - BD
      - 低—1280×720
      - 高—1920×1080
  - 显示器
    - 窄屏(4:3)—640×480、800×600、1024×768、1280×960、1600×1200、2048×1536
    - 宽屏(16:9)—853×480、1088×612、1280×720、1365×768、1600×900、1920×1080
    - 宽屏(16:10)—768×480、960×600、1280×800、1440×900、1680×1050、1920×1200
  - 平板电视—宽屏(16 : 9)—853×480、1280×720、1365×768、1920×1080

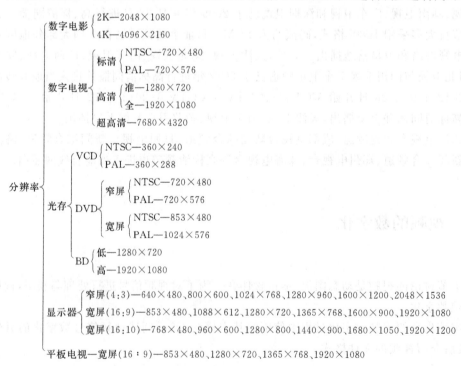

图 6-6 各类视频画面和设备的分辨率

6.3.2　视频信号的数字化

与模拟视频相比，数字视频的优点很多。要让计算机处理视频信息，首先要解决的是视频数字化的问题。视频信号数字化过程包括采样、量化和编码，如图 6-7 所示，本节主要介绍电视图像的数字化。

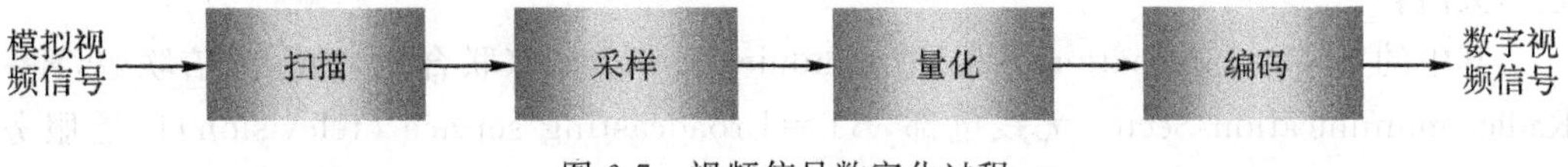

图 6-7　视频信号数字化过程

1. 数字化的方法

在大多数情况下，数字电视系统都希望用彩色分量来表示图像数据，如用 YCbCr、YUV、YIQ 或 RGB 彩色分量。因此，电视图像数字化常用“分量数字化”，表示对彩色空间的每一个分量进行数字化。视频数字化常用的方法有两种：

(1)将模拟视频信号输入到计算机系统中，对彩色视频信号的各个分量进行数字化，经过压缩编码后生成数字化视频信号。

(2)由数字摄像机从视频源采集视频信号，将得到的数字视频信号输入到计算机中直接通过软件进行编辑处理，这是真正意义上的数字视频技术。

目前，视频数字化主要还是采用将模拟视频信号转换成的数字信号的方法。

2. 采样结构的选择

采样结构是指采样点在空间和时间上的相对位置，有正交结构和行交叉结构等。在视频数字化中一般采用正交结构，如图 6-8(a)所示。这种结构在图像平面上沿水平方向采样点等间隔排列，沿垂直方向采样点上下对齐排列，这样有利于帧内和帧间的信号处理。行交叉结构是指每行内的采样点数为整数加半个，如图 6-8(b)所示。

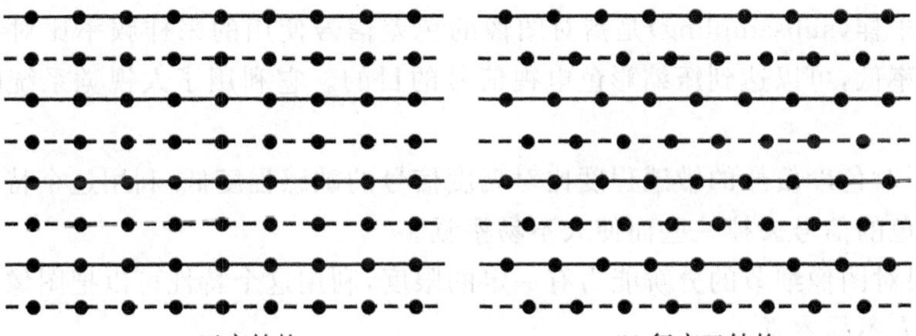

(a) 正交结构　　(b) 行交叉结构

图 6-8　采样结构图

为了保证采样结构为正交结构，要求行周期 T_H 必须是采样周期 T_s 的整数倍，即要求采样频率 f_s 应该等于行频率 f_H 的整数倍，即 $f_s = n \cdot f_H$。

3. 数字化标准

1982 年 CCIR(International Radio Consultative Committee 国际无线电咨询委员会)制定了彩色视频数字化标准,称为 CCIR 601 标准,现改为 ITU-R BT. 601 标准(601-4:1994. 7. / 601-5:1995. 10)。该标准规定了彩色视频转换成数字图像时使用的采样频率,RGB 和 YCbCr 两个彩色空间之间的转换关系等。关于色彩空间变换的内容请参考第 3 章相关内容。

其中的 ITU=International Telecommunication Union(联合国)国际电信联盟,R=Radiocommunication Sector 无线电部,BT=Broadcasting service (television)广播服务(电视)。

4. 采样频率

在视频数字化中,亮度信号采样频率的选择应从以下四个方面考虑:

(1)满足采样定理,采样频率应大于视频带宽的两倍。

(2)采样频率应是行频率的整数倍。

(3)亮度信号采样频率的选择必须兼顾国际上不同的扫描格式。现行的扫描格式主要有 PAL 和 SECAM 的 625 行/50 场和 NTSC 的 525 行/60 场两种。它们的行频率分别是 15625 Hz 和 15734. 625 Hz,这两个行频的最小公倍数约为 2. 25 MHz,即采样频率应是 2. 25 MHz 的整数倍,$f_s = m \cdot 2.25$ MHz,m 是整数。

(4)编码后的比特率 $R_b = f_s \cdot n$,其中 n 为量化比特率。为了降低码率,f_s 应该接近 $2\Delta f_y$。BT. 601 为 NTSC 制、PAL 制和 SECAM 制规定了共同的视频采样频率 $f_s = 13.5$ MHz,$m=6$。这个采样频率也用于远程图像通信网络中的视频信号采样。

对 PAL 制、SECAM 制,由 $f_s = 625 \times 25 \times N = 15625 \times N = 13.5$ MHz,知 $N=864$;对 NTSC 制,由 $f_s = 525 \times 29.97 \times N = 15734 \times N = 13.5$ MHz,知 $N=858$;其中,N 也为每一扫描行上的采样数目。

5. 图像子采样

图像子采样(subsampling)是指对图像的色差信号使用的采样频率比对亮度信号使用的采样频率低,可以达到压缩彩色电视信号的目的。它利用了人视觉系统的如下两个特性:

(1)人眼对色度信号的敏感程度比对亮度信号的敏感程度低,利用这个特性可以把图像中表达颜色的信号去掉一些而使人不易察觉。

(2)人眼对图像细节的分辨能力有一定的限度,利用这个特性可以把图像中的高频信号去掉而使人不易察觉。

试验表明,使用子采样格式后,人的视觉系统对采样前后显示的图像质量没有感到有明显差别。目前使用的子采样格式有如下几种:

(1)4:4:4 格式

这种采样格式不是子采样格式,它是指在每条扫描线上每 4 个连续的采样点取 4 个亮度 Y 样本、4 个红色差 Cr 样本和 4 个蓝色差 Cb 样本，这就相当于每个像素用 3 个样本表示。此格式色差信号的采样频率与亮度信号采样频率相同，即 $f_{cr} = f_{cb} = f_y = 13.5$ MHz，因此，亮度采样频率和两个色差信号之比为 $f_y : f_{cr} : f_{cb} = 4 : 4 : 4$。

图 6-9 说明 625 扫描行系统中采样格式为 4∶4∶4 的 YCbCr 的样本位置。对每个采样点，Y、Cb 和 Cr 各取一个样本。对于消费类和计算机应用，每个分量的每个样本精度为 8 位；对于编辑类应用，每个分量的每个样本的精度为 10 位。因此每个像素的样本需要 24 位或者 30 位。

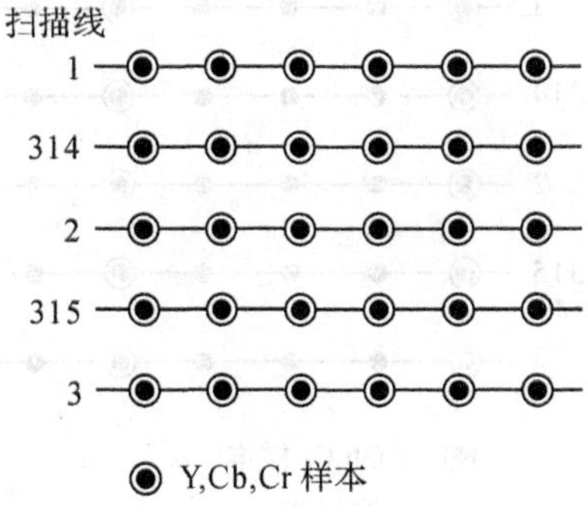

图 6-9　4∶4∶4 子采样格式

(2)4∶2∶2 格式

这种子采样格式是指在每条扫描线上每 4 个连续的采样点取 4 个亮度 Y 样本、2 个红色差 Cr 样本和 2 个蓝色差 Cb 样本，平均每个像素用 2 个样本表示。此格式色差信号的采样频率是亮度信号采样频率的一半，即 $f_{cr} = f_{cb} = \frac{1}{2} f_y = 6.75$ MHz，因此，亮度采样频率和两个色差信号之比为 $f_y : f_{cr} : f_{cb} = 4 : 2 : 2$。

图 6-10 说明 625 扫描行系统中采样格式为 4∶2∶2 的 YCbCr 的样本位置。在水平扫描方向上，每 2 个 Y 样本有 1 个 Cb 样本和一个 Cr 样本。对于消费类和计算机应用，每个分量的每个样本的精度为 8 位；对于编辑类应用，每个分量的每个样本精度为 10 位。因此每个像素的样本需要 24 位或者 30 位。在帧缓存中，每个样本需要 16 位或者 20 位。显示像素时，对于没有 Cr 和 Cb 的 Y 样本，使用前后相邻的 Cr 和 Cb 样本进行计算得到的 Cr 和 Cb 样本。

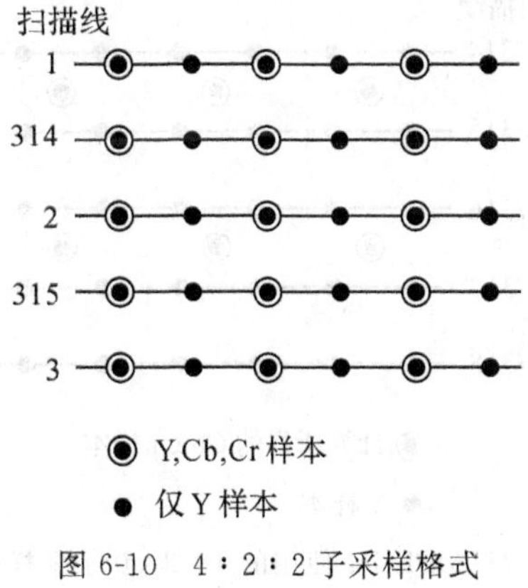

图 6-10　4∶2∶2 子采样格式

(3)4∶1∶1格式

这种子采样格式是指在每条扫描线上每4个连续的采样点取4个亮度Y样本、1个红色差Cr样本和1个蓝色差Cb样本,平均每个像素用1.5个样本表示。此格式色差信号的采样频率是亮度信号采样频率的四分之一,即 $f_{cr}=f_{cb}=\frac{1}{4}f_y=3.375$ MHz,因此,亮度采样频率和两个色差信号之比为 $f_y∶f_{cr}∶f_{cb}=4∶1∶1$。

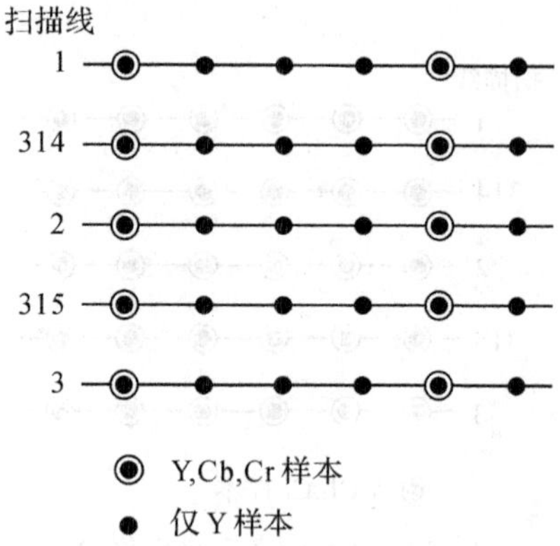

图6-11　4∶1∶1子采样格式

图6-11说明625扫描行系统中采样格式为4∶1∶1的YCbCr的样本位置。这是数字电视盒式磁带(digital video cassette,DVC)上使用的格式。在水平扫描方向上,每4个Y样本各有1个Cb样本和一个Cr样本,每个分量的每个样本精度为8位。因此,在帧缓存中,每个样本需要12位。显示像素时,对于没有Cr和Cb的Y样本,使用前后相邻的Cr和Cb样本进行计算得到该Y样本的Cr和Cb样本。

(4)4∶2∶0格式

这种子采样格式是指在水平和垂直方向上每2个连续的采样点上取2个亮度Y样本、1个红色差Cr样本和1个蓝色差Cb样本,平均每个像素用1.5个样本表示。此格式色差信号的采样频率是亮度信号采样频率的四分之一,即 $f_{cr}=f_{cb}=\frac{1}{4}f_y=3.375$ MHz。视频编码标准多采用此格式,但具体实现方法并不相同,分为两种结构类型。

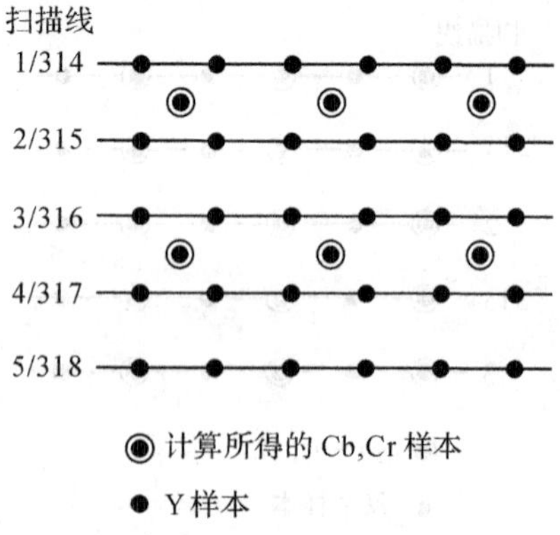

图6-12　MPEG-1使用的4∶2∶0子采样格式

①H. 261，H. 263 和 MPEG-1。图 6-12 说明 625 扫描行系统中采样格式为 4∶2∶0 的 YCbCr 的样本位置。这是 H. 261，H. 263 和 MPEG-1 使用的子采样格式。在水平方向的 2 个样本和垂直方向上的 2 个 Y 样本共 4 个样本有 1 个 Cb 样本和一个 Cr 样本。如果每个分量的每个样本精度为 8 位，在帧缓存中每个样本就需要 12 位。

②MPEG-2。虽然 MPEG-2 和 MPEG-1 使用的子采样都是 4∶2∶0，但它们的含义有所不同。图 6-13 说明采样格式为 4∶2∶0 的 YCbCr 空间样本位置。与 MPEG-1 的 4∶2∶0 相比，MPEG-2 的子采样在水平方向上没有半个像素的偏移。

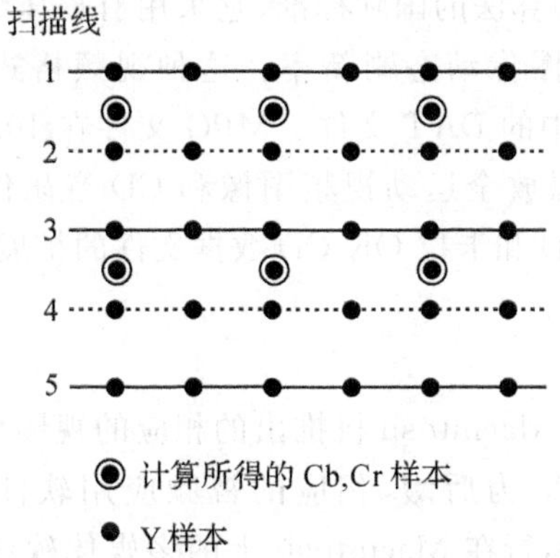

图 6-13　MPEG-2 的空间样本位置

③CIF、QCIF 和 SQCIF 视频格式。为既可用 625 行的电视图像又可用 525 行的电视图像，BT. 601 规定了 CIF（Common Intermediate Format 公用中分辨率格式）、QCIF（Quarter-CIF，1/4 公用中分辨率格式）和 SQCIF（Sub-Quarter Common Intermediate Format，子 1/4 公用中分辨率格式）格式，具体规格如表 6-5 所示。

表 6-5　CIF、QCIF 和 SQCIF 图像格式参数

	CIF		QCIF		SQCIF	
	行数/帧	像素/行	行数/帧	像素/行	行数/帧	像素/行
亮度(Y)	288	360(352)	144	180(176)	96	128
色度(Cb)	144	180(176)	72	90(88)	48	64
色度(Cr)	144	180(176)	72	90(88)	48	64

6.3.3　数字视频的格式

数字视频格式是视频数据的存储的方式，基于不同的应用目的和不同的软件和硬件平台，开发商们制订了不同的文件格式。

1. AVI 格式

AVI(Audio Video Interleave)文件是一种音视频交叉记录的数字视频文件格式。微软公司于 1992 年推出了 AVI 技术及其应用软件 VFW(Video for Windows)。在 AVI 文件中，运动图像和伴音数据是以交织的方式存储，并独立于硬件设备，在读取视频数据流时能更有效地从存储媒介得到连续的信息。优点是图像质量好，能嵌入到任何支持对象链接与嵌入的 Windows 应用程序中，缺点是数据量大。因 AVI 文件没有规定压缩标准，因此用不同压缩算法生成的 AVI 文件，必须使用相应的解压缩算法才能播放。可以用一般的视频编辑软件如 Adobe Premiere 进行编辑和处理。

2. MPEG 文件

MPEG 是运动图像压缩算法的国际标准，它采用有损压缩方法减少运动图像中冗余信息，同时保证 30 帧/秒的图像动态刷新率。这种视频格式文件的扩展名包括 MPG、MPE、MPEG 及 VCD 光盘中的 DAT 文件。MPG 文件在 1024×768 的分辨率下可用每秒 25 或 30 帧的速率同步播放全运动视频图像和 CD 音乐伴音，其文件大小为 AVI 的 1/6。DAT 文件是 Video CD 和卡拉 OK CD 数据文件的扩展名。

3. MOV 文件

Apple 公司在其生产的 Macintosh 机推出的相应的视频格式，即 Movie digital video 的文件格式，其文件以 MOV 为后缀，相应的视频应用软件为 Apple's QuickTime for Macintosh。随着大量原本运行在 Macintosh 上的多媒体软件向 PC/Windows 环境的移植，导致了 QuickTime 视频文件的流行。Apple 公司也推出了适用于 PC 机的视频应用软件 Apple's QuickTime for Windows，因此在 PC 机上也可以播放 MOV 视频文件。QuickTime 还采用了一种称为 QuickTime VR 的虚拟现实(VR，Virtual Reality)技术，用户只需通过鼠标或键盘，就可以观察某一地点周围 360 度的景象，或者从空间任何角度观察某一物体。QuickTime 以其领先的多媒体技术和跨平台特性、较小的存储空间要求、技术细节的独立性以及系统的高度开放性等特点，成为目前数字媒体软件技术领域中事实上的工业标准。MOV 格式的视频文件可以采用不压缩或压缩的方式。

4. RM 文件(流式视频文件格式)

RM 文件主要用在低速率的广域网上实时传输活动视频影像，它包含了 RealAudio、RealVideo 和 RealFlash，由专门设计的播放器 RealPlayer 播放。RealAudio 用来传输接近 CD 音质的音频数据，RealVideo 用来传输连续视频数据，而 RealFlash 则是 RealNetworks 公司与 Macromedia 公司新近合作推出的一种高压缩比的动画格式。RealNetworks 公司所制定的音频视频压缩规范称为 RealMedia，是目前在 Internet 上的跨平台的客户/服务器结构的多媒体应用标准。RM 文件特点是能根据网络数据传输速率的不同而采用不同的压缩比率，与 RealServer 服务器相配合，边下载边播放。

5. WMV 文件(Windows Media Video)

WMV 是微软推出的一种视频格式文件，是以独立编码方式、可以直接在网络上实时观看视频节目的文件压缩格式，希望取代 QuickTime 之类的技术标准以及 WAV、AVI 之类的文件。WMA 格式的文件，使用 Windows 中提供的媒体播放器 Windows Media

Player 就可以支持播放。特点是能实现本地或网络回放,多语言支持,环境独立性,丰富的流间关系以及扩展性等。WMA 格式的音乐文件的突出特点是提供了比 MP3 音乐文件更大的压缩比,而在音乐文件的还原方面做得也很好。

6. ASF 文件(Advanced Streaming Format)

Windows Media 视频文件有两种不同的扩展名:asf 和 wmv,它们有相同的存储格式,可以将扩展名为 asf 直接改成 wmv 而不影响视频的播放。ASF 是一种数据格式,音频、视频、图像以及控制命令脚本等多媒体信息通过这种格式,以网络数据包的形式传输,实现流式多媒体内容发布。ASF 最大优点就是体积小,因此适合网络传输,使用微软公司的最新媒体播放器(Microsoft Windows Media Player)可以直接播放该格式的文件。

7. FLV 文件

FLV 是 Flash Video 的简称,FLV 流媒体格式是随着 Flash MX 的推出发展而来的视频格式。由于它形成的文件极小、加载速度极快,使得网络观看视频文件成为可能,它的出现有效地解决了视频文件导入 Flash 后,使导出的 SWF 文件体积庞大,不能在网络上很好的使用等缺点。

6.4 视频压缩及标准

视频压缩的目标是在尽可能保证视觉效果的前提下减少视频数据率。由于视频是连续的静态图像,因此其压缩编码算法与静态图像的压缩编码算法有某些共同之处。但视频本身还有其独有的特性,所以在压缩时还应考虑其运动特性才能达到高压缩的目标。

6.4.1 视频压缩编码的基本概念

1. 有损和无损压缩

在视频压缩中有损和无损的概念与静态图像中的基本类似。无损压缩指压缩前和解压缩后的数据完全一致。多数的无损压缩都采用 RLE 行程编码算法。这种算法特别适合于由计算机生成的图像,它们一般具有连续的色调。但是无损算法一般对数字视频和自然图像的压缩效果不理想,因为其色调细腻,不具备大块的连续色调。

有损压缩意味着解压缩后的数据与压缩前的数据不一致。在压缩的过程中要丢失一些人眼和人耳所不敏感的图像或音频信息,而且丢失的信息不可恢复。几乎所有高压缩的算法都采用有损压缩,这样才能达到低数据率的目标。丢失的数据率与压缩比有关,压缩比越小,丢失的数据越多,解压缩后的效果一般越差。此外,某些有损压缩算法采用多次重复压缩的方式,这样还会引起额外的数据丢失。

2. 帧内和帧间压缩

帧内压缩也称为空间压缩。当压缩一帧视频时，仅考虑本帧的数据而不考虑相邻帧之间的冗余信息，这实际上与静态图像压缩类似。帧内一般采用有损压缩算法，由于帧内压缩时各个帧之间没有相互关系，所以压缩后的视频数据仍可以以帧为单位进行编辑。帧内压缩一般达不到很高的压缩，而且，运动视频具有运动的特性，故还可以采用帧间压缩的方法。

帧间压缩利用许多视频或动画的连续前后两帧具有很大的相关性，或者说前后两帧信息变化很小的特点来实现视频信息压缩。例如，在演示一个球在静态背景前滚动的视频片断中，连续两帧中的大部分图像，如背景，是基本不变的。也即连续的视频其相邻帧之间具有冗余信息，根据这一特性，压缩相邻帧之间的冗余量就可以进一步提高压缩量。

帧间压缩也称为时间压缩，它通过比较时间轴上不同帧之间的数据进行压缩。帧间压缩一般是有损的，帧差值算法是一种典型的时间压缩法，它通过比较本帧与相邻帧之间的差异，仅记录本帧与其相邻帧的差值，这样可以大大减少数据量。例如，如果一段视频不包含大量超常的剧烈运动景象，而是由一帧一帧的正常运动构成，采用这种算法就可以达到很好的效果。

3. 对称和不对称编码

对称性是压缩编码的一个关键特征。对称意味着压缩和解压缩占用相同的计算处理能力和时间。对称算法适合实时压缩和传送视频，如视频会议应用就以采用对称的压缩编码算法为好。而在电子出版和其他多媒体应用中，一般把视频预先压缩处理好，然后再播放，因此可以采用不对称编码。不对称或非对称意味着压缩时需要花费大量的处理能力和时间，而解压缩时则能较好的实时回放，即以不同的速度进行压缩和解压缩。一般来说，压缩一段视频的时间比回放(解压缩)该视频的时间要多得多。例如，压缩一段 3 分钟的视频片断可能需要 10 多分钟的时间，而该片断实时回放只需 3 分钟。

6.4.2 视频压缩标准

目前国际上有两个负责音视频编码的标准化组织，一个是国际标准化组织下的运动图像专家组 MPEG。另一个是国际电信联盟 ITU。由 ITU 组织制定的标准主要是针对实时视频通讯的应用，如视频会议和可视电话等，它们以 H.26x 命名，如 H.261，H.262，H.263，H.264 等。MPEG 制定的标准有 MPEG-1，MPEG-2，MPEG-4，MPEG-7 和 MPEG-21，MPEG-1 即俗称的 VCD，MPEG-2 则为 DVD 所采用，MPEG-4 是为交互式多媒体通讯制定的压缩标准，MPEG-7 并不是一个视讯压缩标准，而是多媒体内容的描述标准，为互联网视频检索制定的压缩标准。MPEG-21 为未来多媒体的应用提供一个完整的平台。

6.4.3 MPEG-1 标准

MPEG-1 由 ISO/IEC 于 1991 年提出，正式名称为“用于数字存储媒体的 1.5 Mbps 以下的活动图像及相关音频编码”(ISO/IEC 11172)。其中的数字存储媒体包括光盘(CD)，视频光盘(VCD)，其中分配比特的方案是在 1.5 Mbps 的数据传输中 1.2 Mbps 用于编码视频，256 kbps 用于立体声。MPEG-1 标准有如下规定：

(1)输入图像标准是 SIF 格式：有 360×288×25(PAL)和 360×240×30(NTSC)两种格式；采用 4∶2∶0 的亚采样格式。

(2)只规定了逐行扫描的句法，不能用于隔行扫描。码率可达 1.5 Mbps。

(3)MPEG-1 不能提供分级编码，也不适合在传输条件差的环境中应用。

(4)解码后的 SIF 分辨率图像扩展到全屏幕，得到的图像质量和 VHS 相当。

(5)立体声的编码达到 CD 质量。

MPEG-1 标准分五个部分：系统，视频，音频，一致性测试，参考软件。本节主要介绍视频部分。

1. MPEG-1 视频信源编码框架

图 6-14 表示 MPEG-1 视频编码框架，其主要利用视频的冗余信息完成压缩。在 MPEG-1 视频编码器中主要采用以下两种压缩方法：

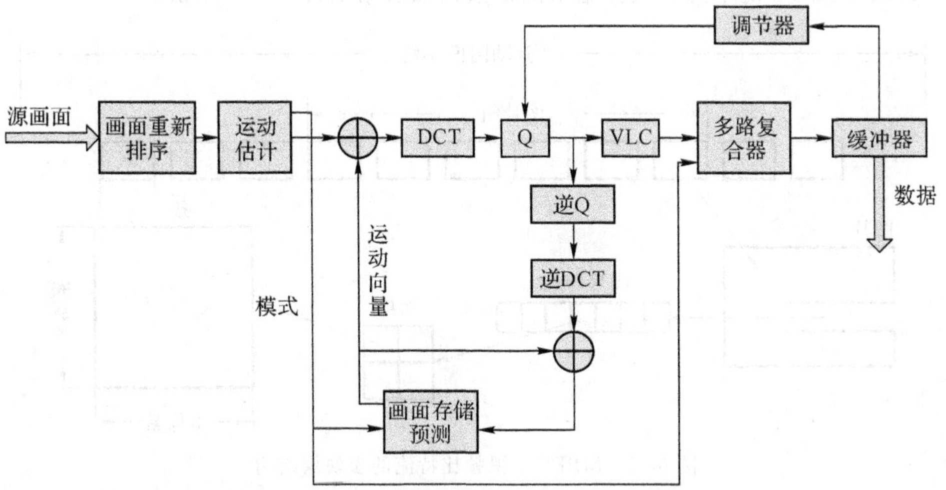

图 6-14　MPEG-1 视频编码框架

(1)帧内压缩算法：采用与 JPEG 压缩算法大致相同的方法，即基于 DCT 的变换编码技术，用以减少空间冗余信息。

(2)帧间压缩算法：采用运动补偿算法、预测编码方法以及差补法等编码方法。帧间编码技术可以减少时间冗余信息。

在帧间压缩算法中需用到运动补偿算法。运动补偿算法是视频编码技术中的关键技术，其目的是消除连续帧之间的时域相关性。运动补偿算法主要是利用运动矢量从前一帧内读出预测像块，形成当前帧运动物体的预测值。实现运动补偿算法主要包括以下步骤：

(1)把图像分割为静止和运动的两部分(分块和像素递归两种方法)。

(2)估计物体的位移值。

(3)用位移值进行运动补偿预测。

(4)预测信息编码。

2. MPEG-1 视频比特流的层次结构

MPEG-1 对运动图像序列的编码数据用 6 层结构表示：

(1)图像序列层：由连续图像组成，用序列终止符结束。

(2)图片组层：图片组(GOP)由几帧连续图像组成，是随机存取单元，其第一帧总是 I 帧，长度可各不相同。

(3)图片层：图像(帧)编码的基本单元，独立的显示单元。标题中包含图片类型、运动矢量精度、搜索范围等。

(4)图片切片层：由若干位置连续的宏块组成，发现不可纠正的错误时，可从下一宏块开始解码。起功能为重新同步单元。

(5)宏块层：MB 运动估计的基本单元，标题中包含宏块类型码、运动矢量、码块图等，如图 6-15 所示。

(6)块层：DCT 的单元。块数据由图像数据加块结束符(EOB)组成。

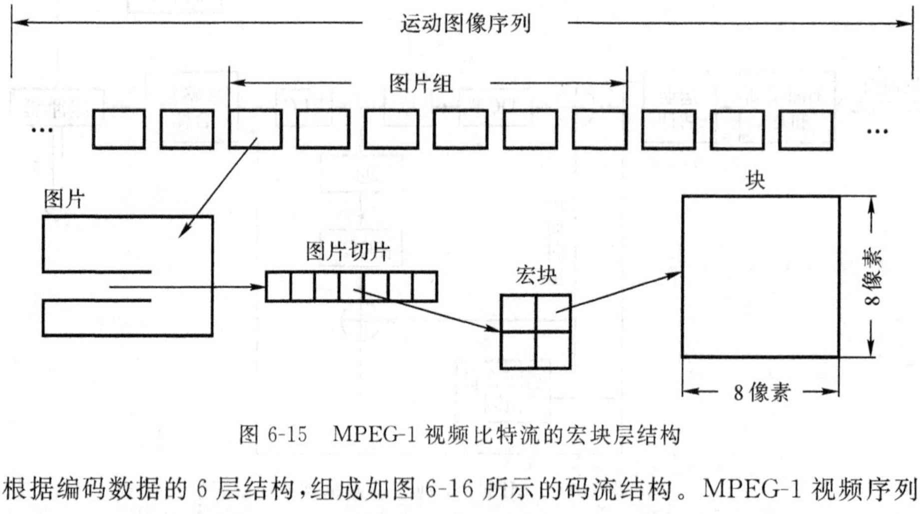

图 6-15 MPEG-1 视频比特流的宏块层结构

根据编码数据的 6 层结构，组成如图 6-16 所示的码流结构。MPEG-1 视频序列码流从上到下包括序列层(Sequence)，图片组层(GOP：Group of Picture)，图片层(Picture)，图片切片层(Slice)，宏块层(Macro Block)和块层(Block)。除宏块层和像块层外，上面 4 层中都有相应的起始码(SC：StartCode)，可用于因误码或其他原因收发两端失步时，解码器重新捕捉同步。

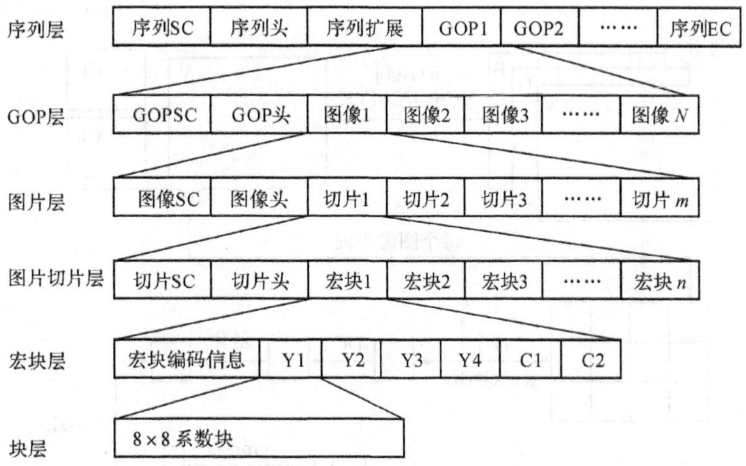

图 6-16 MPEG-1 视频序列码流结构

3. MPEG-1 帧图像类型

MPEG 标准定义了三种图像：帧内图像 I(Intrapictures)、预测图像 P(Predicated Pictures)和双向预测图像 B(Bidirectional Prediction)，典型的排列如图 6-17 所示。三种图像将采用不同的算法进行压缩。由图 6-17 可知，图像压缩首先需要处理 I 帧图像，然后是对应的前向预测图像 P，在两者的基础上才处理 B 图像。MPEG 编码器算法允许选择 I 图像的频率和位置。I 图像的频率是指每秒钟出现 I 图像的次数，位置是指时间方向上帧所在的位置。

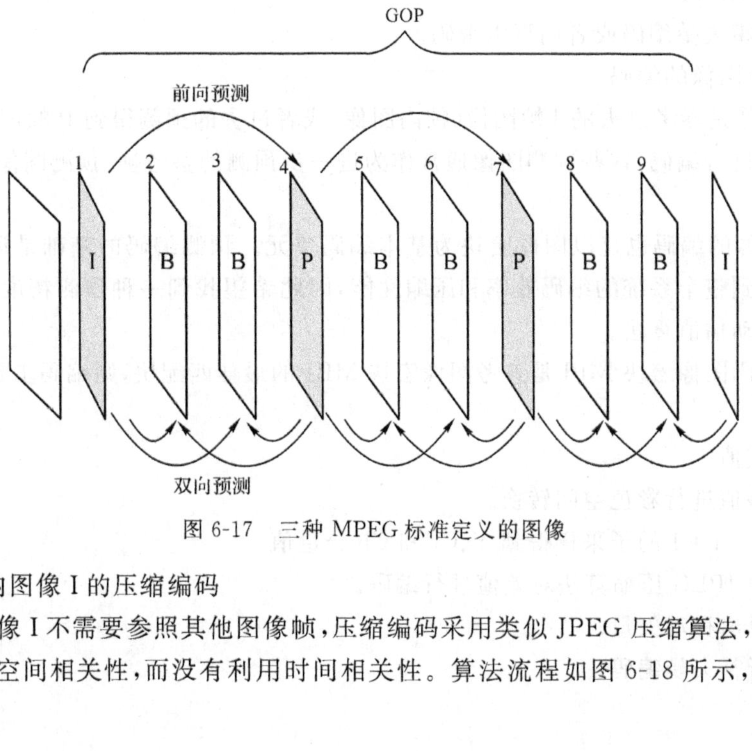

图 6-17 三种 MPEG 标准定义的图像

(1)帧内图像 I 的压缩编码

帧内图像 I 不需要参照其他图像帧，压缩编码采用类似 JPEG 压缩算法，只利用了单帧图像内的空间相关性，而没有利用时间相关性。算法流程如图 6-18 所示，具体实现过程如下：

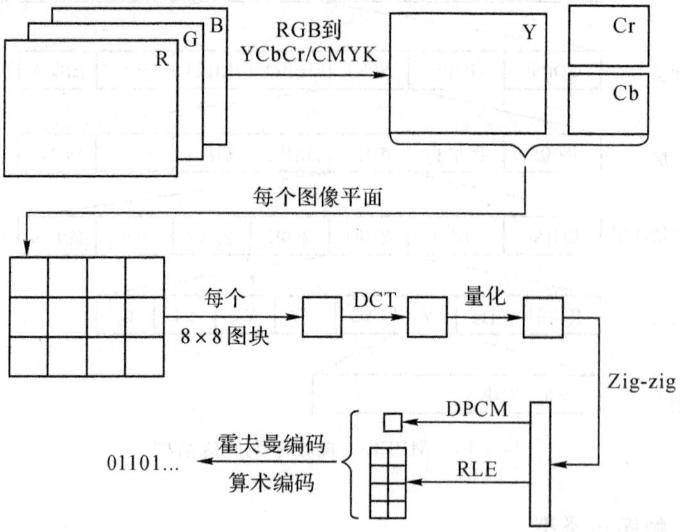

图 6-18　I 帧图像的编码过程

①RGB 空间转换为 YCrCb 空间。

②每个图像平面分成 8×8 的图块，对每个图块进行离散余弦变化 DCT。

③DCT 变化后经过量化按照 Zig-zag 的形状排序，然后再使用无损压缩技术进行编码。

④DCT 变化后经过量化的直流分量系数用差分脉冲编码 DPCM；交流分量系数用行程长度编码 RLE。

⑤再用霍夫曼编码或者用算术编码。

(2)P 帧图像的编码

P 帧图像是参考过去的 I 帧图像(帧内图像)或者过去的预测得到 P 帧图像用运动补偿预测技术进行编码，这些预测图像通常作为进一步预测的参考帧，预测图像的编码效率较高。

P 帧图像的编码也是以图像宏块为基本编码单元。预测编码的基础是运动估值，它将直接影响到整个系统的编码效率和压缩性能，因此希望找到一种预测精度高同时计算量又小的运动估值算法。

假设编码图像宏块 MPI 是参考图像宏块 MRJ 的最佳匹配块，则编码步骤如下(见图 6-19)：

(1)求差值。

(2)对差值进行彩色空间转换。

(3)作 4：1：1 的子采样得到 Y、Cr 和 Cb 分量值。

(4)按照 JPEG 压缩算法对差值进行编码。

(5)计算出移动矢量。

(6)进行霍夫曼编码。

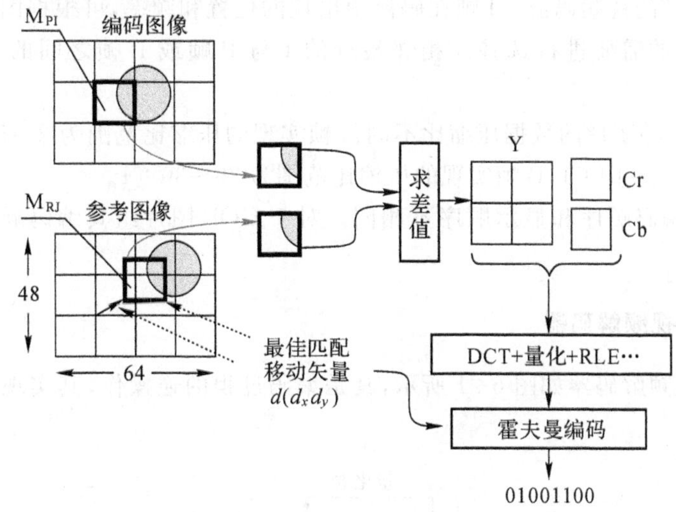

图 6-19　P 帧图像的编码过程

(3)B 帧图像的编码

B 帧图像(或称双向图)在预测时,既可使用前向预测方式,也可使用后向预测方式,或同时使用双向预测后取平均方式(双向帧间预测),取决于哪一种方式下表示该宏块所需的信息量为最少。B 帧同时以它相邻的前后两帧为参考帧进行运动补偿,并将所得的结果进行内插而获得平均预测结果,其实现结构如图 6-20 所示。使用双向预测后,可以使那些在前一帧中预测不到的内容很好地在后一帧中预测到,而且通过预测后取平均,非常有效地减少了预测噪声的影响。它的压缩效率最高,但双向预测图像不作为预测的参考图像。

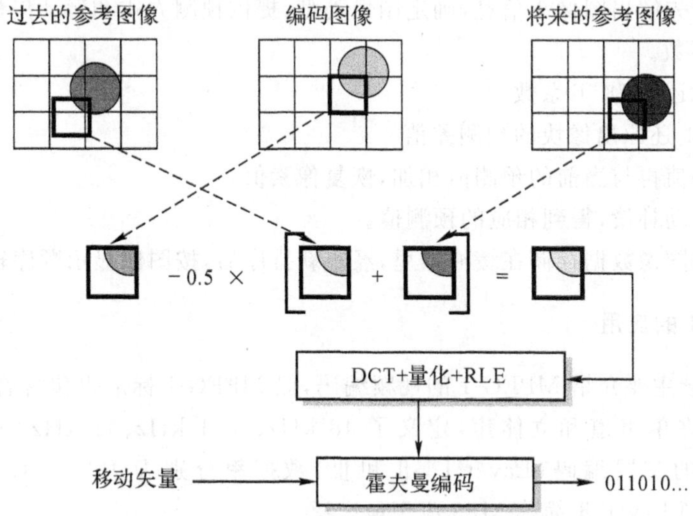

图 6-20　B 帧图像的编码过程

4. 码流的特征

根据 MPEG-1 视频的编码结构和码流组成,其码流具有如下特征:

(1)“开放性”的视频码流。I 帧在码流中出现的位置和频率,可根据图像序列中随机存取和景物切换的需要进行选择。相邻最近的 I 与 P 帧或 P 帧之间的 B 帧数目可以选择。

(2)I,P,B 三种图像的数据压缩比不同:I 帧实现的压缩比范围为 2～5 : 1,P 帧实现的压缩比范围为 5～10 : 1,B 帧实现的压缩比范围为 20～30 : 1。

(3)图像的编码顺序和显示顺序不相同。对于 GOP 图片组其编码顺序和显示的图片顺序是不同。

5. MPEG-1 视频解码器

MPEG-1 视频解码器如图 6-21 所示,其是编码过程的逆操作,其实现主要包括以下几个过程:

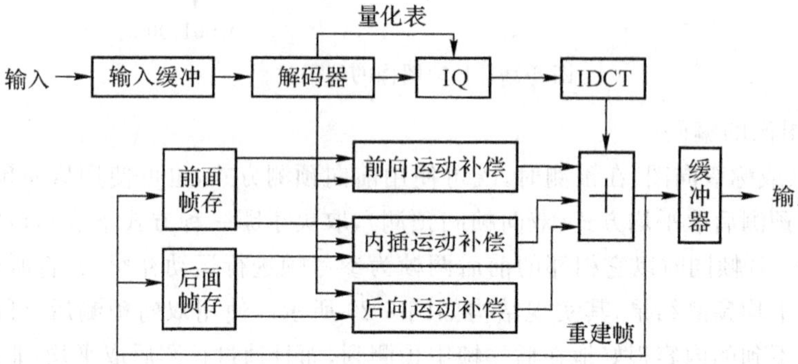

图 6-21 MPEG-1 的解码器结构

(1)解码器先解出图像头信息,确定图像类型,提供预测方式和运动矢量等信息,解出量化的 DCT 系数。

(2)反量化还原 DCT 系数。

(3)反 DCT 还原出像块的预测差值。

(4)预测差值再与当前的预测值相加,恢复像素值。

(5)经过运动补偿,得到相应的预测值。

(6)还原的图像数据存储在缓冲器里,经重新排序后,按图像显示顺序输出。

6. MPEG-1 的应用

虽然本部分主要介绍 MPEG-1 的视频编码,但 MPEG-1 标准也包含音频。MPEG-1 音频部分只允许单声道和立体声,定义了 48 kHz、44.1 kHz、32 kHz 三种采样频率。MPEG-1 音频的三层编码(Layer Ⅰ,Ⅱ 和 Ⅲ)数据率分别为 192、128、96 kbps,其中 MPEG-1 的音频 Layer Ⅲ 简称 MP3 应用最广泛。

MPEG-1 的应用领域包括:VCD、CD-ROM、PC 的音视频格式、Windows 95/98/NT 的 MPEG-1 软件解码器、在欧洲和加拿大数字音频广播(DAB)、网络交换音乐的编码广泛应用 MP3 文件。在国内最典型的应用是 VCD,可以说 99%的 VCD 都是用 MPEG-1 格式。MPEG-1 标准提供了一些录像机的功能,包括正放、图像冻结、快进、快倒和慢放,此外，还提供了随机存取的功能。

6.4.4　MPEG-2 标准

为了满足高比特率、高质量的视频应用，MPEG 委员会在 1994 年 11 月发布了 MPEG-2 标准（ISO/IEC13818），其正式名称为“活动图像及其伴音的通用编码”，该标准主要用于 DVB、HDTV 和 DVD。MPEG-2 标准包括系统、视频、音频及符合性（检验和测试音频及系统码流）4 个文件，具有如下特点：

（1）MPEG-2 和 MPEG-1 的图像结构相同。

（2）MPEG-2 通用性较强，满足对图像质量和传输速率的多层次要求，技术成熟。支持的图像格式有 704×576（PAL）和 704×480（NTSC）两种，传输码率为 3～15 Mbps。

（3）能处理逐行扫描和隔行扫描图像，包括 16∶9 宽高比图像格式。

（4）解决了通用性和特殊要求，定义了不同的类和级。

（5）考虑到和 MPEG-1 兼容。

（6）有可分级性、灵活性和广泛的适应性，系统和传送规定更详细和完善，规定了多路节目复用方式，兼顾与 ATM 信元适配。

（7）支持多声道的音频编码；先进音频编码（AAC）。

1. MPEG-2 视频编码器结构

MPEG-2 视频编码器结构框图如图 6-22 所示，原理上与 MPEG-1 的编码结构基本相同。MPEG-2 压缩编码算法包括了帧内编码、帧间编码，DCT 变换编码、自适应量化、熵编码和运动估计和运动补偿等一系列压缩方法。为了适应信道的变化和扩大应用范围，MPEG-2 采用三种分级编码：空间域分级、时间域分级和信噪比分级。

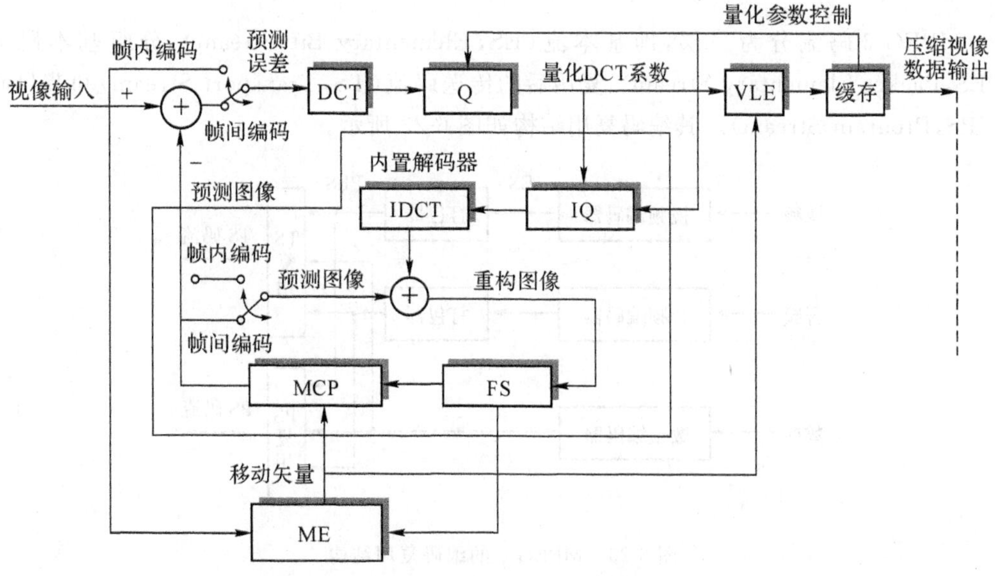

图 6-22　MPEG-2 视频编码器结构

2. MPEG-2 的档次和级别

MPEG-2 按不同的压缩比分成 5 个档次(Profile)，并按视频清晰度分为 4 个级别(Level)，共有 20 种组合，见表 6-6。其中最常用的有 11 种，分别用于标准数字电视、高清晰度电视，码率从 4 Mbps～100 Mbps。档次是针对不同的应用规定了若干个语法子集。"档次"规定可用哪些语法元素，怎么用。"级"规定语法元素的值可怎样取。每个"档次"中按参数不同又分 4 个级。表 6-6 中 MP@ML 的码率为 5～15 Mbps，用途最广，如 DVD，150 路卫星广播电视直播，540 路 CATV 等。

表 6-6　MPEG-2 的档次和级别

档次(Proile) 级别(Level)	简单(Simple) SP	主要(Main) MP	SNR 可分级 (SNRS calable) SNP	空间可分级 (Spatial Scalable) SSP	高级(High) HP
高级(High)HL 1920×1080×30 1920×112×25		MP@HL 80 Mbps			HP@HL 100 Mbps ＋较低层
高－1440 (High － 1140) 1440×1080×30 1440×1152×25		HP@H1140 60 Mbps		SSP@H1140 60 Mbps ＋较低层	HP@H1440 80 Mbps ＋较低层
主级(Main)ML 720×480×30 720×576×25	SP@ML 15 Mbps	MP@ML 15 Mbps	SNP@MP 15 Mbps ＋较低层		HP@ML 20 Mbps ＋较低层
低级(Low)LL 352×288×29.97		MP@LL 4 Mbps	SNP@LL 4 Mbps		

3. MPEG-2 的编码复用系统

MPEG-2 码流分为三层，即基本流(ES，Elementary Bit Stream)、分组基本码流(PES，Packet Elementary Stream)、复用后的传送码流(TS，Transport Stream)和节目码流(PS，Program Stream)。其编码复用结构如图 6-23 所示。

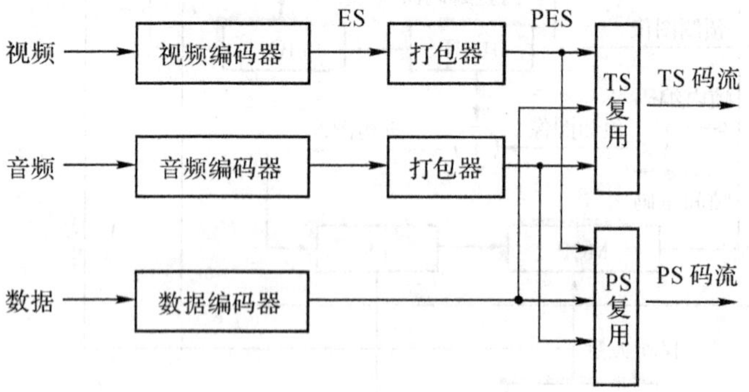

图 6-23　MPEG-2 的编码复用结构

(1)基本码流 ES:编码器输出的视频和音频数据流。

(2)打包的基本流(PES):把视、音频分别打包,组成长度可变的字节,最大长度为216。通常按帧打包。

(3)节目码流(PS):打包的视频、音频基本码流再经过打包形成的复合码流,长度可变,适用于相对无误码的环境使用,如演播室、家庭环境和存储媒介的应用。

(4)传输码流(TS):传输复用器输出。输入的 PES 可以具有公共时间基准(可先节目复再 TS 复用),也可以具有各自独立的时间基准(直接 TS 复用)。TS 小包长度固定为188 个字节。适用于误码较大的应用环境,如广播电视传输。如果要在一个电视频道内传送多套数字电视节目,需要将诸个 TS 流进一步时分复用成一路总的多节目 TS 流,

6.4.5　MPEG-4 视频编码标准

MPEG-4 标准(ISO/IEC 14496-2 Part 2)是 1999 年形成的国际标准,是基于对象的视、音频编码标准,注重多媒体系统的交互性和灵活性。本来是甚低比特率的视音频压缩编码标准,现满足数字视听材料交换需要。2004 年发布了第 3 版。

1. MPEG-4 目标

MPEG-4 定义一个广阔的通信平台,支持从低码率(5 kbps～64 kbps)到高码率(100 Mbps)的各种应用。为保证标准的灵活性,它提供一系列的编码算法和工具,以供应用开发者选用。

MPEG-4 不是单纯的视音频编解码标准,它更多的是定义一种格式、一种框架,而不是具体算法。标准中使用除包括压缩本身一些技术外,还包括图像分析和合成、计算机视觉、计算机图形、虚拟现实和语音合成等多种多媒体技术。

2. MPEG-4 特点

为了满足 MPEG-4 的目标,其具有如下特点。

(1)MPEG-4 标准的编码基于对象,便于操作和控制。可以实现许多基于内容的交互性功能,主要用于基于内容的多媒体数据存取、游戏或多媒体家庭编辑、网上购物和电子商店、远程监控、医疗和教学等。

(2)MPEG-4 具有很好的扩展性,可进行时域和空域的扩展(兼容 MPEG-2 扩展功能)。主要用于互联网和无线网等窄带的视频通讯、多质量视频服务和多媒体数据库预览等服务。

(3)MPEG-4 的编码具有鲁棒性和纠错功能。主要用于在移动通信的易错通讯环境下实现安全的低码率编码和传输,采用再同步、数据恢复、错误隐藏等三种策略。

(4)MPEG-4 有多种算法,可根据需要进行选择。

(5)MPEG-4 为了支持高效压缩,引入 AVO(Audio/Video Object)的概念实现基于内容的表示方法。

3. AVO 及数据结构

AVO 的基本单位是原始 AV 对象，可能是一个没有背景说话的人，也可能是这个人的语音或背景音乐等等。它具有高效编码、高效存储传播和可交互操作的特性。MPEG-4 就是围绕 AV 对象的编码、存储、传输和组合而制定的标准。MPEG-4 对 AV 对象的主要操作如下：

(1)采用 AV 对象表示音视频或其组合内容。

(2)组合已有的 AV 对象，通过自然混合编码 SNHC 组织。

(3)可对 AV 对象数据多路合成和同步，以便选择合适的网络传输数据。

(4)允许用户对 AV 对象进行交互操作。

(5)支持 AV 对象知识产权和保护。

MPEG-4 是第一个使用户可在接收端对画面进行操作和交互操作的编码标准。因本主要讲述视频编码技术，所以这里谈到的 MPEG-4 标准中的 VO，即视频对象。在 MPEG-4 校验模型中，VO 主要定义为画面分割出来的不同物体，并由 3 类信息描述：运动信息、形状信息和纹理信息。

MPEG-4 视频数据流的逻辑结构如图 6-24 所示。具体含义如下：

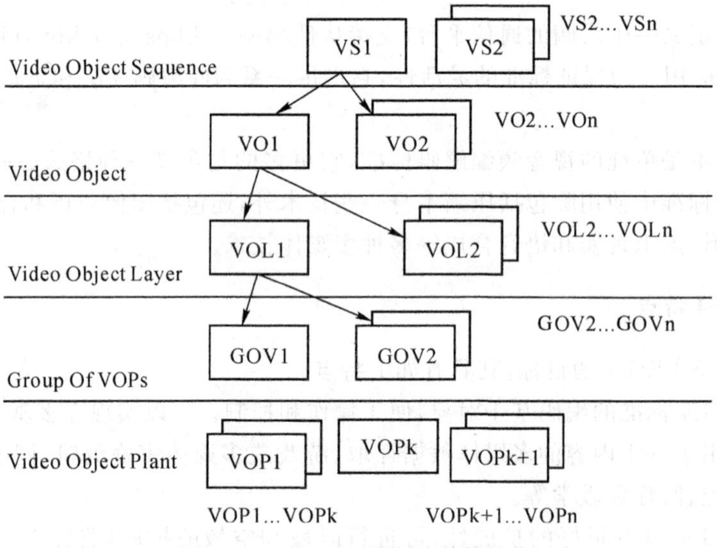

图 6-24 MPEG-4 视频流数据结构

(1)VS(Video Session)：是包含其他三个类的一个类，一个完整的视频序列可以由几个 VS 组成。

(2)VO(Video Object)：视频对象，是场景中的某个物体，它是有生命期的，由时间上连续的许多帧构成。

(3)VOL(Video Object Layer)：视频对象层，用来扩展 VO 的时域或空域分辨率，包含 VO 的三种属性信息。

(4)VOP(Video Object Plane)：视频对象平面，可以看做是 VO 在某一时刻的表象，即某一帧 VO。

(5)GOV(Group of VOP),视频对象平面组,提供视频流的标记点,标记 VOP 单独解码的时域位置,也即对视频流任意访问的标记。

4. 视频对象编码

MPEG-4 支持对自然和合成视觉对象进行编码。合成视觉对象包括 2D、3D 动画和人面部表情等。对于静止图像,可采用小波算法来提高压缩比,同时还提供多达 11 级的空间分辨率和质量的可伸缩性。对于运动视频对象的编码,MPEG-4 采用了如图 6-25 所示的编码框图。基于 VOP 的编码,主要针对这个时刻的 VO 的形状、运动和纹理这三类信息编码。

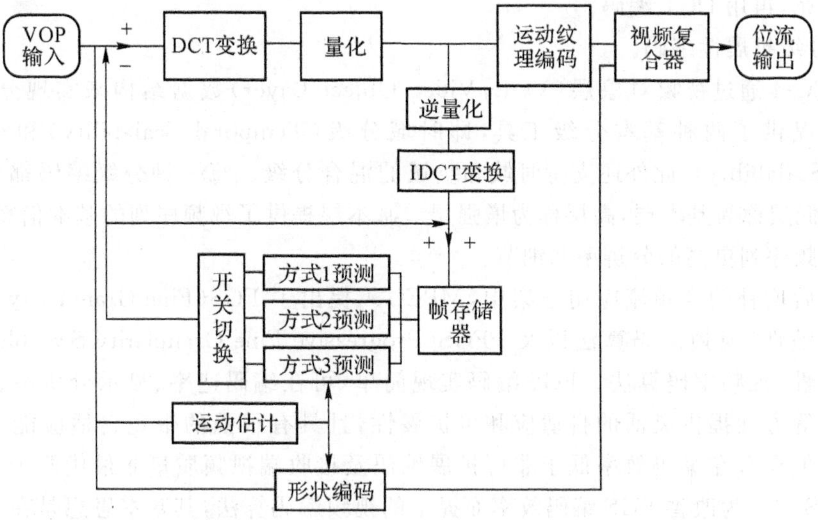

图 6-25　MPEG-4 中视频编码结构框图

(1)形状编码。

MPEG-4 第一次引入了形状编码的压缩算法。一个视频对象的包括以下两类形状信息,MPEG-4 的核心档次采用二值形状编码。

①二进制形状信息:表示一个与视频对象平面边界大小一致的矩形。根据像素是否在该视频对象内确定值位 0 或 1。

②灰度形状信息:二进制形状信息的扩展,可以用来表示透视的物体,用 0～255 的数值来表示 VOP 的透视程度。

(2)运动估计与运动补偿。

MPEG-4 的运动估计与补偿采用了"半像素搜索"(half pixel searching)技术和"重叠运动补偿"(overlapped motion compensation)技术。为了能适用于任意形状的 VOP 区域,引入了所谓"重复填充"(repetitive padding)和"修改的块(多边形)匹配"(modified block(polygon) matching)技术,并做了如下的规定。

①对于完全在 VOP 外、但在边框内的宏块,不做运动估计。

②对完全在 VOP 内的宏块作与 H. 263 类似的运动估计。

③对部分在 VOP 内、部分在外的宏块，用“修改的块(多边形)匹配”技术进行运动估计，匹配误差由块中属于 VOP 内部的像素与参考块中相应位置像素的差的绝对值的和(SAD)来度量。

(3)MPEG-4 中纹理编码。

纹理信息可能有两种：内部编码的 I-VOP 像素值和帧间编码的 P-VOP、B-VOP 的运动估计残差值。MPEG-4 采用基于分块的纹理编码，根据 VOP 与宏块的相对位置，规定了以下 3 种操作方式。

①VOP 内宏块：直接用传统的 DCT。

②VOP 外部宏块：不需要编码。

③部分在 VOP 内、部分在 VOP 外的块：现用“重复填充”方法将改块在 VOP 外的部分进行填充，再用 DCT 编码。

(4)分级扩展性编码。

MPEG-4 通过视频对象层(VOL，Video Object Layer)数据结构来实现分级编码。MPEG-4 提供了两种基本分级工具，即时域分级(Temporal Scalability)和空域分级(Spatial Scalability)，此外还支持时域和空域的混合分级。每一种分级编码都至少有两层 VOL，低层称为基本层，高层称为增强层。基本层提供了视频序列的基本信息，增强层提供了视频序列更高的分辨率和细节。

在随后增补的视频流应用框架中，MPEG-4 提出了 FGS(Fine Granularity Scalable，精细可伸缩性)视频编码算法以及 PFGS(Progressive Fine Granularity Scalable，渐进精细可伸缩性)视频编码算法。FGS 编码实现简单，可在编码速率、显示分辨率、内容、解码复杂度等方面提供灵活的自适应和可扩展性，且具有很强的带宽自适应能力和抗误码性能。但还存在编码效率低于非可扩展编码及接收端视频质量非最优两个不足。

PFGS 则是为改善 FGS 编码效率而提出的视频编码算法，其基本思想是在增强层图像编码时使用前一帧重建的某个增强层图像为参考进行运动补偿，以使运动补偿更加有效，从而提高编码效率。

5. 改进的视频编码技术

为了满足应用的需要，MPEG-4 有其如下的先进编码技术。

MPEG-4 采用基于对象的编码、基于模型的编码等第二代编码技术，提高编码效率。以前的压缩算法只是去掉帧内和帧间的冗余，MPEG-4 则要求对图像和视频作更多的分析，将视频分割成各个对象分别对待。

目前 MPEG-4 支持的视频对象大致可以分为七类：自然视频对象、Sprite 对象、2D 网格对象、3D 人脸和身体对象、静态的纹理对象、3D 网格对象和音频对象。

Sprite 编码技术应用。Sprite 对象是针对背景对象的特点提出的。通常情况下背景对象自身没有任何运动，由于摄像机的运动而造成图像序列中的背景变化，通过图像的镶嵌技术把整个序列的背景图像拼接成一个大的完全的背景图像，这个图像就叫 Sprite 图像。

Sprite 编码技术是指首先对 Sprite 图像编码并传输一次并存储在解码端，在随后的图像只需要传输摄像机的运动参数，就可以从 Sprite 上恢复所有的背景。Sprite 编码分为静态 Sprite 编码和动态 Sprite 编码，静态 Sprite 图像在编码前生成，动态 Sprite 图像在编码过程中生成。

6.4.6　H.264 视频编码标准

国际电信联盟制定的标准主要以H.26x命名，本节先介绍 H.26x 标准，然后主要介绍 H.264 视频标准。

1. H.26x 系列标准

(1)H.261

H.261 建议是最早出现的视频编码国际标准，由 ITU-T 第 15 研究组为在窄带综合业务数字网(N-ISDN)上开展双向声像业务(可视电话、电视会议)而制定的。该建议于 1990 年通过，其全称为“p×64 kbps 视听业务的视频编解码器”，其中 p=1～30，用以根据传输线路的带宽调整图像质量。H.261 只对 CIF 和 QCIF 两种图像格式进行处理，采用的算法结合了可减少时间冗余的帧间预测和可减少空间冗余的 DCT 变换的混合编码方法，主要由运动估计/补偿、DCT 变换和 Huffman 编码等部分组成。由于该建议主要针对实时业务，因而希望编解码的延时尽可能小，所以只利用前一帧做参考帧进行前向预测，且编解码器的复杂程度基本对称。

(2)H.263

H.623 建议是 ITU-T 提出的关于码率低于 64 kbps 的窄带电信信道视频编码的基本算法，于 1996 年正式通过。它以 H.261 为基础，同时吸收了 MPEG 等其他一些国际标准中有效合理的部分做出改进，如半像素精度的运动估计、不受限运动矢量、高级预测模式、PB 帧等，使其性能优于 H.261。H.263 建议不仅着眼于利用 PSTN(Public Switched Telephone Network，公共开关电话网络)传输，而且兼顾 GSTN 移动通信等无线业务，作为视频编码/解码的核心算法被广泛应用于视频电话终端如 ITU-T 的 H.324(PSTN)、H.320(ISDN)和 H.310(B-ISNR)中。

在 H.263 之后，ITU 又相继于 1998 年和 2000 年制定了 H.263+(H.263v2，H.263 第二版)和 H.263++(H.263v3，H.263 第三版)。H.263+和 H.263++是 H.263 标准的扩充并与之兼容，主要是在 H.263 的 4 种可选模式的基础上又附加了新的可选模式和其他一些附加特性，目的是拓宽应用领域、提高压缩效率和错误掩盖能力。

(3)H.264 视频编码标准

H.264/AVC 作为面向电视电话、电视会议的新一代编码方式，最初是由 ITU 组织的视频编码专家组 VCEG 于 1998 年提出的，目标是在同等图像质量条件下，新标准的压缩效率比任何现有的视频编码标准要提高 1 倍以上。直到 2001 年底，MPEG 组织也加入了 ITU-T 的 VCEG 组织，组成了联合视频专家组(Joint Video Team，JVT)共同完成制定工作。H.264/AVC 标准草案于 2003 年 3 月正式获得通过。H.264 仍基于经典混合编码算法的基本结构，在变换编码、熵编码和运动估计等方面采用了一系列先进技术，是视频编码技术和图像工程的最新研究成果，其性能超越了以往所有的视频编码标准，具有光明的应用前景。

2. H. 264 视频标准的特点

在相同的重建图像质量下，H. 264 比 H. 263 节约 50%左右的码率。因其更高的压缩比、更好的 IP 和无线网络信道的适应性，在数字视频通信和存储领域得到越来越广泛的应用。同时也要注意，H. 264 获得优越性能的代价是计算复杂度增加，据估计，编码的计算复杂度大约相当于 H. 263 的 3 倍，解码复杂度大约相当于 H. 263 的 2 倍。H. 264/AVC 编码算法的基本构成延续了原有标准中的基本特性，同时具有很多新的特性，其主要性能如下：

(1)更高的编码效率。同 H. 263v2(H. 263＋)或 MPEG-4 相比，在大多数的码率下，获得相同的最佳效果的情况下，能够平均节省大于 50%的码率。

(2)高质量的视频画面。H. 264 能够在所有的码率(包括低码率)条件下提供高质量的视频图像。

(3)自适应的延时特性。H. 264 可以工作于低延时模式下，用于实时的通信应用(如视频会议)，也能用于没有延时限制的应用，如视频存储，视频流服务器等。

(4)错误恢复功能。H. 264 提供了解决网络传输包丢失的问题的工具，适用于在高误码率传输的无线网络中传输视频数据。

(5)H. 264 和 H. 261，H. 263 一样，也是采用混合编码结构。同时，H. 264 在混合编码的框架下引入了新的编码方式，提高了编码效率，更贴近实际应用。

(6)H. 264 没有繁琐的选项，而是力求简洁的"回归基本"，它具有比 H. 263＋＋更好的压缩性能，又具有适应多种信道的能力。

(7)H. 264 的应用目标广泛，可满足各种不同速率、不同场合的视频应用，具有较好的抗误码和抗丢包的处理能力。

(8)H. 264 的基本系统无需使用版权，具有开放的性质，能很好地适应 IP 和无线网络的使用，这对目前因特网传输多媒体信息、移动网中传输宽带信息等都具有重要意义。

总之，H. 264 标准使运动图像压缩技术上升到了一个更高的阶段，在较低带宽上提供高质量的图像传输是 H. 264 的应用亮点。H. 264 的推广应用对视频终端、网关、MCU 等系统的要求较高，将有力地推动视频会议软、硬件设备在各个方面的不断完善。

3. H. 264 视频编码器

和早期的标准(例如 MPEG-1，MPEG-2，MPEG-4)一样，H. 264 标准并没有明确的定义一个编码器，而是定义了编码后的比特流格式和解码的方式。图 6-26 和图 6-27 定义了 H. 264 的编码器和解码器结构，因解码过程为编码过程的逆过程，所以我们只介绍 H. 264 编码器的工作流程。

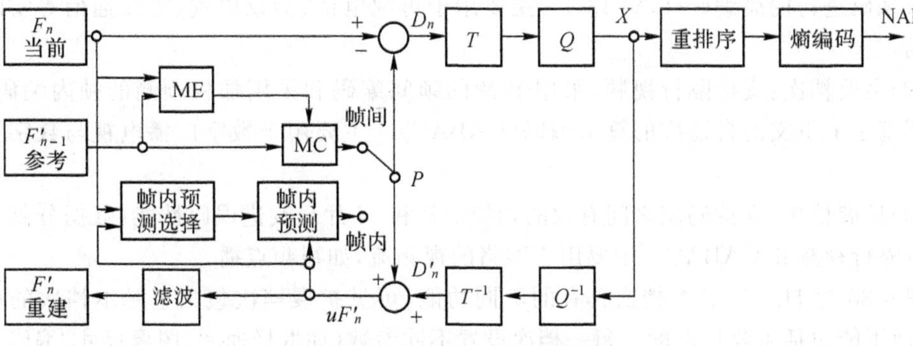

图 6-26　H.264 编码器结构

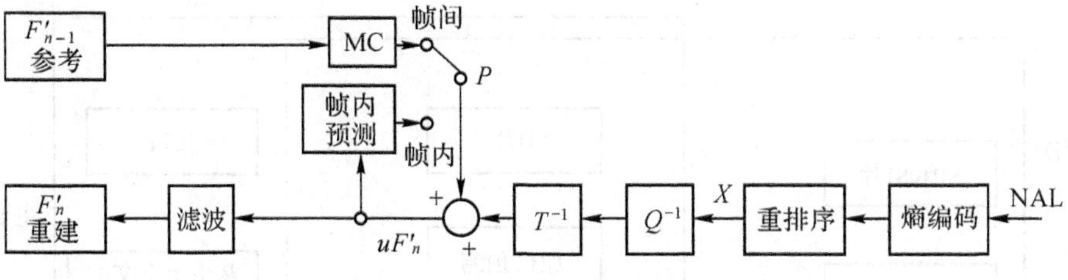

图 6-27　H.264 解码器结构

H.264 编码器采用变换与预测的混合编码方法，输入的帧或场 F_n 以宏块为单位处理。

编码器的核心是基于运动补偿预测(motion compensated prediction，MCP)。有两条数据通道：前向通道和重建通道。在前向通道中，编码器的输入是帧 F_n，每帧画面是以 16×16 像素大小的宏块为单位组成的，每个宏块分别进行帧内或帧间预测编码。在图 6-26 中，帧间预测的参考帧被限定为前一帧 $F_n{}'$，但是实际上，参考帧的数量可以多达五帧。

当前宏块减去其预测值 P 得到残差宏块 D_n，D_n 经过块变换和量化后产生一组量化后的变换系数 X，对量化变换系数进行重排序和熵编码，得到的系数以及一些用于解码的附加信息(例如宏块预测模式、量化步长、运动矢量信息等)经由网络抽象层 NAL(network abstraction layer)供传输和使用。

在重建通道中，宏块量化系数 X 被解码，用于构建重建帧(用于做预测)。如图所示，系数被反量化、反变换后，产生差值宏块 $D_n{}'$(由于量化过程引入误差，$D_n{}'$ 与先前的 D_n 并不一致)。预测宏块 P 与 $D_n{}'$ 相加构成重建宏块 $\mu F_n{}'$。再引入滤波器减小块效应失真，得到重建的 $F_n{}'$。在编码器中引入重建通道的目的是为了使编码器和解码器使用相同的参考帧来构成预测宏块 P，否则，预测宏块 P 在编码器和解码器中将不一致，这将造成误差积累或编解码器间的"漂移(drifting)"。

4. H.264 档次和级

H.264 规定了三种档次，每个档次支持一组特定的编码功能，并支持一类特定的应用。

(1)基本档次：利用 I 片和 P 片支持帧内和帧间编码，支持利用基于上下文的自适应的变长编码进行的熵编码(CAVLC)。主要用于可视电话、会议电视、无线通信等实时视频通信。

(2)主要档次:支持隔行视频,采用B片的帧间编码和采用加权预测的帧内编码;支持利用基于上下文的自适应的算术编码(CABAC)。主要用于数字广播电视与数字视频存储。

(3)扩展档次:支持码流之间有效的切换(SP和SI片)、改进误码性能(数据分割),但不支持隔行视频和CABAC。主要用于网络的视频流,如视频点播

图6-28为H.264各个档次具有的不同功能,可见扩展档次包括了基本档次的所有功能,而不能包括主要档次的。每一档次设置不同参数(如取样速率、图像尺寸、编码比特率等),得到编解码器性能不同的级。

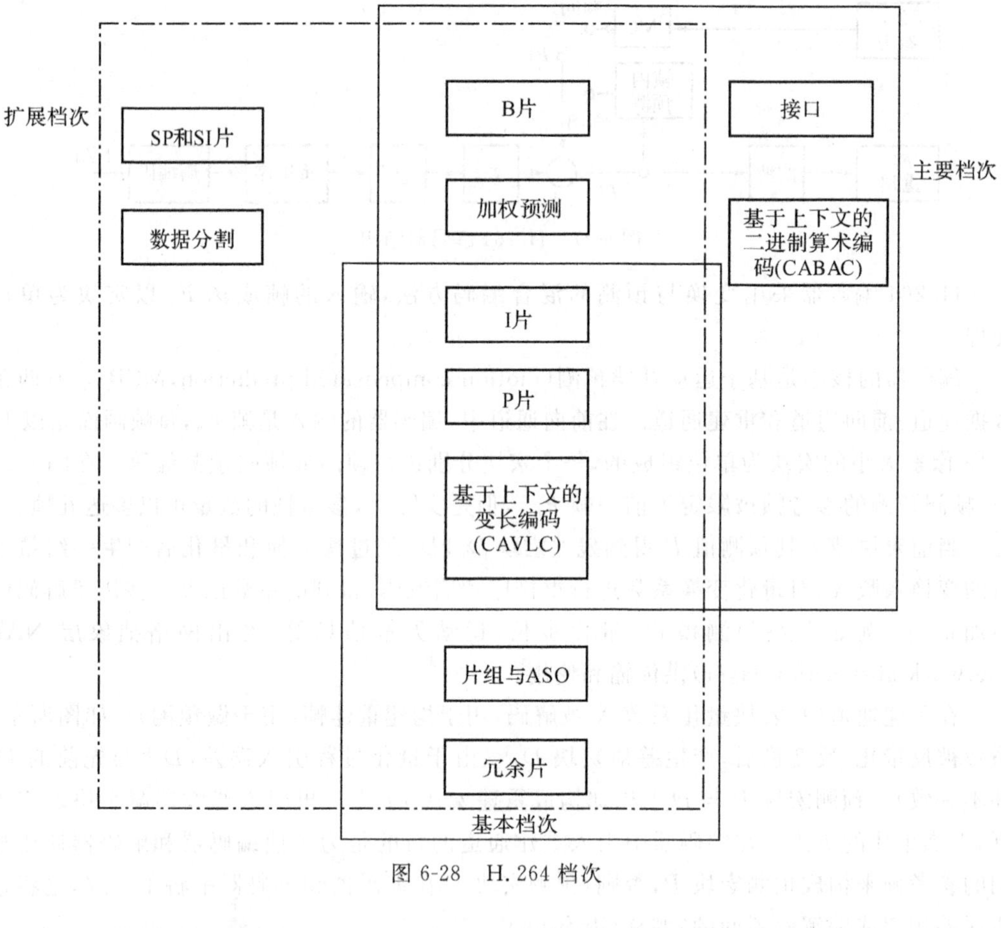

图6-28 H.264档次

5. H.264采用的新技术

H.264标准中诸如帧间预测、变换、量化、熵编码等基本功能模块与前几个标准(MPEG-1,MPEG-2,MPEG-4,H.261,H.263)并无太大区别,变化主要体现在功能模块的具体细节上。

分层设计:在网络传输环境中,视频编码主要由视频编码层VCL和支持视频在不同

网络之间传输的网络抽象层 NAL，提高了对不同网络的适应能力。

帧间预测编码：H.264 帧间预测是利用已编码视频帧/场和基于块的运动补偿的预测模式。与以往标准帧间预测的区别在于块尺寸范围更广（从 16×16 到 4×4）、亚像素运动矢量的使用及多参考帧的使用等。

帧内预测编码：帧内预测编码就是用周围邻近的像素值来预测当前的像素值，然后对预测误差进行编码。在帧内预测模式中，预测块 P 是基于已编码重建块和当前块形成的。对亮度像素而言，P 块用于 4×4 子块或者 16×16 宏块的相关操作。4×4 亮度子块有 9 种可选预测模式，独立预测每一个 4×4 亮度子块，适用于带有大量细节的图像编码；16×16 亮度块有 4 种预测模式，预测整个 16×16 亮度块，适用于平坦区域图像编码；色度块也有 4 种预测模式，类似于 16×16 亮度块预测模式。编码器通常选择使 P 块和编码块之间差异最小的预测模式。

整数变换量化处理：在 H.264 中变换编码和量化在一个过程中完成。H.264 残差图像的亮度系数采用 4×4 像素大小的块进行变换编码，与传统的 8×8 大小的浮点型 DCT 变换不同，它使用一种整型变换编码。这种方法避免了取整误差和反变换误匹配的问题。变换过程计算只需要加法、减法和移位操作。H.264 标准支持 52 个量化步长，对应于不同的量化参数（QP），QP 值每增加 6，Qstep 值增加一倍。量化步长取值范围很广，这就为编码中兼顾比特率和编码质量提供了足够多的灵活度和准确度。

熵编码：H.264 标准提供的熵编码方案有 CAVLC 和 CABAC 两种。采用基于上下文的自适应二进制算术编码算法（CABAC），能够充分利用上下文信息和算术编码的优点，使得编码后的平均码长更逼近图像的信息熵，达到最佳的编码效率。采用基于上下文的自适应二进制算术编码（CABAC）算法，可以提高大约 10%的编码率。

去块效应滤波器：在 H.264/MPEG-4 AVC 视频编码标准中，编解码器反变换量化后图像会出现方块效应。为了消除块效应，在视频编解码器中要加入去方块滤波器。滤波器有后置滤波器和环路滤波器。H.264 中的去块效应滤波器能够根据图像内容做出判断，只对由于块效应产生的像素值跳变进行平滑，而对图像中物体边缘处的像素值不连续给予保留，以免造成边缘模糊。

习题 6

1. 电视是什么？电视制是什么？世界上主要的彩色电视制有哪几种？

2. 隔行扫描是什么意思？非隔行扫描是什么意思？

3. 电视机和计算机的显示器各使用什么扫描方式？

4. 在 ITU-R BT.601 标准中，PAL 和 NTSC 彩色电视的每一条扫描线上的有效显示像素是多少？

5. 对彩色图像进行子采样的理论根据是什么？

6. 一幅 YUV 彩色图像的分辨率为 720×576 像素。分别计算采用 4∶2∶2、4∶1∶1

和 4∶2∶0 子采样格式采样时的样本数。

7. 数字电视是什么？

8. 高清晰度电视(HDTV)是什么？

9. 制定 MPEG 标准有哪 4 个阶段以及各阶段提交什么类型的文件？

10. 简述 MPEG 和 JPEG 的主要差别。

11. MPEG-1,-2,-4 分别是什么标准,各自要达到的目标是什么？

12. 在 MPEG 视像数据压缩技术中,目前利用了视觉系统的哪两种特性？

13. MPEG-1 编码器输出的电视图像的数据率大约是多少？

14. MPEG 专家组在制定 MPEG-1/-2 Video 标准时定义了哪几种图像？哪种图像的压缩率最高？哪种图像的压缩率最低？

15. 在 MPEG-1 和 MPEG-2 中,典型的宏块由多少个像素组成;子采样为 4∶2∶0 的宏块分成多少个亮度图块、红色差图块和蓝色差图块,每个图块由多少个像素组成。

16. 什么叫做运动补偿？

17. 与先前的 MPEG-Video 视像标准相比,在视像质量相同的前提下,MPEG-4 AVC/H.264 视像标准的压缩效率提高了多少。

18. MPEG-4 AVC/H.264 提高编码效率的主要技术是什么？

参考文献

[1]毕厚杰.新一代视频压缩编码标准—H.264/AVC.北京:人民邮电出版社,2005.
[2]戴辉,卢益民.多媒体技术,北京:北京邮电大学出版社,2010.
[3]傅祖芸.信息论,基础理论及应用.北京:电子工业出版社,2007.
[4]高成伟.移动多媒体技术——标准、理论与实践.北京:清华大学出版社,2006.
[5]高广春.第二代小波变换理论及其在信号和图像编码算法中的应用.浙江大学博士论文,2004.
[6]耿国华.多媒体技术经典实验案例集.北京:高等教育出版社,2012
[7]何国兴.颜色科学.上海:东华大学出版社,2004.
[8]胡晓峰,老松杨,吴玲达,司光亚.多媒体技术教程.北京:人民邮电出版社,2005.
[9]古大治,傅师申,杨仁鸣.色彩与图形视觉原理.北京:科学出版社,2000.
[10]雷运发.多媒体技术与应用(第二版),北京:中国水利水电出版社,2004.
[11]李祥生,张荣国.多媒体信息处理技术.北京:高等教育出版社,2010.
[12]林福宗.多媒体技术基础(第3版).北京:清华大学出版社,2009.
[13]林仲贤,孙秀如.视觉及测色应用.北京:科学出版社,1987.
[14]刘富强.数字视频信息处理与传输教程.北京:机械工业出版社,2004.
[15]彭国安.多媒体应用技术,武汉,武汉大学出版社,2011.
[16]http://baike.baidu.com/view/27063.htm.
[17]吴家安.数据压缩技术及应用,北京:科学出版社,2009.
[18]吴继宗,叶关荣.光辐射测量.北京:机械工业出版社,1992.
[19]徐海松.颜色信息工程.杭州:浙江大学出版社,2005.
[20]许宏丽.多媒体技术及应用.北京:清华大学出版社,2011.
[21]姚庆栋,毕厚杰等.图像编码基础,浙江大学出版社,1993.
[22]阮秋琦.数字图像处理学.北京:电子工业出版社,2007.
[23]张喻.多媒体技术.北京:人民邮电出版社,2004.
[24]钟玉琢等.多媒体技术基础及应用.北京:清华大学出版社,2000.
[25]K. R. Rao, Zoran S. Bojkovic, Dragorad A. Milovanovic.冯刚译.多媒体通信系统——技术、标准与网络.北京:电子工业出版社,2004.
[26] A smolie, H Kimata, Report on 3DAV Exploration, ISO/IEC JTCI/SC29/WG11N5878, Trondheim, Norway, 2003.
[27]D. Taubman, High Performance Scalable Image Compression With EBCOT, IEEE Trans. Image Processing, Vol. 9, No. 7, pp. 1158-1170, July. 2000.
[28] ISO/IEC JTC1/SC29/WGII Document N2501, Information Technology-Generic Coding of Audio-Visual Objects, Part2: Visual. ISO/IEC 14496-2. Final Draft

International Standard. Nov. 1998.

[29] ISO/IEC 11172-2：1993 Information technology-Coding of moving pictures and associated audio for digital storage media at about 1. 5 mbps-Part 2：Video.

[30]ITU-T Rec. H. 264/ISO/IEC 11496-10，Advanccd Video Coding，Final Committee Draft，Document JVT-E022，2002.

[31]J. Scott. Houchin，David. W. Singer，File format technology in JPEG 2000 enables flexible use of still and motion sequence，Signal Processing：Image Communication，17(1)，pp. 131-144，2002.

[32]Majid. Rabbani，Rajan. Joshi，An overview of the JPEG 2000 still image compression standard，Signal Processing：Image Communication，17(1)，pp. 3-48，2002.

[33]M. D. Adams，The JPEG-2000 still image compression standard，ISO/IEC JTC 1/SC 29/WG1 N 2412，Sept. 2001，Available from http://www. ece. ubc. ca/.

[34]http://baike. baidu. comview7969. htm.

[35]Tay Vaghan. 晓波，倪敏译. 多媒体技术及应用. 北京：清华大学出版社，2004.

[36]The JPEG 2000 specification，ISO/IEC 15444-3，2001.

[37]The MPEG-4 specification，ISO/IEC 14496-1，2001.

[38] W. Sweldens，The lifting scheme：a new philosophy in biorthogonal wavelet constructions，Proc. SPIE 2569，1995，68-79.

[39]Y. Wang，Z. Liu，and J. C. Huang，Multimedia Content Analysis Using Both Audio and Visual Clues；IEEE Signal Processing Magazine，17：12-36，2000.

教师反馈表

感谢您一直以来对浙大版图书的支持和爱护。为了今后为您提供更好、更优秀的计算机图书，请您认真填写下面的意见反馈表，以便我们对本书做进一步的改进。如果您在阅读过程中遇到什么问题，或者有什么建议，请告诉我们，我们会真诚为您服务。如果您有出书需求，以及好的选题，也欢迎来电来函。

填表日期：____年____月____日

<table>
<tr><td>教师姓名</td><td></td><td colspan="2">所在学校名称</td><td colspan="2"></td><td>院　系</td><td></td></tr>
<tr><td>性　　别</td><td>□男　□女</td><td>出生年月</td><td></td><td>职　务</td><td></td><td>职　称</td><td></td></tr>
<tr><td rowspan="2">联系地址</td><td rowspan="2" colspan="3"></td><td>邮　编</td><td></td><td>办公电话</td><td></td></tr>
<tr><td>手　机</td><td></td><td>家庭电话</td><td></td></tr>
<tr><td>E-mail</td><td colspan="3"></td><td>QQ/MSN</td><td colspan="3"></td></tr>
<tr><td colspan="8">您是通过什么渠道知道本书的
□书店　□经人推荐　□网站介绍　□图书目录　□其他________
您从哪里购买本书的
□书店　□网站　□邮购　□学校统一订购□其他________
您对本书的总体感觉是
□很满意　□满意　□一般　□不满意　原因________
具体来说，您觉得本书的封面设计　□很好　□还行　□不好　□很差________
您觉得本书的纸张及印刷　□很好　□还行　□不好　□很差________
您觉得本书的技术含量　□很高　□还可以　□一般　□很低　□极低________
您觉得本书的内容设置　□很好　□还可以　□一般　□不太好　□很差________
您觉得本书的实用价值　□很高　□还可以　□一般　□很低　□极低________</td></tr>
<tr><td colspan="8">目前主要教学专业、科研领域方向</td></tr>
<tr><td></td><td colspan="2">主授课程</td><td colspan="2">教材及所属出版社</td><td>学生人数</td><td colspan="2">教材满意度</td></tr>
<tr><td>课程一：</td><td colspan="2"></td><td colspan="2"></td><td></td><td colspan="2">□满意　□一般　□不满意</td></tr>
<tr><td>课程二：</td><td colspan="2"></td><td colspan="2"></td><td></td><td colspan="2">□满意　□一般　□不满意</td></tr>
<tr><td colspan="2">教学层次：</td><td colspan="6">□中职中专　□高职高专　□本科　□硕士　□博士 其他：________</td></tr>
<tr><td colspan="3">希望我们与您经常保持联系的方式
（划√）</td><td colspan="5">□电子邮件信息　□定期邮寄书目　□定期电话咨询
□定期登门拜访　□通过教材科联络　□通过编辑联络</td></tr>
<tr><td colspan="8">教材出版信息</td></tr>
<tr><td>方向一</td><td colspan="2"></td><td colspan="5">□准备写　□写作中　□已成稿　□已出版　□有讲义</td></tr>
<tr><td>方向二</td><td colspan="2"></td><td colspan="5">□准备写　□写作中　□已成稿　□已出版　□有讲义</td></tr>
</table>

填表说明：本表可以直接邮寄至：杭州市天目山路148号浙江大学西溪校区内浙江大学出版社理工事业部

联系人：马海城　电话：0571－88216137　手机：15158859157　传真：0571－88925590
吴昌雷　电话：0571－88273342　手机：13675830904　E-mail：changlei_wu@zju.edu.cn